Xinjiang Shuangyu Jiaoyu De

Yan Jiu Yu Sikao

2010

新疆双语教育的

研究与思考

（2010—2017）

2017

蔡文伯　等著

中央民族大学出版社
China Minzu University Press

图书在版编目（CIP）数据

新疆双语教育的研究与思考：2010—2017 / 蔡文伯等著. —北京：中央民族大学出版社，2022. 12

ISBN 978-7-5660-2168-7

Ⅰ. ①新… Ⅱ. ①蔡… Ⅲ. ①少数民族教育—中小学教育—双语教学—教育研究—新疆—2010—2017 Ⅳ. ①G759. 2

中国国家版本馆 CIP 数据核字（2023）第 003913 号

新疆双语教育的研究与思考：2010—2017

著　　者　蔡文伯等
责任编辑　满福玺
责任校对　何晓雨
封面设计　舒刚卫
出版发行　中央民族大学出版社
　　　　　北京市海淀区中关村南大街 27 号　邮编：100081
　　　　　电话：（010）68472815（发行部）　传真：（010）68932751（发行部）
　　　　　　　　（010）68932218（总编室）　　　　（010）68932447（办公室）
经 销 者　全国各地新华书店
印 刷 厂　北京鑫宇图源印刷科技有限公司
开　　本　787×1092　1/16　印张：19. 25
字　　数　331 千字
版　　次　2022 年 12 月第 1 版　2022 年 12 月第 1 次印刷
书　　号　ISBN 978-7-5660-2168-7
定　　价　88. 00 元

前　　言

2014年4月，习近平总书记在新疆考察时指出："少数民族孩子双语教育要抓好，学好汉语将来找工作会方便些，更重要的是能为促进民族团结多作贡献。"① 这不仅表明双语教育的重要和党中央对双语教育的高度重视，也表明双语教育对加强民族团结和铸牢中华民族共同体意识具有重大战略意义。

少数民族双语教育不仅是各民族和谐融洽的前提，也是提高少数民族教育质量、实现"民汉兼通"少数民族人才培养目标最直接、最有效的途径。对于实现民汉教育同步发展，加速推进新疆教育事业现代化将产生重要影响。国务院关于加快发展民族教育的决定，再次强调要科学稳妥推行双语教育。依据法律，遵循规律，结合实际，坚定不移推行国家通用语言文字教育，确保少数民族学生基本掌握和使用国家通用语言文字，少数民族高校毕业生能够熟练掌握和使用国家通用语言文字。尊重和保障少数民族使用本民族语言文字接受教育的权利，不断提高少数民族语言文字教学水平。在国家通用语言文字教育基础薄弱地区，以"民汉兼通"为基本目标，建立健全从学前到中小学各阶段有效衔接，教学模式与学生学习能力相适应，师资队伍、教学资源满足需要的双语教学体系。国家对双语教师培养培训、教学研究、教材开发和出版给予支持，为接受双语教育的学生升学、考试提供政策支持。鼓励民族地区汉族师生学习少数民族语言文字和各少数民族师生之间相互学习语言文字。研究完善双语教师任职资格评价标准，建立双语教育督导评估和质量监测机制。

《中华人民共和国国家通用语言文字法》是为推动国家通用语言文字

---

① 黄玥，高蕾，张研．"中国梦要靠你们来实现"：习近平总书记关心少年儿童成长成才纪实［N］．人民日报，2022-06-01（01）．

的规范化、标准化及其健康发展，使国家通用语言文字在社会生活中更好地发挥作用，促进各民族、各地区经济文化交流，根据宪法制定的法规。2000 年 10 月 31 日第九届全国人民代表大会常务委员会第十八次会议修订通过，2001 年 1 月 1 日起施行。此法确立了普通话和规范汉字的国家通用语言文字的法定地位。明确规定学校及其他教育机构以普通话和规范汉字为基本的教育教学用语用字。为此，2005 年新疆维吾尔自治区印发了《关于加强少数民族学前双语教育的意见》（新党办发〔2005〕28 号），明确了双语教学要从幼儿抓起，从学前抓起，实现学前和小学双语教学的衔接，双语教学进入快速推进阶段。2010 年在《新疆维吾尔自治区少数民族学前和中小学双语教育发展规划（2010—2020 年）》（征求意见稿）中提出，到 2012 年基本普及国家通用语言文字为主、本民族语言文字为辅的少数民族学前两年双语教育，2015 年中小学少数民族学生基本普及多种模式的双语教育，到 2020 年实现中小学少数民族学生双语教育全面普及。2011 年 1 月，新疆维吾尔自治区党委、自治区人民政府发布了《新疆维吾尔自治区中长期教育改革和发展规划纲要（2010—2020 年）》，提出到 2020 年，接受双语教育的少数民族中小学生占少数民族中小学生总数的 90%以上，从而为社会稳定和长治久安总目标的实现奠定坚实的基础。

随着国家对通用语言文字教育的重视及投入力度的加大，新疆少数民族双语教育也取得了明显进步，日渐科学化、合理化、规范化、制度化，少数民族双语教育的地位日益突出。本书从新疆双语教育的意义与价值、双语教育的研究与反思、双语教育的政策与环境、双语教育的标准与建设、双语教育的行为与特征、双语教育的质量与水平六个方面，阐明了在新疆实施少数民族双语教育的重要意义，简要概述了新疆少数民族双语教育的研究和发展现状，分析解读了双语教育政策及其执行情况，调查研究了双语教育学生成绩、双语教师队伍建设等教育质量的现状及存在的问题。

第一章双语教育的意义与价值。本章选取六篇文献，从民族关系、多元文化、教育事业发展等方面阐述了双语教育的重要价值。双语教育有助于消除民族信任危机，提高民族认同感，构建制度化的社会网络，从而保障新疆地区经济文化事业的有序高效发展。民族间文化沟通是民族间的深层沟通，对于民族间文化冲突的防患、民族文化整合及民族关系维系意义重大，双语教育实现了各民族文化中优秀成分的聚集，促进了多元民族文化的整合。

第二章双语教育的研究与反思。新疆少数民族双语教育历史悠久，双语教育取得了辉煌成果，双语教育的理论与政策在实践中不断完善，双语教育规模扩大、学生学习动机和热情高涨，双语教师的培训力度加大、教师队伍不断扩大完善。在科研方面，新疆双语教育研究文献数量的增多，与社会、政治、经济的发展具有密切联系，体现出较强的时代性，对新疆双语教育的相关研究也越来越引起政府和学者的广泛关注。

第三章双语教育的政策与环境。双语教育作为国家的一项长期战略性政策目标，从政策执行的目的到结果都具有非正式制度约束下的隐藏性和变通性。政策执行主体是连接政策与政策受众的桥梁，是政策有效执行的核心部分。要不断完善双语教育法律制度保障体系，健全双语教育组织制度平台。此外，还应健全政策执行机制，提升执行主体的综合能力并完善利益协调机制。

第四章双语教育的标准与建设。构建科学而实用的双语教师标准对于新疆双语教育事业的发展和进步有着重要的应用价值。新疆少数民族双语教师队伍建设中主要存在教师流失、专业发展水平滞后、培训缺乏实效性等问题。双语教师专业标准作为双语教育政策的一部分，可大幅度提高政策执行力，使实施效率得以明显提升，是保障双语教育政策推进的有力支持，也是双语教师政策完善实施的迫切要求。

第五章双语教育的行为与特征。双语教育的实施行为与发展特征是质量评价的重要组成部分，也是现代双语教育发展水平的衡量标准。学生的学习水平在双语教育质量评价中占据重要地位，而双语教育学生的学习行为存在着怎样的特点以及毕业生存在着怎样的升学困境等问题，都是改善教育质量过程中的关键所在，深入分析学生的学习策略、学习适应性、升学困境、学习行为与学习态度等方面的发展特点，对于提升新疆双语教育质量具有重要意义。

第六章双语教育的质量与水平。双语教育质量是新疆民族教育的关键，直接影响高素质少数民族人才的培养。新疆双语教育质量在诸多方面还有待提高，新疆南北疆义务教育发展水平也有一定的差距。学生的学业成就是教育质量的重要考察方面，受到家庭、学校、个人等诸多因素的影响。其中，父母的教养方式、学习经历、学生自身的学习态度、学习动机的影响作用相对较大。

本书各章节文章来源于本人主持的国家语委“十二五”科研规划项目“新疆兵团中小学双语教育质量的调查及对策研究”等项目的研究成果。笔者将历年来关于双语教育方面发表的文章和研究成果整理成册，也是对历年来双语教育相应发展阶段的思考与探索，并对其前期研究成果做了必要的修订与完善，以期为后续新疆双语教育政策的研究与完善提供理论和实证参考，也对国家通用语言文字的推广与使用和少数民族教育教学质量的提升给予强有力的支撑。双语教育研究团队成员李玲、韩琦、杜芳、王雨疏、孙芳、王振、赵燕、高睿、刘冲、马杰、王龙淼、孙毅婷、刘姣、李晶晶、赵成京、自玉梅、刘月、任翠、刘婷婷、王存爱和常璐等直接参与了课题的研究和本书的写作，在本书统稿和编辑过程中袁雪、黄晋生协助作者做了大量的整理工作，可以说本书是通力协作、共同研究的成果。在研究过程中参阅了国内外许多知名学者的学术论著，并得到了新疆普通高校重点文科基地——新疆少数民族教育发展与教育政策研究中心的资助，在此一并表示感谢。限于作者理论水平，拙著匆忙付梓，书中难免有疏漏和不妥之处，敬请读者和专家批评指正。

目　　录

第一章　双语教育的意义与价值

双语教育既是扶持民族教育的重要举措，也是少数民族以教育求发展的必要途径。新疆双语教育事业正朝着科学有效的方向持续发展，双语教育政策的全面出台对建设各民族和睦关系、提升中华民族文化认同感、促进新疆民族教育发展等意义重大。然而，在双语教育政策执行过程中也显露出一些问题，诸如师资力量不足、教学设备落后、财政投入增长缓慢等导致新疆民族教育质量提升有限。

语言是交流的工具，也是文化的载体。民族间文化沟通才是民族间深层沟通，对于民族间文化冲突的防患、民族文化整合及民族关系维系意义重大。在双语教育实施过程中，应将文化整合及达到中华民族文化认同作为终极文化目标，在民族文化整合观念下，确立新疆双语教育实施的过程性目标，提高新疆双语教师的双文化理念，并将其贯穿于双语教育教学中，编制双语教材和设置双语课程中对民汉双文化的孕育与体现，并在新疆双语教育中，重视对中华民族文化认同意识的唤醒与提高。因此，基于双语教育视角下的政策制度，应针对这些问题做出及时合理的应对措施，保障双语教育事业稳步蓬勃发展。首先，重视双语教育，明确在新疆实施双语教育的必要性和长远意义；其次，健全和完善体制规范，改革学校教育，以推进各民族间的和睦交往，构建中华民族文化的普遍认同；再次，在理解文化特殊性、承认并尊重民族差异的基础上，建立科学引导机制，最大限度地使国家民族教育政策对新疆教育发展产生红利效应；最后，充分发挥学校的文化传承、人才培养等功能，以多元文化和全球视野的观点来指导课程改革，从而建立新型学校文化，结合政府各项相关政策，大力完善学校的人力、物力等配套设施建设，以学校为媒介充分发挥双语教育的重要作用。

新疆双语教育的实施，应以双语言习得为过程，以双文化习得为目的，两者相互促进，共同发展，才能真正实现双语教育的文化功能及民族团结、经济社会发展乃至社会稳定与长治久安的总目标。

第一节　双语教育对维系新疆各民族和睦关系的政策学分析①

国外众多国家在实施系列教育政策过程中，始终将双语教育看作一种比较特殊的教育体系、教育制度、教育计划或有效的教育教学方式，并纳入国家正规的教育体系之中，甚至作为一项基本国策。双语教育是为了保护少数民族的受教育权，根据各少数民族的特点和需要，促进民族教育的跨越式发展，增强中华民族凝聚力所提出的重要政策之一。

近年来，随着我国双语教育开展的力度不断加大，少数民族学龄儿童和青少年进入双语课堂接受双语教育的比例大幅度提升。国家民族事务委员会在《关于进一步做好少数民族语言文字工作报告的通知》中提到，以招收少数民族学生为主的学校，有条件的应当采用少数民族文字的课本，并用少数民族语言授课，在适当年级增设汉语文课程，实行双语教学，推广全国通用普通话②。双语教育政策一经出台，立刻引起了新疆各阶层和各族人民群众的广泛拥护和积极参与。笔者基于双语教育政策与制度及其对新疆各民族和睦关系产生的作用进行系统论述。

一、新疆各民族关系和谐发展的支持政策

（一）启动双语并重教学模式，促进民族语言融合

第二语言习得研究专家克拉申（Stephen D. Krashen）提出，“监控模式”是儿童选择双语教育方式的有效理论基础。他认为第二语言习得的最终形成具有两种不同的方式：一种是第二语言习得，即以获得第二语言信息或以第二语言信息交流为目的的过程；另一种是第二语言学习，即在此

① 本节作者蔡文伯、韩琦，载于《民族教育研究》2015 年第 2 期。

② 国家民族事务委员会. 关于进一步做好少数民族语言文字工作的报告［EB/OL］.（1991-06-19）［2015-01-11］. https://www.lawxp.com/statute/s1256682.html.

过程中只注重第二语言形式和语法规则而非其他。因此，仅仅通过“学习”而掌握的第二语言是不能转换成为“习得”的知识系统，只能起到“监控”作用。[①] 而通过“习得”掌握的第二语言才能在社会交际中任意表达并运用自如。新疆维吾尔自治区的双语教育政策与克拉申所提出的第二语言习得理论中通过“习得”来获得第二语言系统知识和运用表达能力是一致的，即通过汉语学习对学科知识体系、汉民族文化及主流社会讯息等进行系统学习和及时掌握，使少数民族群体在社会交际中拥有正常的汉语表达和运用能力，促进族际语言和文化交融。

然而，对于少数民族聚居地区，尤其是新疆南疆四地州的许多学生来说，在家庭和社会环境中交际语言的使用是影响其双语教育顺利开展的重要原因之一。在家庭生活中，绝大部分父母通常使用母语与孩子进行日常交流和引导教育，孩子生活中也大多使用母语交际，学龄儿童入学后缺乏汉语言基础，错过了第二语言习得的最佳时期，对国家通用语言文字掌握和理解存在诸多困难。

国务院在《关于深化改革加快发展民族教育的决定》中指出，要大力推进民族中小学双语教学工作，在民族中小学中逐步形成少数民族语和汉语教学的课程体系，有条件的地区应开设一门外语课，要把双语教材建设列入当地教育发展规划并予以优先保障。[②] 与此同时，政府重点着眼于学前双语教育规划和师资队伍建设，建立一批双语幼儿园，力争从学龄前儿童抓起，建设双语教育连贯系统型发展模式，使孩子们从小就听得懂、学得会汉语，并能够流畅使用国家通用语言文字进行交际和获取更多的知识和讯息。这一政策的实施对双语学生家庭产生了深远的影响，孩子回到家里将所学的汉语知识从听、说、读、写等方面潜移默化地传输给父母及家人，使其掌握简单的汉语交际用语及单词语法等，在一定角度和层次上促进了各阶层群众间的语言沟通。

个别人口较少的少数民族间语言融合现象则更为普遍，部分民族由于人口很少无法形成教学规模，因此根据本区实际情况，在学校教学语言方面做出了明确规定：乌孜别克族、塔塔尔族和塔吉克族使用维吾尔文字，

---

① Colin Baker. Foundation of Bilingual Education and Bilingualism [M]. England: Multilingual Matters Ltd, 1993.

② 中华人民共和国国务院. 关于深化改革加快发展民族教育的决定 [EB/OL]. (2002-07-07) [2015-01-11]. http://www.gov.cn/zhengce/content/2016-09/23/content_5111248.htm.

大中专院校采用汉、维吾尔、哈萨克、蒙古四种语言授课。[①] 母语为这四大语言之外的少数民族，接受了除汉语外的另一种少数民族语言文字的教育。这样不仅完成了统一的民汉双语学习任务，也成了少有的“三语”甚至“多语”人才。自此以后，新疆开始使用双语并行发展的双语教学模式，将实现“民汉兼通”这一终极目标作为新疆发展少数民族教育事业的一项重要战略措施。[②] 双语教育得到了前所未有的重视，特别强调教师专业化队伍建设和开展各种形式的双语教育实验，推动了民族关系的和谐发展。

（二）开发双语特色课程资源，增进中华民族文化认同

柯林·贝克（Colin Baker）认为，课程自身的特性是指课程的基本类型、各种教学辅助手段等，这些都包含在双语背景广泛的变量范围中。因此，双语课程自身的特性作为重要部分用以衬托某一社会环境中的双语双元文化程度，也可突出整体接受双语教育的社会群体对这种双语双元文化制度的态度。[③] 新疆维吾尔自治区组织增设双语特色地方课程和校本课程，利用本土特色文化资源和人力资本，依据地域、学校、学科等特点合理开发课程资源，使当地受益群众在基于本民族认同的基础上对整个中华民族的认同感和自豪感得以同步提升。

约翰·巴格斯和柯林·贝克的观点是在双语教育教材开发过程中要从学生本身文化属性和实际需要出发，不仅要关注学生已有的知识和喜欢参与的活动，同时要兼顾双语语言知识、非语言学科知识及民族文化知识内在的逻辑性和系统性，以此体现双语教育教材开发综合多元化的价值取向。[④] 党的十一届三中全会以来，少数民族文字教材编译出版工作日趋繁荣，特别是全国统编教材的出版，使少数民族文字教材的翻译和出版工作有了可靠的依据和保障。同时，自治区人民政府做出决定，部分乡土、地

---

① 马戎. 新疆民族教育的发展与双语教育的实践［J］. 北京大学教育评论，2008（02）：2-41+188.

② 顾华详. 新疆双语教育实现科学发展的对策研究［J］. 民族教育研究，2008（05）：110-118.

③ 王莉颖. 双语教育理论与实践：中外双语教育比较研究［M］. 上海：上海教育出版社，2008.

④ Baker，Colin，Jones，Sylvia Prys. Encyclopedia of Bilingualism and Bilingual Education［M］. Philadelphia：Multilingual Matters Ltd，1998.

方教材由本区主持编写，其他各科的教学大纲和教材的翻译出版使用全国通用教材。随着近年来双语教育的迅速推进，少数民族文化经历了再造和创造性的发展，主流课程和少数民族文化课程平行开设，并同步编译有双语文化读本和教辅读物。

在民族地区的地方课程和校本课程中，民族文化发挥着不可磨灭的作用，逐步建立了地方特色课程及校本课程示范与模版，各民族成员表示积极拥护和热烈欢迎。构建民族地区校本课程模式和体系旨在增强民族间文化认同感，促进各民族间文化交流。因此，不断优化民族地方课程设置、提高双语教学与教材质量是促进各民族文化认同不可或缺的重要手段之一。

（三）建设专业化双语师资队伍，提升民族综合素质

双语教育中课堂教学语言的改变不仅是在教学中使用两种语言，其背后还潜藏着双元甚至多元文化的冲突与融合，并折射出不同的文化、思维方式与价值观念。因此，国外比较一致的观点是，双语教师作为这一使命的重要载体，必备的知识包括宽厚的双语双元文化基础知识、扎实的双语专业知识和丰富的双语教育科学知识。①

随着新疆双语教师队伍的建设力度不断加大，双语教师不仅需要具有专业知识和双语教育教学法知识，也需要具有双语教育理论知识和较高的汉语水平知识，更重要的是同时兼备汉民族与少数民族的双元文化基础。不断完善的专业化教师队伍正是直接作用于新疆双语学生综合素质提升的重要载体，建立新疆双语教师专业发展保障体系是双语教育必不可少的基本政策之一。

在教师队伍建设过程中，首先要注重教师专业发展。所谓教师专业发展，是教师职业发展或专业成长过程，通过不断的自我反思，积极适应职业要求，使知识结构得到不断完善。新疆维吾尔自治区教委在《关于大力开展中小学教师继续教育和加强汉语教师队伍建设的意见》中明确指出：加强汉语教师队伍建设，提高双语水平和教学质量，是提高民族教育质量的突破口②。2003 年，新疆维吾尔自治区人民政府在《贯彻国务院〈关于

---

① 王莉颖. 双语教育理论与实践：中外双语教育比较研究［M］. 上海：上海教育出版社，2008.

② 新疆维吾尔自治区教委. 关于大力开展中小学教师继续教育和加强汉语教师队伍建设的意见［EB/OL］.（1999-03-16）［2015-1-11］. http://cxks. xju. edu. cn/wenjian/print. asp? articleid =233.

深化改革加快发展民族教育的决定〉的意见》中明确指出：要支持少数民族汉语教师培训基地建设，培养出一支合格的“双语型”少数民族教师队伍，并充分利用现代远程教育方式，逐步开展对少数民族教师汉语培训。同年，自治区启动了发达地区高校援疆师资培训项目、少数民族高层次骨干培养计划等项目，加快提高少数民族教师汉语水平进程，推进新疆双语教师快速成长为“民汉兼通”型双语教师，同时加大对普通专业知识、双语教育学科知识及民族文化知识的监督考查力度，培养出一批综合素质和学历层次较高的少数民族双语双元文化人才。

双语教师队伍专业化素养的提升，实现了民族教育师资的高层次化和现代化，新疆各少数民族对于国家认同和中华民族认同也随着知识技能的增长而不断提高，少数民族骨干人才学成归来将持续为边疆社会经济发展做出卓越贡献。

二、双语教育模式与政策执行分析

我国的双语教育政策在一定程度上借鉴了国外双语教育政策实施的理论和实践经验。总体来说，国外双语教育模式的多样性、综合性和针对性较强，众多国家将双语教育目的、教育环境和资源及政策法规等相结合，在实践中取得了良好的效果。其中，多样灵活性是众多模式凸显出的共同特征之一。由于教育目的、对象、地理位置、社会语言环境等差异，中国双语教育模式的选择不能照搬国外模式，而应因地制宜、量力而行的选择或创新。

新疆南北疆经济水平差距较大，教育环境也不尽相同，各地区在生源、师资和基础教育资源等方面存在着较大差异。这种教育发展不均衡导致双语教育政策在新疆各地区的执行落实存在诸多问题和困难。

在双语教育模式制定的政策选择上，国外众多专家对双语教育模式的分类为我们提供了一套系统的理论模型。如梅格尔·西古恩（Miguel Siguan）对双语教育模式进行了微观分类，他将现有双语教育模式分为七种。其中，保持式双语教育、双语双元文化教育及双向式双语教育等三种模式①为新疆双语教育模式确定和推广提供了相应的理论启示。双语双元

① Miguel Siguan. William F Mackey. Education and ilingualism［M］. London：Kogan Page Ltd，1987.

文化和双向式双语教育即少数民族语言不仅作为语言课程，而且也会在其他学科中作为教学语言使用，甚至其母语使用率几乎与课堂教学用语持平。如在新疆双语教育中，理科课程使用汉语授课，其他课程包括音乐、历史、民族文化等在内的文科课程使用母语授课，即模式 1。保持式双语教育是学生的母语被作为语言课程来教学，如在新疆双语教育中，所有学科为汉语授课并加授民语，即模式 2。以下运用两个事例，说明新疆在采用上述两种双语教育模式时存在的问题。

乌鲁木齐是新疆维吾尔自治区首府，优势教育资源相对集中，师资力量较为雄厚。以新疆实验中学为例，新疆实验中学双语理科高中班一直全部采用汉语授课并加授民语，即模式 2 进行教学。授课教师多半由汉族教师或“民考汉”维吾尔族教师担任，汉语水平普遍较高；学生也是来自新疆各地的优秀生源，汉语水平和知识理解能力相对较高。因此，乌鲁木齐地区是双语教育培养模式政策实施最好的地区之一。

对于和田地区来说，和田市三中率先响应新疆维吾尔自治区号召开办了双语实验班，采用模式 1 授课方式。但是，由于师资队伍汉语水平整体较低，大部分是“民考民”的维吾尔族教师操着不熟练的汉语给学生上课，遇到学生实在听不懂的地方，只有用维吾尔语解释学生才能明白。双语实验班原本使用汉语为主、维吾尔语为辅的授课方式，在实际教学中也变成了以维吾尔语为主、汉语为辅的传统双语教学模式。① 然而高考时，实验班的学生却要求使用汉语进行数理化试卷答题，这导致学生在考试中失利。部分家长要求将孩子调回普通班重新学习，家长、学校和学生均对实验方案提出了不同意见。为解决这一问题，自 2010 年起，和田市三中取消高中部，只保留初中并采用初级中学四年制（预科一年进行汉语学习），在初中阶段狠抓汉语言教学工作，新建和田市一中（高级中学），将和田市三中高中部教师调至和田市一中的同时，以优厚的待遇引进一批语言知识和学科知识兼备的教师，以期提升高中教学质量。与此同时，和田市教育局在现有政策不变的情况下，为改变双语班高考成绩不佳的事实，采取平缓过渡的方式，将原本采用汉语授课的政史地等科目改为维吾尔语授课，并在会考中采用维吾尔语作答。通过近几年的努力，和田地区中学双语班学习状况和成绩有了明显改善，截至 2013 年高考结束时，民汉合校的

---

① 艾力·伊明. 多元文化整合教育视野中的“维汉”双语教育研究：新疆和田中小学双语教育的历史、现状与未来［D］. 北京：中央民族大学，2007.

双语班成绩超过汉语班，政策收效明显，家长也愿意重新将孩子送入双语班进行学习。

美国公共政策专家保罗·A. 萨巴蒂尔（Paul A. Sabatier）认为，政策执行通常有两种基本途径，即自上而下和自下而上。自上而下的政策观念是决策的重要性取决于决策由哪一个科层等级的人员做出，最重要的决策是由政府机构的最高任务做出的。而自下而上则是强调从基层实际问题和情况出发，充分考虑参与政策执行者的意见，通过复杂互动和反复修正来实现政策目标。①

2003 年，新疆维吾尔自治区人民政府在《贯彻国务院〈关于深化改革加快发展民族教育的决定〉的意见》中明确指出：要积极扩大双语授课实验范围，县（市）以上都要开设双语班，初高中全部过渡到双语实验班授课模式，同时鼓励中小学创造条件实行“民汉合校”和“混合编班”。②但调研组在对和田地区双语教育现状调查过程中发现，学生家长反映个别学校不顾实际条件，盲目扩大双语教育实验班规模，大部分学校重数量轻质量、重双语班轻普通班，对双语教育单语化等做法颇为不满。③ 一些家长为此对双语教育失去了信心，表示不愿意让孩子到双语班进行学习，也有部分家长担心会造成民族文化的流失。

2012 年，新疆教育厅出台了《关于进一步提高中小学双语教育质量的意见》，要求将中小学双语教育在规范课堂教学语言与教材的情况下，分为两种教学模式：对接受过学前双语教育的少数民族学生，小学起始年级，城市和县城学校一般采用模式 2 实施双语教育，不具备条件的学校，也可以采用模式 1 实施双语教育；农村学校可根据双语教师及学生的实际，灵活掌握。④ 然而，调研组在对双语班家长进行走访中发现，在部分教学条件尚不具备、学生没有接受过学前双语教育的学校中，学校为超额完成双语教学任务，急于采用模式 2 进行实验。这种不顾学生实际简单推行双语教学活动的做法，也影响了双语教育质量的保障与提升。

---

① 邓旭. 教育政策执行的四重路径［J］. 江西教育科研，2007（05）：6-9.

② 王阿舒. 新疆双语教育政策的当代演进［J］. 新疆社会科学，2012（03）：119-122.

③ 李儒忠. 双语教育十论［M］. 乌鲁木齐：新疆人民出版社，2012.

④ 新疆维吾尔自治区. 关于进一步提高中小学双语教育质量的意见［EB/OL］.（2012-03-26）［2015-1-11］. https://hk. lexiscn. com/law/law-chinese-1-1795470. html.

三、基于双语教育视角下改进民族关系的政策选择

（一）提高少数民族群众对双语教育重要性的认识

国家和新疆维吾尔自治区政府实行的一系列政策规定都是为了保障新疆中小学双语教育工作的健康发展。多年的教学和社会实践证明，这些政策方针十分有利于贯彻和保障我国民族语言、文化的平等原则。在费孝通先生中华民族文化多元一体的思想指导下，坚持双语教学有利于继承和发扬少数民族优秀文化传统，加深各民族文化交流，消除民族间语言及心理障碍，促进民族间积极交流，将普通民众培养成合格公民，铸牢中华民族共同体意识，维护各民族群众群体凝聚力和向心力。因此，必须切实有效地推进双语教育政策的执行力度，采用行为分析、制度分析等政策执行的方法论，制定符合社会实际情况的双语教育政策，使各族民众认识到双语教育对于民族发展和文化传承的重要性，保证双语教育在各民族关系和谐发展的基础上顺利推行。

（二）建设双语教育政策执行监测和评估系统

社会监测与评估主要是指公众和大众传媒参与到教育政策执行的监测和评估中。① 公众享有对政策执行进行批评、申诉、建议和检举的权利，通过公众舆论来表达自己的愿望和诉求。切实对新疆双语教育政策执行过程和成效实行监控和评估，以大众利益为政策改革导向，以各地基层政策参与执行者和活动者为班底，成立监测和评估专项小组，定期到新疆各地对政策执行成效进行考察和评估，深入了解各族人民群众在政策实施过程中是否受益、存在什么困惑、有什么意见和建议等，提高政策执行能力和基层教育行政部门的监督能力，把握各族人民对政策施行的态度和心理，以协调民族关系、发展民族团结作为双语教育根本目的之一，使政策既能实现双语教育发展目标，又能维护和发展各族群众的和谐融洽。

（三）建立“求同存异”区域性特色教学模式

新疆中小学推行双语教育应把握好全局的大政方针，执行政策提出的

① 范国睿，孙翠香. 教育政策执行监测与评估体系的构建［J］. 教育发展研究，2012(05)：54-60.

统一要求，也应遵循“因地制宜、分类指导、分区规划、分步实施”的原则，考虑到各层次双语班的衔接问题，统一安排部署，全面保障双语教育的连贯性并使教学走向科学规范的道路。根据不同地区学生学习水平的差异，因材施教，积极组织特色校本课程开发，循序渐进，稳步推进双语教学发展。认真分析所在地区的语言环境及教育教学资源条件等，根据实际情况采取适合当地发展的教学模式。深化双语教育政策实施效果评价体系改革，合理调整教学计划和课程设置，结合当地风土人情和风俗习惯，将本土文化融入语言教学情境中去，形成既符合双语教育教学目标，又具有自身特色的区域性特色教学模式。这样的方式，既可以保障学生学习质量，也可以提高家长对双语教育的满意度，从而促进民族关系的和谐发展。

（四）加大对“民汉兼通”师资队伍的扶持力度

早在1980年，双语教育专家巴岱就提出“民汉兼通”的教育理念。所谓兼通，就是强调既要通少数民族语，又要通汉语。要想培养出优秀的双语人才，首先要有一支骨干师资队伍才能使“民汉兼通”目标得以实现。教师专业素质的高低，决定着教育教学活动的质量和效益。因此，应加大“民汉兼通”师资队伍的培养力度，加强民族地区教师系统化培训制度建设，提高双语教师待遇，遵循教师教育一体化原则。在高校中注重少数民族和汉族双语师范生的培养，启用民族师资专项培养经费，设置相关师范类课程，以提升未来双语教师的专业素养。加强少数民族双语教师培训制度建设，将本土培养权赋予民族地区教师专业培养院校和机构，创新双语教师培训模式，使终身学习的教育思想在双语教师身上得以体现，扮演好培养“民汉兼通”优秀人才的角色。建立民族间互帮互助长效机制，加深民汉群众思想沟通和文化交流，通过教师这一纽带，促进民族交往交流交融，促进民族教育事业稳定蓬勃发展。

四、结　语

双语教育的社会、政治、文化等功能的发挥，对各民族关系的健康发展起着重要作用。因此，我们在推进双语教育政策过程中，要充分重视政策实施成效对民族关系的影响，力争做到和谐共存和共同发展。家长和社会也要对双语教育给予充分的支持，对暂时的困难予以充分的理解和包容，及时指出问题并提出建设性的建议和意见，共同推进新疆民族教育事业跨越式发展。

第二节 社会资本与和谐民族关系构建①

一、社会资本的溯源及其界定

社会资本这一概念最早被用于社会学领域，作为一个社会分析术语，指社会结构、社会关系及其内部蕴含的资源。社会资本最先作为一个研究范式是来自法国社会学家布迪厄（Pierre Bourdieu），他所倡导的社会资本，“是指借助于所占有的社会网络，从而能动用的社会资源和财富”②。换句话说，就是一个社会个体所拥有的社会资本，是通过网络能够动员网络内部成员资本总量。这里的社会资本主要是研究个体成员通过社会网络吸纳资源的过程，它既可以为个人提供各种物质支持，也可以提供人们所需的情感支持；既可以内化个体的价值观和道德观，又可以提高个人的职业声望和收入水平。社会资本被认为是存在于社会网络之中，属于微观研究范畴。

科尔曼（James Coleman）在界定社会资本时，并没有把网络中的个体作为主要研究对象，而是强调社会网络作用以及网络成员之间所形成的人际关系，由此而产生的社会资本。他认为社会资本有两个特征：由构成社会结构的各个要素所组成；为结构内部的个人行动提供便利。他把社会资本归结为五种形式，即义务和期望、信息网络、规范与有效惩罚、权威关系、多功能社会组织与有意创建的社会组织。③ 社会组织构成了社会资本，它有利于人们实现自己的目标，如果没有社会资本，目标就会很难实现或必须付出极高代价。从其研究范围来看，科尔曼的研究视角大都属于社会资本中观层面，主要阐释社会网络或网络关系所占有的社会资本。

---

① 本节作者蔡文伯、王振，原文载于《青海民族大学学报》2010 年第 2 期。

② 何君安．社会资本理论若干问题再探讨［J］．西北大学学报，2007（04）：125-129.

③ 袁小平，曾柳．从社会网到社会资本的社会学研究［J］．安庆师范学院学报，2008（02）：35-39.

社会资本研究领域由中观向宏观发展的主要贡献者当属罗伯特·帕特南（Robert D. Putnam），虽然他所定义的社会资本是指社会组织特征，例如信任、规范、互惠、网络。① 但实际上他的重要落脚点是研究全体社会成员在这种社会网络结构中所建立的普遍信任和互惠关系，是由个体成员向社会全体的扩展，是真正意义上宏观领域社会资本。他在《使民主运转起来》一文中结合大量的经验材料，提出社会资本是个体之间的关联——社会网络、互惠性规范和由此产生的可信任性。从这个意义上说，社会资本与人们所称的“公民精神”密切相关。因此，高存量的社会资本对维护良好的社会秩序也是非常重要的。首先，社会资本使网络内部形成了普遍的互惠规范，而普遍的信任规范加强了人们之间的普遍信任，更容易解决集体问题或解决集体行动的困境。其次，社会资本能够实现较低的犯罪率、更高的经济繁荣、更稳定的社会环境，更高水平的健康和幸福以及更成功的教育。②

上述三位学者分析的层次不一样，他们对社会资本的论断也不一致，但他们都认为社会资本是关系网络结构。因此，社会资本是镶嵌于社会网络之中的关系资源，通过长期交往而形成的一系列认同关系、体制化规范、信任互惠关系、信息共享关系等社会关系总和，并由此而占有的排他性资源。

二、社会网络断裂的分析

社会学家在研究社会资本时，大多把视角聚集于社会网络，研究其形成后对稀有资源的占有规模和数量，而对冲突与社会网络断裂之间的研究却涉及不多。为此，张其仔在《社会资本论》中探讨了由于社会关系冲突而引起的社会网络断裂。他认为，在社会资本形成和发展过程中网络内部不但有合作和认同，纠纷和冲突也不可避免。究其原因，联系的松散和关系的破裂是其主要源头。③

---

① 孔建勋. 社会资本与政治态度：新加坡三大族群比较研究［J］. 云南社会科学，2009(02)：61-65.

② 罗伯特 D. 帕特南. 使民主运转起来［M］. 王列，赖海榕，译. 南昌：江西人民出版社，2001.

③ 张其仔. 社会资本论［M］. 北京：社会科学文献出版社，2008.

（一）体制化规范受到破坏

根据帕特南对社会资本的研究，制度化的规范是网络中组织和个体在关系生成或资源交换时所共同遵守和认同的准则或模式，它的建立有助于社会网络构建，有助于社会资本形成的速度和规模，有助于网络内部及网络之间形成互惠的关系结构。① 其中可以指社会网络发展中的政策、制度，也可以是大家公认的道德规范和行为准则。国家历来重视新疆各民族的友好关系及和谐发展，根据不同时期的需要，制定了以信任、认同、互惠、友爱、融洽、和睦、协调为基础的民族政策。多年来，其政策的实施得到新疆各族群众的支持和拥护，保证了新疆教育文化事业的有序高效发展。根据社会资本的属性，对体制化规范的破坏必然导致和谐社会网络的异质和断裂，反映到民族交往上就是各民族交流频率的减少或中断。反过来，各民族交往的减少就会影响民族之间的关系，民族关系破裂必然对已有的民族政策和制度规范形成挑战。

（二）地缘经济受损

社会资本学家认为，地缘关系是指由于居住同一地域而形成的相互关系，其关系所指涉的对象具有一定空间界限，它对社会经济生活有不可忽视的作用。② 新疆是一个多民族聚集的地方，人口来自全国各地，是典型的混合居住区域，统一的市场和相同的生产目的，使各民族相互协作，共同发展；共同的社会制度、共同的政治经济组织、共同的社区生活使不同民族成员结成同志、同事、邻居和朋友这些稳定的合作关系。这些关系在新疆经济和社会生活发展中逐渐具有了地域性的特点，形成了民汉交错、层次结构交织的地域社会网络，关系主体也变成了具有较强凝聚力的共同体。民族之间经济交流活动的减少，必然会引起地缘经济网络中所提供商品总额的减少，其结果势必影响整体经济的发展势头。

（三）信任危机

社会资本本土化以来，阐释关系网络对社会资本形成的论著居多，而人际关系网络又是关系网络研究中的热点。在确定人际关系网络时众多学

---

① 戴萍萍．社会资本理论综述［J］．科技信息：科学教研，2007（15）：236.

② 张其仔．社会资本论［M］．北京：社会科学文献出版社，2008.

者又把信任作为建立人际关系网络的重要因素，他们认为普遍信任有助于社会网络的形成，是社会资本的存量得以增加的主导力量。中华人民共和国成立以来，国家在民族团结和民族互助交流方面做了很大的努力，各族人民互相信任、互相合作、团结互助、友好合作，结下了兄弟般的深厚情谊，在社会网络构建中形成了普遍的信任关系。

根据社会资本的经典论断，社会信任是人与人交往及合作的纽带和润滑剂，是维持组织效能和组织生存的重要影响因素，社会网络内一旦失去普遍信任，那么作为组织关系中的社会网络也将瓦解。当恐怖分子施暴后，各民族长期形成的信任关系便受到了不同程度的损伤。具体表现为：社会生活中的不信任因素增强；负性标签导致的商品歧视，由对个人的不信任延伸到对个人商品的不信任，其结果必然使长期构建的社会网络受损或断裂，信任关系也会大打折扣。

（四）文化认同受到冲击

对处于社会网络之中的组织结构或成员而言，其对某一文化和价值观念的认可，就会减少社会网络建设中的投入成本，易于使组织成员之间或组织与组织之间形成制度化规范和信任关系，进而优化社会资本，巩固社会网络。恐怖分子的暴力行径，伤害了各民族间的深厚感情，对民族文化也造成了某种程度上的冲击，具体表现为：狭隘民族情感和民族意识的抬头；对非本民族文化的歧视；否定和排斥他民族固有的文化表现和风俗习惯。这都加剧了民族文化冲突程度，其结果势必引起各民族文化融合网络的断裂，而断裂的网络结构如果得不到修复，就会影响社会资本的规模和再生。

三、修复和整合民族关系的对策

（一）完善法律规章制度建设

中华人民共和国成立以来，党和国家非常重视民族地区的法制建设，《中华人民共和国宪法》明确规定：“中华人民共和国各民族一律平等。国家保障各少数民族的合法的权利和利益，维护和发展各民族的平等、团结、互助关系。禁止对任何民族的歧视和压迫，禁止破坏民族团结和制造民族分裂的行为。”① 从法律制度层面保障了少数民族地区人民的合法权利和利益。党的十六届六中全会关于《中共中央关于构建社会主义和谐社会若干重大问题的决定》中指出：“认真贯彻落实党的民族政策，牢牢把握各民族共同团结奋斗、共同繁荣发展的主题，广泛开展民族团结进步活动，巩固和发展平等、团结、互助、和谐的社会主义民族关系，使各族人民和睦相处，和衷共济，和谐发展。”② 这些从不同程度上促进了民族地区的社会稳定发展。同时，要防范分裂势力利用资源问题、环境问题和民族关系中出现的人民内部矛盾问题挑拨群众民族情绪，激化各族群众矛盾，推进新疆社会稳定与长治久安，有效化解民族矛盾，实现民主法制、诚信友爱、安定有序、共同发展的大好局面。

（二）构建中华民族文化的普遍认同

福山（Fukuyama）认为，构建文化观和价值观的普遍认同，有助于社会网络的建立和丰富。对于同一网络结构而言，网络成员对内在文化观和价值观的认可有助于形成普遍的信任关系，增强网络结构的牢固程度。③中华民族文化是中华民族身份认同的基本依据。中华民族文化的认同作为中国文化软实力的重要组成部分，具有标识中华民族特性，塑造共同心理的特殊功能，是协调多元文化关系、整合民族文化资源、构建中华民族共同价值观的必经之路，是和谐社会建设的关键所在。

在新疆地区倡导中华民族文化认同，不仅有利于长期保持稳定的政治大局，使经济社会事业较快发展，而且有利于汉族和少数民族之间形成超越民族、地域、阶层等界限的民汉文化网络。建立各民族成员认同的思想基础，统一文化价值观的认同，克服狭隘的民族情感，突破各民族成员之间的身份限制，从心理、文化上认同中华民族文化，用共同的理想、信念和感情，团结各族人民，使他们在对中华民族文化的认同中形成稳固和谐的中华民族共同体，增强中华民族的凝聚力。久而久之，这种文化认同就会体现规范化、体制化、法制化的特点，容易形成各民族间网络统一的体制化规范。因此，构建中华民族文化的认同，有利于巩固民族团结，保持

---

① 国务院新闻办公室白皮书．新疆的发展与进步［M］．北京：人民出版社，2009.

② 杨发仁，徐玉圻．新疆历史与民族从教理论政策教程［M］．乌鲁木齐：新疆教育出版社，2007.

③ 淘金．论社会资本的定义及其属性［J］．江汉论坛．2008（01）：27-29.

社会稳定。

（三）搭建村、社区信任网络，再构民族和谐关系

德国社会学家西美尔（Georg Simmel）说过，信任是“社会中最主要的凝聚力之一”，“没有互相之间普通的信任，社会本身将瓦解”。① 我国古代儒家文化也对此肯定有加。孔子曰：“言必信，行必果”“信以成之”“与朋友交，言而有信，不知其可也”。可见，信任是社会人际关系交往的重要前提，构建社会内部各成员和组织的信任网络有助于社会和谐关系的建立及社会资本的生成。因此，搭建村、社区各民族之间的信任网络成为最为紧迫的任务。

限于新疆南北疆、城市与农村长期所形成的经济和文化结构不同，修复民族之间信任关系要做到因地制宜，利用不同的措施和手段在民族地区进行民族团结和民族和谐发展的理念宣传，使人人都有民族团结思想，人人都讲民族团结，人人都懂民族政策，人人都做民族团结的好事。例如，在新疆南北疆农村地区要利用业已形成的地缘关系和友缘关系优势，开展农业生产合作互助，开发农业合作项目。同时，深入田间地头宣传党的民族政策和区域自治制度，使农村地区各族人民相互理解、相互认可、相互信任。例如，开展民族团结文化下社区、民汉家庭“结对子”等活动，重构汉族和各少数民族的普遍信任关系。

（四）加强信息建设，使信息资源及时准确地反映民事民生

信息资源的占有在极大程度上促成了社会资本生成。根据帕特南社会资本网络论的特性，网络内部嵌入有效资源（也包括信息资源）的规模越大，层次越多，那么其所形成的社会网络结构愈加紧密，网络成员之间越易形成普遍的规范认可和信任关系；反之，就会影响社会网络关系建设，降低成员之间的信任关系。为此，需要加强各组织和成员之间的信息建设，特别是政府信息资源建设。政府作为民族关系构建的核心力量，应该通过各种信息渠道，宣传我国的民族政策。在此基础上把政府与民众关系提升到一个新高度，构建政府和民众的互信平台，使政群关系更加紧密、更加稳定。政府应发挥在大众媒体中的积极作用，通过已有网络资源和大众媒体向各族人民提供及时、可靠、准确的信息，把政府维稳的努力、决

---

① 卜长莉．社会资本与社会和谐［M］．北京：社会科学文献出版社，2005.

心及民生工程的建设和改造，利用信息平台迅速传递给各族群众，而一般民众也能够通过这些资源渠道把现有的问题和建议顺利传递给政府，双方信息互通有无，有助于政府与民众、民众与民众之间形成相互了解、相互信任的关系，进而密切政群关系，使社会各项工作有序开展。

第三节　新疆双语教育与中华民族文化认同的思考①

文化根植于民族语言、思想、传统观念、行为、价值观、思维方式、生产生活方式、历史代表人物、精神领袖及风俗习惯中，表现为民族群体整体意识所辐射出的一切活动。民族文化具有显著的自我认同、传承及对外适应三个特征②。在中华民族多元一体视角下，各民族文化具有平等性，不同民族文化也各有其优秀成分。民族间的文化沟通才是民族间深层次的沟通，对于民族矛盾的防患及文化整合也具有重要意义。新疆位于中国西北边陲，与8个国家为邻，是中国边境线最长、对外口岸最多的一个省区，是我国向西开放的“门户”及加强国际合作的战略重地。新疆是少数民族聚集地区，少数民族双语教育最初更多始于对民族间语言交际、改变新疆基础教育状况及促进经济发展等需要，以培养“民汉兼通”的少数民族人才为目标，而较少去关注民族间文化整合的需要。事实上，随着我国各项民族教育政策的落实，民族自尊、自觉及自我保护意识得到唤醒和加强，民族间的沟通交流仅仅停留在语言层面（器物层面）是不够的，文化间的冲突与整合及深层次文化交流对于民族关系意义重大。新疆双语教育应立足于民族间文化冲突的避免、减少及消除，甚至民族文化整合、民族关系维系及各民族对中华民族文化认同。

一、新疆双语教育与文化

（一）语言与文化

语言具有两大功能：一是交流的工具；二是文化的象征。交流的工

① 本节作者蔡文伯、杜芳，原文载于《兵团教育学院学报》2011年第4期。
② 朱俊杰，杨昌江．民族教育与民族文化发展研究［M］．长沙：湖南教育出版社，2006.

具，指语言在人们生活中的实际应用价值，即语言是人们相互进行口头和书面交流的工具，这是语言最根本的功能；文化的象征，指人们对母语在感情上的依附。① 民族的语言与文化有着重要的联系。语言是人类用以交流的工具，更是民族最重要的界定标准，它有助于民族成员确立民族同一性，实现民族认同。语言通过词汇、语法，更重要的是通过民族特有的语言系统，与民族文化建立起稳固的联系，成为文化传承的关键，也架起了与外界沟通的桥梁。以语言为工具，丰富多彩的神话、传说和民间故事得以相传，民族智慧、精神和价值观得以传承。正是有了语言这种介质性的符号，各种民族文化得以传承和发扬。语言的背后含有价值、观念、态度等成分，是人类文化的载体，更是民族文化的象征。一个民族的文化渗透在该民族的语言中，一个民族的语言又是该民族文化的载体。语言和文化关系密切，互相依存，两者之间存在着天然的、合宜的关系。语言也是人们思维的工具，也是人们思维的物质外壳，透过语言，我们可以洞悉不同民族的思维方式及其所承载的文化。

（二）少数民族双语教育与民族文化

文化和语言一样，可以后天习得。文化的习得性表明，学生通过双语教育了解和掌握他文化是完全可能，并且是可以做到的。② 对于少数民族而言，双语教育的选择是我国民族教育的重要举措，也是少数民族以教育求发展的必要途径。双语教育是指“以两种语言作为教学媒介的教育系统，其中一种语言常常是但并不一定是学生的第一语言”③。少数民族双语教育一般是指以民汉两种语言作为教学媒介的教育体系，对学生进行双文化甚至多文化教育，其目的不仅是把学生培养成双语言人，更要把学生培养成为双文化人。在双语教育过程中对文化冲突问题的重视与解决对于培养“双语双文化人”的目标意义重大。新疆多元文化背景下，少数民族双语教育目标只有上升到中华民族文化认同高度才能真正实现双语教育的文化功能。

民族文化是新疆不同民族群体在长期的历史实践活动中创造、沉淀和

---

① 马戎．民族社会学：社会学的族群关系研究［M］．北京：北京大学出版社，2004.

② 董霄云．文化视野下的双语教育：实践、争鸣与探索［M］．上海：上海教育出版社，2008.

③ M. F. 麦凯，M. 西格恩．双语教育概论［M］．北京：光明日报出版社，1989.

积累下来的。双语教育的政策选择在某种程度上具有新疆民族文化整合的功能。在文化冲突与整合视域下，新疆双语教育在民族文化关系的不同发展阶段有着阶段性特征。任何民族文化作为一个复杂的系统，都包括器物文化、制度文化、精神文化三个子系统。换言之，文化由器物、制度和精神三个层面组成。其中，器物层面是文化冲突与整合中的显性层面，而制度层面和精神层面是隐性层面。显性层面的文化冲突与整合情况恰恰反映了隐性层面的文化冲突或整合程度。在新疆双语教育循序渐进的发展过程中，民族文化也会不断发生冲突与整合，并在文化的三个结构层面有着不同体现。

二、新疆少数民族双语教育中的文化冲突与整合

多元民族文化的社会背景以及文化间的交流决定了新疆双语教育实施中文化冲突与整合的客观存在。随着双语教育推进，文化的冲突与整合在器物层面、制度层面及精神层面分别有不同的表征。但是，民族间文化关系的发展在三个层面的体现并不是独立存在的，而是相互联系、相互影响的一个体系。不同地区的双语教育发展阶段不同，其民族间文化关系也有不同的呈现与表达。

（一）在器物层面的体现

语言是文化的一种表征符号和物质外壳。器物层面所体现的文化内涵是文化的显性外壳与表层。在少数民族汉语言的习得过程中，器物层面的文化冲突和整合体现在民族语言、民族知识、风俗习惯、行为方式、生产生活方式等方面的熟悉和了解。随着少数民族地区生产力水平的不断提高，少数民族与汉族之间的交往也日益频繁，少数民族教育需求也不断扩大。双语和生产生活方式及风俗习惯的接触也必然随着民族间交流沟通的频繁而增多。就语言本身而言，不同语言归属于不同语系，具有不同的社会地位和文化特性。任何语系都有其各自的特点和规律，不同的语言在词汇、语法、语音、语义等方面均存在着很大的差异。即使同一种语系，在社会文化背景上也有着不同之处，体现着不同的语言特色。因此，在双语教育过程中，语言的冲突也是必然的。此外，新疆各民族居住呈现“大杂居、小聚居”的特点，各民族的居住地自然生态环境、民族历史发展、族际迁移等情况都有所不同，就必然导致各民族在生产生活方式、风俗习惯

及行为方式等方面的不同。当少数民族或汉族对彼此的民族语言及民族发展状况等不甚了解时就会产生排斥。这种排斥势必阻碍双语教育的开展。

（二）在制度层面的体现

制度层面文化的相关因素是在器物层面上添加了文化群体对客观存在的民族价值观、信仰、信念、规则和制度等因素。新疆双语教育发展到一定阶段，汉族或少数民族对彼此语言的接触只是表层，而深层的是对诸如价值观、信念、思维方式甚至民族关系维系的相关规则和制度的了解和认知。随着民族教育的特色化发展以及民族教育政策的颁布和实施，民族文化不断地进入新疆公共教育事业中。当各民族不能客观认识不同民族器物层面文化平等性及价值观、传统观念等差异时，在双语言习得中，就会产生文化的困惑；反之，还会加深民族文化认识，同时维护教育相关政策，也会自觉或不自觉地提高对自身民族语言和文化传统的尊重与认识。

（三）在精神层面的体现

精神层面的文化是民族文化关系最深层、最核心的体现。良好的精神文化体现为文化群体中的每一个体对最核心文化精神及其共有文化外延的认同和维护。这种核心的文化价值观和民族共同的文化外延就是中华民族文化。少数民族双语教育对民族文化整合的终极目标就是在双语教育实施过程中，集聚不同民族文化精粹，达成对中华民族文化认同，具体反映在中华民族各种优良传统美德、精神信仰、对国家的“大爱”等。随着新疆双语教育的推进，少数民族的民族自尊、自觉及其对本民族文化自我维护不断提高。1988 年，费孝通先生从不同学科角度，提出并论证了“中华民族多元一体”的核心概念。“中华民族多元一体”的前提是文化的整合。中华民族文化认同，绝不是民族文化的同化或简单融合，而是通过民族文化交流过程，集聚不同民族文化中的优秀成分，最终形成中华民族文化精髓，从而达成不同民族文化的内部认同和外部认可、接纳与维护。

三、中华民族文化认同观下新疆少数民族双语教育的几点思考

在中华民族文化认同观下，新疆双语教育实施的各方力量需提高双语

教育的目标定位，立足于民族团结统一、共同繁荣及中华民族文化认同的战略高度，重视民族间文化的平等性，各民族文化的优秀之处，致力于避免、减少及消除民族文化冲突，并积极将双文化理念渗透于双语教育实施中，有利于双语教育的开展。

（一）文化整合及对中华民族文化认同作为双语教育最高文化目标

长期以来，少数民族双语教学深受工具主义语言观的影响，认为语言只是一种工具，人们利用它只是为了进行日常交际以及与其他民族的沟通交流，第二语言习得只是为了将来更好地生存和发展以及谋求经济利益等；语言的学习和运用过程也被简化为“编码—发送—传递—接收—解码”，或对某种语言能够正常听、说、读、写等，隐藏其间的文化元素及其产生的重要影响则被忽略。受这种传统带有功利性的语言工具主义理念的影响，少数民族双语学习中内隐的“民族文化”被忽略了。仅仅在器物层面将第二语言作为一种交流的工具来掌握，忽视语言的情感性价值，同时也忽略不同民族文化所含有的优秀成分，不利于双语教育开展。语言作为思想、文化的载体，任何一种语言的真正掌握都不可漠视其背后的文化价值观。以往这种以语言工具性价值实现为目标的双语教育是不能培养出双语双文化人的。只有民族文化间的深度沟通并汲取彼此的优良成分，才是双语教育成功实施之根本。因此，少数民族双语教育的实施应该重视第二语言的情感性价值，并将民族文化整合及对中华民族文化的认同作为最高的文化目标。

（二）民族文化整合观念下，确立双语教育实施的过程性目标

民族文化整合观念下，新疆双语教育循序渐进的实施过程中应具有阶段性的目标。在民族文化关系处理方面，应当充分认识不同民族文化平等性及其中的精髓。双语教育的目标体现在三个层次：在器物层面，双语教育将语言工具价值的实现作为目标，目标是使少数民族受教育者能够掌握汉语进行正常的沟通和交流及对民族生产生活方式、风俗习惯等了解。但是，少数民族汉语言的掌握仅仅停留在语言工具的获得，而对深层的文化内涵却知之甚少。在制度层面，双语教育的目标应当致力于民族间隐性文化的相互了解、认同和接纳。具体表现为少数民族语言文字及文化的保护和传承，民族风俗习惯及文化的相互尊重和认同，同

时对民族共同的制度、规章和自身文化等维护。在精神文化层面，少数民族双语教育的文化功能应当体现为不同民族文化中优秀成分的整合及达成对中华民族文化的认同。将民族间文化整合提升到更为重要的地位，最终达成对中华民族文化的认同作为双语教育的最高目标。这三个层次在新疆不同少数民族地区，因双语教育发展情况不同要求也不同；语言文字教学的内涵不同，双语教育的文化层次体现也各不相同。不同地区应当因地制宜，制定适合自身发展的双语教育文化目标，并不断推进民族间文化的交流与整合。

（三）提高双语教师的双文化理念，并将其贯穿于双语教育教学中

双语教师的素质及能力状况是新疆双语教育发展的关键因素。新疆双语教育的快速和有效发展要求双语教师必须有双文化的知识、态度与价值观。双语教师不仅要具备双文化理念，获取有关民族多样性的基本文化知识。譬如，双语教师之间可加强民汉教师间的交流，提高自身对双文化环境的适应能力，学会分析民族学生的特点，采取各种技巧有效实施双文化课程教学，并不断提高自身对双语教学课堂驾驭能力及双语教育能力。对此，政府和教育管理部门应当加强双语教师专业发展，提升双语教师跨文化适应性。在双语教育教学中，教师不仅要加强对双元文化教育的认识，加深对不同民族文化平等性的认识，探索适合民族学生的教学方法，帮助学生树立民族自尊心、自豪感和自信心。在双语教学中，既要注意显性因素，也不能忽视隐性因素，诸如情感等非智力因素对双语教育成败的影响。无论民、汉双语教师都应认识到双语言的熟练掌握是双语教育教学有效实施的保证，树立正确民族观、教育观及双文化态度，并增进对民族文化历史渊源与发展的了解及客观评价。

（四）编制双语教材和设置双语课程中对民汉双文化的孕育与体现

在新疆多元文化社会背景下，双语教育应将民族文化平等意识、双文化理念及不同民族地方文化特征有效地融入教材编制和课程设置中。基础教育阶段的课程，可在国家规定课程中合理加入新疆民族文化方面的内容。中等专业学校、职业学校、师范院校的课程中，可开设有关民族文化专门课程等。双语教材应反映民族文化的多样性，如进行教学设计时，要考虑组织学生适当参加有益的民族文化活动和社区公益活动等。

通过双语教育使民族学生能够掌握有效的认知能力、情感能力、行为能力等。课程与教材的设计要有利于学生对不同民族文化的客观评价，要考虑到少数民族学生的学习特点，致力于培养学生双文化沟通与交际能力。

（五）双语教育中重视提高中华民族文化认同意识

文化的冲突与和谐必然影响到国家或地区的发展。新疆少数民族双语教育是中国“多元文化整合教育”的重要组成部分，也是国家“中华民族多元一体”思想的具体体现，更是对马克思主义关于各民族语言平等和国家关于民族语言文字政策、法律、法规的具体落实。要确保新疆民族地区双语教育的有效实施，必须充分尊重民族文化平等性，汲取各民族文化中的优秀成分，进而将双语教育提高到中华民族文化认同的战略高度。经济要发展，教育要先行。少数民族地区双语教育的开展对于新疆经济社会乃至国家安定团结与长治久安具有重要意义。双语教育中应当重视提高中华民族文化认同意识。无论在专门的思想政治教育中，还是日常的其他教育教学乃至生活中都应强调各民族平等、对各民族文化及中华民族文化的认同。新疆双语教育的实施要坚持双语言与双文化的相互促进、协调发展，以真正发挥双语教育的文化功能，为新疆的长治久安与社会稳定做出贡献。

第四节　民族教育的文化解析[①]

教育从诞生之日起，就与文化有着千丝万缕的联系。教育不但作为文化的一部分而存在，而且其自身就是一种独特的高级文化体。教育是建立在人类文化活动基础上参与各种文化活动的，又必须接受文化性质和水平的制约，为其文化服务。[②] 文化发展具有民族性和时代性，我国是一个多民族的国家，作为民族文化传承和创造的主要载体——民族教育，在实现少数民族文化发展上无疑扮演着极其重要的角色。然而，每一个民族都有其独特的文化，这些文化包含着不同民族悠久的历史和文

① 赵燕、蔡文伯，原文载于《兵团教育学院学报》2009年第6期。

② 冯增俊．教育人类学［M］．南京：江苏教育出版社，1998．

化的精髓，而教育在实现传承与发扬这些民族文化的同时无疑面临着各种文化之间的冲突。因此，民族教育在融合各民族、各文化间的冲突中发挥着重要的作用。

一、多元文化视角下民族教育的内涵

中华文明五千年一脉相承。多元文化的特点是我国在长期历史发展的进程中形成的。中华民族的形成体现两个特征，即文化的不断连续与文化和民族的不断融合。① 每个民族经过本民族成员的社会实践活动都形成了自己的独特文化，各个民族都依靠这些文化繁衍生息。文化是不断向前发展的，民族文化以自身文化为基点，在特定的文化体系内与他文化不断地发生交流和整合。正是这种特殊的民族文化背景，构成了中国民族教育存在的基础。

民族教育可分为广义和狭义两种，广义的民族教育是指对有着共同文化的民族或共同文化群体的民族集团进行的文化传承和培养该民族或民族集团的成员，一方面适应现代主流社会，以求得个人更好的生存和发展；另一方面继承和发展本民族或本民族集团的优秀传统文化遗产的社会活动。狭义的民族教育又称少数民族教育，指的是对一个多民族国家中人口居于少数的民族成员实施的复合民族教育，即多元文化教育。多元文化教育的目的是帮助少数民族成员提高适应现代主流社会的能力，以求得个人最大限度的发展，同时继承和发扬少数民族的优秀文化遗产丰富人类文化宝库，为人类做出应有的贡献。②

对于我国这样一个由56个民族组成的多民族国家，在漫长的历史长河之中，各个民族的文化在相互交流和融合中发展着，也形成了你中有我、我中有你的发展格局。因此，在多元文化教育理念下，各民族的教育要共同纳入国家民族教育的整体范围中。不仅少数民族学生要学习和掌握汉族的文化知识，而且汉族学生也要学习和掌握少数民族的文化知识，从而使多元文化并存、各民族平等发展成为现实。③

---

① 张俊豪．多元一体格局下的中国少数民族教育［J］．湖北民族学院学报：哲学社会科学版，2006（04）：28-31.

② 朱俊杰，杨昌江．民族教育与民族文化发展研究［M］．长沙：湖南教育出版社：2006.

③ 刘丽丽．多元文化背景下的我国民族教育［J］．理论前沿，2007（09）：26-27.

二、文化冲突与民族教育

（一）文化多样性及其冲突

文化从其诞生的那一刻起，就已具备了“差异性”和“多样性”的特质。文化冲突是一个多层次、多角度的交融与碰撞过程，它既包括不同时期因社会发展而产生的文化规范变迁上的纵向冲突，也包括同一时期因两种文化规范对立而产生的横向冲突。文化冲突的本质是价值观的冲突。①

文化冲突是必然的，也是必要的。不同文化之间必然存在差异，否则，文化本身将失去其本身存在的价值和意义。理想的多元文化论者认为，在一个多元文化社会中，每一种文化通过与其他文化的互动而寻求有机发展。文化人类学家基辛格指出：“文化的歧异多端是一项极其重要的人类资源。一旦去除了文化的差异，就可能会剥夺了人类一切智慧和理想的源泉。”② 由此可见，就社会中的个体而言，在多种差异并存的背景之中，应该主动掌握个体间有效互动的技能与技巧，而不应对差异视而不见，甚至敌视他者及其文化的存在。

（二）民族教育中文化冲突的主要表现形式

文化冲突发生在两种不同的文化相互接触之后，各种类型的冲突会出现，民族教育中会随着这些冲突而呈现出种种矛盾或对立。

多元文化价值背景下民族教育中的文化冲突表现为新旧价值之间的冲突，观念（理想）与现实之间的冲突，社会文化中的主流文化与亚文化之间的冲突，传统文化与现代文化的冲突，阶层间文化的冲突，外来文化与本土文化间的冲突，不同民族文化间的冲突等。其中，学校文化是社会文化的一个重要组成部分，学校的作用在于促进某种文化价值和社会规范与目标在教育上的实现。民族教育中的文化冲突，在学校教育中主要有三种表现形式。

1. 教师与学生之间的文化冲突

教师与学生之间的文化冲突在学校中较为常见，在沃勒（W. Waller）

---

① 桑国元. 学校文化冲突的源起、表现与缓和：多元文化教育的视角［J］. 宁波大学学报：教育科学版，2006（03）：1-6.

② （美）基辛. 当代文化人类学概要［M］. 北晨译. 杭州：浙江人民出版社，1986.

看来，这类文化冲突是学校生活的核心。主要表现为两类：一类是在文化传播过程中由学校的特殊功能引起的，师生之间产生冲突是因为教师代表更大的团体文化，而学生满脑子装的是地方团体的文化；另一类是由于教师与学生价值观上的不一致而产生的冲突。教师之间也存在着文化冲突，由于各自民族文化背景不同，所教的科目不同也会形成不同的思想观念和行为方式。对于学生之间的文化冲突则是由于学生来自处于不同社会地位的家庭和不同民族的家庭，他们有时会因此而结成不同的文化群体，在各自的群体中，享有不同的观念、行为、态度等。

2. 围绕课程展开的文化冲突

课程往往是由社会主流文化所规定的，反映的是社会主流文化的要求。教师在大多数情况下，是作为社会主流文化的代言人出现的，但由于复杂的社会文化环境的影响以及教师个人观念的多样化，也会与课程在某些情况下发生冲突。课程大多是在某一广泛的社会区域实施的，不能充分地反映各不同民族社区的需求与特点，教师作为课程的直接传授者，有时也会与课程中的内容和观念产生冲突。而作为学生还会因为团体的文化特征、本民族文化意识与课程文化的差异产生对立。

3. 围绕学校组织机构展开的文化冲突

学校组织机构既是一种行政机构，也是一种文化机构。它负责文化在民族教育中的传播，是一种文化组织；它自身也因有着种种文化特征，表现出独特的文化形式来。学校自身是民族文化的一部分，是其中的一个组织机构，它与所在的民族地区应融为一体，反映出所在的民族地区的文化氛围。但是，学校因为其特定的组织制度上的要求，有时会去刻意追求自身的文化上的特色，有时会自发形成一种与民族所在地区相区别的文化特征，这都有可能酿成与民族地区文化间的冲突。

三、民族教育中文化融合的策略

（一）多元文化整合教育：民族教育中文化融合的基本主张

文化多元主义承载的一个功能即是对社会、国家的认同和归属感。因此，就多元文化整合教育理论而言，它一方面默认一个国家内的文化多样性的合理存在，同时也强调各个民族之间的相互认同。提倡多元文化整合教育有利于融合民族教育中的文化冲突。以多元文化整合教育为指导的民族教育，在民族文化的传承与发扬的过程中起着重要的作用。首先，担负着文化传递的功能，即担负着传递本国各民族优秀传统文化的功能。其次，相互学习各民族优秀的传统文化。各民族成员不但要学习本民族的优秀传统文化，还要学习其他民族的优秀文化，以增强民族平等和民族大家庭的意识。再次，融合各民族优秀的文化和思想。继承各民族的优秀文化遗产，加强各民族间的文化交流，促进民族大家庭在经济上共同发展，在文化上共同繁荣，在政治上各民族相互尊重，平等、友好、和睦相处，最终实现民族大团结。

（二）改革学校教育：民族教育中文化融合的实践动力

为了缓和学校文化冲突，民族教育应致力于改革现有的学校教育体系，并形成多元共存的学校文化形式。

1. 承认文化差异的必然存在

要重视由于特殊文化影响所造成的学生在学习态度等方面的差异问题。由于在教育过程中过度地强调整合，很大程度上忽略了文化间真正的差异。在文化多元论者看来，以往的教育中学生的学习形态都是相同的，忽视了学生在学习态度等方面的差异，并且教材中只反映了主流文化的经验，导致的结果是那些来自非主流文化或其他文化的学生无法有效学习。实际上，无论以何种理由，都不应该忽视这些差异的存在，而要注意从这些差异入手，并设法改变因文化差异导致学生学习困难的状况。因此，改革学校教育过程的关键环节是承认各种文化间的差异。

2. 以多元文化和全球视野的观点来指导课程改革

多元文化的课程应致力于使学生形成多元的历史观和文化观，并使学生的文化意识因此而得到强化。课程是教育内容中最重要的部分，是将教育目标转化为受教育者发展现实的主要途径，是为学生发展设计的“跑道”，亦是学校教育的基础与核心。[①] 在课程中，地方课程因能较好地反映各地经济、文化发展的实际和不同的地域特征而具有明显的地域性与特殊性。因此，应该合理开发和利用地方课程资源。课程内容以向学生介绍民族传统文化产生的生态环境、社会背景、演变历程及社会功能、教育价值等为主，把独特的民族传统文化延伸与扩大到教材中去，使教材更具有民

---

① 钟志勇. 民族传统文化传承与教育现代化［J］. 湖北民族学院学报：哲学社会科学版，2008（04）：25-28.

族性特点，激发学生对民族文化学习的兴趣和积极性，使学生认识到民族文化具有的神奇魅力。

3. 建立新型学校文化

多元文化论者认为，仅仅从学习内容的改变上，无法实现民族教育中文化的融合。因此，要改变的不只是课程而已，而是学校整体的教育环境的营造，包括教师态度和期望、学生分组和教学策略、学校教育政策和措施、学校与社区的关系、教室环境、教学方法、教材内容、测验与评价程序等。这些变革的最终目的则是营造一个良好的校园文化，有利于不同文化群体间形成积极的合作关系，以尊重文化多元、崇尚文化差异、追求平等与理解等精神为核心，提倡关爱自然、关注生活、关心社会、注重创新。

第五节　政策的波尾效应对新疆教育发展的影响研究[①]

教育政策的本质在于调整和分配教育利益，是不同于其他公共政策活动的特殊公共政策，其对象是具有主观能动性的人。民族政策是国家和政党根据马克思主义民族理论，结合我国多民族的基本国情，为调节和处理民族关系及问题所采取和制定的相关措施、法规和政策等的总和，其本质是促进各民族平等团结、共同进步和繁荣统一，它是我们正确认识和处理民族问题的重要行为准则，是我国政策体系的重要组成部分。因此，民族教育是我国教育事业的重要组成部分，是民族工作和教育工作的重要内容，是“对在一个多民族国家中人口居于少数的民族成员实施的复合民族教育，即多元文化教育。其目的一方面是帮助少数民族成员提高适应现代主流社会的能力，以求得到个人最大限度的发展；另一方面，在继承和发扬少数民族的优秀文化遗产，丰富人类文化宝库等方面做出应有的贡献”。[②] 我国的民族教育政策是指党和政府为了发展民族教育事业，实现一定历史时期的教育路线、方针、目标和任务而制定、发布的行动准则[③]，

① 本节作者蔡文伯、高睿。

② 滕星. 族群、文化与教育［M］. 北京：民族出版社，2002.

③ 哈经雄，滕星. 民族教育学通论［M］. 北京：教育科学出版社，2001.

为满足民族地区日益增长的教育需求奠定理论基础。

实际上，从政策理论上讲，没有一项公共政策能够一以贯之，丝毫不打折扣。[①] 因此，在政策贯彻落实过程中，公共政策执行产生偏差是政策实践的常态，由于政策的管理者（政策执行的政府人员）、政策利益受体（政策受益的群众）、政策执行环境（自然环境和人文环境）等多种因素的影响，最终导致了政策在执行过程中出现相关环节不能有序衔接，政策周期不完整，产生同一政策在同一时期的不同地区或同一政策在同一地区的不同时期施行的效果不一样等明显的政策波尾现象。[②] 现从国家相关民族教育政策出发，通过举例分析波尾效应现象，阐述现象背后的深层原因，提出对策建议。挖掘民族地区的教育优势、特色和潜力，对于促进民族教育的创新、协调、开放、绿色、共享的发展理念，实现跨越式发展具有重要意义。

一、民族教育政策及其波尾效应

（一）民族教育政策

我国是一个多民族国家，截至 2010 年，少数民族人口约 1.14 亿人，占全国总人口的 8.49%。[③] 民族教育是拓展延伸国家发展战略的动力支撑，是中国特色社会主义制度优越性的重要体现，加快少数民族和民族地区教育的优先、均衡、协调、持久发展是我国目前和未来民族教育工作的主要任务要求和基本方针路线。宏观、整体、战略性的政策研究，以扶持民族地区的教育发展，促进民族地区经济文化进步，改善民族地区落后的现状为目标，致力于提高各族人民的团结意识及现实生活水平和质量，实施了大量的优惠政策和特殊政策，包括民族地区农村寄宿制学校建设工程、农村危房改造建设、大力培养少数民族干部、中西部农村初中校舍改造工程、推进民族地区职业教育发展和民族高等教育体系建设，民族教育预科班质量建设等。对民族教育给予优惠政策的支持，包括民族教育经费投入

① 李允杰，丘昌泰．政策执行与评估［M］．北京：北京大学出版社，2003．

② 李小平．国家民族经济政策的波尾效应对边疆多民族地区发展影响研究［J］．贵州大学学报：社会科学版，2012（02）：57-64．

③ 国家统计局．2010 年第六次全国人口普查主要数据公报［EB/OL］．（2010-04-28）［2017-1-11］．http://www.stats.gov.cn/tjsj/tjgb/rkpcgb/qgrkpcgb/201104/t20110428_30327.html．

的优惠政策、民族地区义务教育和高等教育等优惠政策，作为文化实行“补偿教育”政策的主要方面。2002年国务院颁布的《关于深化改革加快发展民族教育的决定》中指出：“要继续深化民族教育改革发展的方针路线，并对民族教育事业的发展做出全面部署，推进民族教育的可持续发展。”2005年，“十一五”规划纲要明确强调公共教育资源倾斜的方向包括中西部及边疆地区和民族地区。2010年颁布的《国家中长期教育改革和发展规划纲要（2010—2020年）》再次明确，为全面提高少数民族地区的教育发展水平，公共教育资源要向民族地区倾斜，并在“十二五”规划纲要中再次重申这一发展要求。2016年国务院办公厅印发的《关于加快中西部教育发展的指导意见》中指出：“中西部教育要统观教育全局进行谋划，着力于深入实施西部大开发战略，主动融入‘一带一路’建设，全面提升中西部教育的供给水平。”

（二）政策波尾效应

政策观念的内容在转化为实际效果的执行过程中，政策宣传、政策分解及实施、协调与监控等环节出现政策敷衍、政策照搬等政策规避问题，从而出现政策的影响力和效果逐渐弱化或消失的现象，称为政策波尾效应。本节将民族教育政策在执行中产生的政策波尾效应称为民族教育政策的波尾效应。由于受政策的时代背景、政策执行主体、政策目标群体、政策执行环境等因素影响，政策在不同的人文环境和社会环境下产生的政策效果也不同，最终像波的能量一样出现逐渐减弱或转换成其他形式甚至消失的现象，达不到政策的预期效果，影响民族教育的发展，从而产生民族教育政策的波尾效应。

民族教育政策路线、方针、目标和任务的确立，极大地促进了民族地区教育事业的发展，为切实提升少数民族人力资本储备，全面提高少数民族劳动力素质，着力改善少数民族的生产生活水平及维护民族团结与祖国统一奠定了坚实的基础。但是，由于少数民族大多处在国家地理位置的边缘，无论是从民族经济建设、社会发展、文化传播和教育体系等方面来看，都处在一定的边缘地带，从而影响了民族教育政策的实施效果。例如，关于民族地区双语教师培训政策，民族地区有其特殊性的存在，其学校规模小而分散，使国家宏观概括性的政策其实对于教师培训的效果是事倍功半。虽然国家为提高民族教育质量和双语教师的教学能力不断开展双语教师培训帮扶工作，但理论与现实仍存在较大的差距。[①] 最终导致同一政策在不同阶段或不同地区的社会反响不同，不同政策在同一阶段或同一地区产生的效果也不同，政策在实施过程中的回应度逐渐减弱，民族教育政策产生波尾效应。还有一些政策尽管前期的执行效果不错，但是由于缺乏政策持久性，后期效果并不显著甚至没有效果，进一步产生政策的波尾效应。例如，2011 年《新疆维吾尔自治区中长期教育改革和发展规划纲要(2010—2020 年)》中规定："在具备条件的地方鼓励和倡导民汉合校、民汉学生混合编班、各民族相互学习。"政策制定的初衷是通过加强民汉学生之间的沟通交流，最终促进中华民族优秀传统文化的发扬，但是政策最终却导致了"一班两文化"的现象，有悖于政策制定的目的。政策在部分地区流于一种形式，且有的政策没有充分考虑到民族的特殊性、地域性，导致政策实施的效果并不理想。

（三）理论分析

政策必须在特定的背景、原则、内容、对象、范围、目标和政策期限等标准下出台。政府根据不同区域的人文、历史、自然、社会等因素结合民族教育自身的特点和实际，针对区域差异和区域问题制定并实施一系列针对民族教育发展的特殊、优惠性政策，旨在实现民族地区的长治久安，改善民族地区民生，推动民族地区社会公平，促进各民族和谐。

从民族教育政策的特殊性来看，政策的制定必须具有明确的政策目标和完备的政策实施方案。由于各个地区、民族之间的教育发展条件的差异及社会发展历史阶段的不同决定了该政策必须要具有针对性和适应性。同时，民族教育的目标之一是为了保障各民族公平地享有受教育权利，民族教育政策反映了党和政府对民族教育问题的基本立场和价值取向，这必然要求民族教育政策具有科学性和持久性。

在不同时期，国家相关教育行政主管部门在不同历史发展阶段会出台一系列具有可操作性和灵活性的民族教育政策，确定民族教育的发展目标，指导民族地区的区域经济、人口素质及社会环境的发展。教育利益的首要表现形式是教育资源，而教育资源的总量是有限的，任何国家和政府在进行教育资源调配时总是面临着资源不足甚至缺乏的困扰。教育公平是

---

① 罗玲，蒋伟. 民族地区教师"双语"培训亟待加强：藏、维吾尔民族聚居地区双语教学及教师双语培训调查报告［J］. 教师教育研究，2009（01）：68-71.

由社会制度决定的一种内在公平，教育政策是实现社会公平和构建社会制度文化的基本途径，是完善和发展相应制度的基础。① 民族教育应遵循其内在发展的逻辑规律，助力教育公平的实现，但在面对实际问题时，民族教育政策在教育资源的流动和不同利益主体间分配时处于弱势，因而国家就会采取制定和实施一些强有力的措施，即用针对民族教育问题的政策来弥补这一问题，但是政策的干预又会导致利益空间的转移。因此，无论是宏观的国家教育政策，还是中观的地方教育政策，抑或微观的民族教育政策，即使这些政策有明确的空间指向，由于受多种因素影响，政策在实际的执行过程中总会导致部分人力、物力、财力无意识地向某些地区倾斜，使教育资源得不到合理配置。

由于民族教育政策受当地自然资源禀赋、经济的可持续发展、社会教育资源配置等影响，存在着不同政策体系内的问题。民族教育在不同历史阶段的发展重点不同，其政策导向就不同，如果民族教育的宏观政策发生变化，那么其具体政策也应做相应的调整，否则政策切合主题的实际程度就出现偏差，效果自然会受影响，导致政策产生波尾效应。同样的政策对民族发达地区而言比落后地区效果更显著，因为发展水平高的地区占有更多更丰富的教育资源，这样就使得同一政策在不同地区产生不同的效果与社会回应。例如，教育均衡发展，理论上是指政府在法律法规层面、政策层面上确保公民享有同等受教育权利和义务，通过教育资源的合理配置，根据现实状况制定和调整政策，从而提供相对均等的教育机会与条件。② 长期以来，我国的教育发展存在着不均衡发展现象，西部民族地区由于受历史、自然、文化等因素的影响，在教育事业的发展上存在着与东部地区教育发展差距较大。再如，民族地区由于各种因素的影响，文化教育方面的问题较为复杂，而面对西部地区起点低、基础差、底子薄的基础教育，也会出现政策波尾的现象。

二、政策波尾效应的表现

如何有效地利用国家民族教育的特殊性和优惠性政策减少波尾效应是

---

① 张善鑫. 试论民族教育政策执行中的两难［J］. 当代教育与文化，2014（06）：39-43.

② 于建福. 教育均衡发展：一种有待普遍确立的教育理念［J］. 教育研究，2002（02）：10-13.

促进新疆发展的必要手段。中华人民共和国成立以来，特别是改革开放以来，国家、自治区在新疆实施的各种教育政策使得新疆教育发展取得了显著的成效。2016 年 1 月 19 日，新疆维吾尔自治区召开教育工作会议，对过去一年的教育工作做出总结。2015 年全区教育投入达到 646.2 亿元，比上一年增加 98 亿元，2016 年将实施提高教育质量的“五大工程”，在“十二五”期间，新疆学前三年毛入园率由 2009 年的 51%提高到 2015 年的 74.3%，接近全国平均水平。高中阶段毛入学率由 67%提高到 88.6%，超过全国水平近两个百分点，高等教育毛入学率由 22%提高到 33.5%，全区的教育投入由 2009 年的 462.9 亿元逐年增加，到 2015 年教育投入首次超过 600 亿元。[①] 但从民族教育政策的实施成效来看，政策在产生红利的同时也伴随着波尾效应的出现。

（一）双语教育政策

双语教育旨在不断提高民族地区的教育质量，切实增强少数民族学生融入社会、面向未来，着眼世界发展趋势的能力，为国家和民族地区培养“民汉兼通”的人才。受政策设计背景、政策管理者、政策利益相关群体、政策执行环境等方面的影响，在落实国家和新疆关于鼓励促进双语教育发展等相关政策时，存在着“政策递减”的现象，即在政策实施过程中，由于受多种因素的影响而出现背离政策设计者初衷或远离政策目标的情况。例如，《新疆维吾尔自治区少数民族学前和中小学双语教育发展规划（2010—2020 年）》中要求，到 2015 年，接受双语教育的少数民族中小学学生达到 75%左右，基本达到普及双语教育的程度；到 2020 年，接受双语教育的少数民族中小学学生达到 90%以上的政策规划，并且新疆出台有关政策提高少数民族质量，培养满足社会、经济和文化发展的德才兼备、“民汉兼通”人才。国家和新疆将投入 50.69 亿元用于新疆七地州九县市学前双语教育发展。[②] 但由于执行政策过程中受社会经济发展水平的影响，没有因地制宜，在政策实施的效果上出现政策的执行效果背离政策预期目标，从而产生波尾现象。

---

① 新疆教育厅. 2015 年新疆教育投入达到 646.2 亿元 [EB/OL]. (2016-01-20)[2017-01-11]. http://news.ts.cn/content/2016-01/20/content_11970882.htm.

② 周媛. 新疆“双语教育”助少数民族学生打上文化快车 [EB/OL]. (2012-03-19)[2017-01-11]. http://www.xj.chinanews.com/html/V63/2012/03/19/350469990.htm.

（二）高考加分政策

为提高少数民族综合素质和文化水平及接受高等教育的入学机会，《国务院实施〈中华人民共和国民族区域自治法〉若干规定》明确提出相应措施，通过高考招生时按规模同比增长招生比例，适当对民族自治区招生倾斜；对报考研究生的少数民族学生，应视情况采取加分或降分的办法，适切调整录取标准和条件，对人口特少的少数民族考生给予特殊照顾。作为民族教育发展的一项重要政策，国家应根据政策制定前后的现实状况及时调整受益对象及条件，从而使政策发挥更好的社会效益。[①] 否则就会产生政策的波尾现象。

（三）学校教师队伍建设

新疆是我国多民族混合的重要区域，民族教育的主要实施场所是学校，是少数民族传统文化与汉文化的重要交汇场所，学生的价值观念及生活习俗将会影响到民族学校教育特色的形成，多民族文化的交流、碰撞和排他性将影响少数民族学生价值观形成，而学校民族教育的质量很大程度上取决于民族地区学校师资队伍的建设。为了满足少数民族地区国家通用语言教学的需求，探索并全面建立少数民族地区学习国家通用语言的科学评价体系，提高少数民族运用国家通用语言的能力，国务院《关于深化改革加快发展民族教育的决定》中指出，要把培养、培训双语教师作为少数民族和西部地区教师队伍建设重点。但是，新疆部分地区，尤其是南疆地区双语教师的质量不高、数量不足、国家通用语言水平较低、教学能力缺乏等问题成为教师队伍建设的“瓶颈”，偏远乡镇地区依然聘用没有教师资格证的教师的现象仍然存在[②]，合理的教师队伍管理机制不能科学地建立和分配，而为了双语教师队伍建设，新疆各级政府采取各种措施进行“增量补充、存量培训”却远远不能满足现实需求。克孜勒苏柯尔克孜自治州、喀什两地近年招聘的万余名教师中有近八成为“走教”教师，教师跨乡、跨县、跨地区任教已是普遍现象，交通、食宿等问题的影响，导致

---

① 滕星．少数民族高等教育优惠政策新论［J］．西北师范大学学报：社会科学版，2005（06）：96.

② 蔡文伯，孙芳．新疆双语教育政策执行主体的偏差行为研究［J］．当代教育与文化，2016（02）：39-44.

教师“少进多出”的现状令人担忧[1]，处于“招不来、留不住、下不去”的尴尬处境。而在教学方面，语言能力欠佳，学历低使得教师在真正面临课堂教学时并不能直接胜任教学工作，“第一次”教学的现象屡见不鲜。政策执行和监督不力就会产生波尾现象。

（四）教育对口援疆政策

教育对口支援政策是在国家和各级政府统一领导下，组织经济文化发达的地区对口帮扶民族地区教育发展事业，以增强各民族的团结统一。开展高校对口支援工作是教育部全面推进西部大开发战略的重要举措之一，拉开支援西部地区高校序幕的标志性文件是继教育部印发的《教育部关于实施“对口支援西部地区高等学校计划”的通知》及之后召开的“对口支援西部地区重点建设高等学校座谈会”。但是，由于对口支援和经济技术协作法律制度存在缺乏协调性、实施过程中存在随意性和不确定性、援助项目实施效果无法保证等不足[2]，加之在支援政策实施过程中，由于管理体系和激励机制的不健全，援疆的部分项目也难以达到预期目的和效果，这不仅使项目失效，而且挫败了支援者和受援者的信心和积极性，并且在对口支援的过程中，评估工作不能及时跟进，监督效力不够，监督内容不完善，绩效评估的缺乏也阻碍了对口支援政策的正常进行。此外，受援者往往被短期利益所驱动，注重追求物资的数量、金额，过分注重自身利益的最大化而致使后期双方的管理出现困境等问题，进而产生政策的波尾现象。

（五）“新疆区外高中班”政策

党的十八大以来，党中央、国务院空前重视扶贫工作，尤其对教育扶贫工作做出明确要求，先后组织实施20项教育惠民政策措施，直击贫困地区义务教育普及、学校基础设施建设、学生资助体系、教师队伍建设、民族教育发展、职业教育提升等领域的教育扶贫，全方位覆盖。“新疆区外高中班”政策是充分利用中东部地区丰富的教育资源和先进的经济发展优势，加大对边疆民族地区教育事业的扶持力度，使少数民族学生在发达地区接受更好、更丰富的高中教育，着力培养和造就一批坚定维护祖国统

---

① 林玲．新疆双语教师队伍建设的困境和思考［J］．中国民族教育，2016（01）：20-23.

② 李丽．对全国对口支援新疆政策的几点思考［J］．现代企业教育，2012（17）：142.

一、促进民族教育事业优秀的少数民族高层次人才，为少数民族地区的经济和社会发展做出贡献的人才。从2000年1月教育部《关于印发〈关于内地有关城市开办新疆高中班的实施意见〉的通知》为标志的“新疆区外高中班”政策进入正式实施阶段以来，其招生规模和招生生源地区的范围不断扩大、招生民族的类别也不断增加，这不仅促进了维护国家稳定、民族团结，而且缩小了区域和民族间的教育水平差距，促进了教育的均衡发展。教育部在出台“新疆区外高中班”政策时，就赋予了各办班城市与新疆教育厅管理教育的职能与权限，形成了主要由各办班城市负责管理教育的格局。教育部负责相关方针政策等宏观指导，办班支援城市主要落实办学经费、解决办班学校问题、负责管理、协调等问题，新疆负责考试招生、组织学生往返等配合招生监督等职责。而办班城市往往把办学自主权下放到办班学校。因此，承办学校成为推动和创新“新疆区外高中班”政策发展与变革的主体。① 但是，由于“新疆区外高中班”政策规定其招生工作应在教育部的宏观调控下进行，要报考的考生在填报中考志愿时，填报院校是“新疆区外高中班”，而对他们报考所在的具体城市和学校则不清楚，从报考到被录取的过程中，考生对所报的学校不能有足够的了解，且学校是根据通知的招生人数和班额进行师资等方面的配备，在招生过程中对学生的特点和实际情况也缺乏了解②，这种情况也会致使政策波尾现象的产生。

（六）基础教育政策

国家制定基础教育的相关政策法规为基础教育的均衡发展提供了制度保障，奠定了国家民族教育政策在新疆执行的硬件基础，为新疆少数民族学生提供了提升自身价值的教育机会，少数民族地区教育事业落后的现象逐渐得到改善。但是，在有关政策的实施中也存在一些问题。一方面，现阶段的基础教育均衡发展理论研究及具体操作多在供给发展模式方面③，而受教育者的实际教育需求往往被忽略，且教育资源也仅仅被限制在物质资源层面，忽视制度资源与精神文化资源的基础作用。基于供给的基础教

---

① 美丽开·吾买尔．内地新疆高中班政策执行的校本创新研究［D］．上海：华东师范大学，2012.

② 吴海英．内地新疆高中班招生政策研究［D］．长春：东北师范大学，2013.

③ 张诗亚．中国民族教育发展报告［M］．北京：人民教育出版社，2014.

育均衡发展模式作为一项“过渡性中间制度”①，导致政策的波尾效应。另一方面，新疆维吾尔自治区少数民族教育法规还不够完善②，现行的部分少数民族教育法规需要更新，否则不能紧跟时代节奏，将会导致政策偏差，在实施中产生波尾效应。

通过上述分析，波尾效应产生的因素复杂且多样。

三、民族教育政策的优化

（一）建立引导机制是基础

根据补偿理论，对民族教育政策进行设计时考虑最多的是根据不同地区的背景，针对当地的现实状况和实际问题，在资金划拨、设施建设、师资培训、升学考试等方面提供一些优惠性的待遇，制定优惠性的政策③，即在加大传统物力资助的同时应向人力资本的开发转型，由“输血”向“造血”的方向转变，达到两者的辩证统一。补偿机制在民族教育政策中固然重要，但是引导机制的建立则弥补了政策不断发展时补偿机制作用的消失带来的影响。行为科学证明，利益是人的需要及其满足，满足既是人的需要的实现，又是新的需要的起点和契机。④此时的引导机制实质上是利用人们追求利益的心理，在满足人们需求的基础上引导人们的行为。因此，在科学引导机制的建立下，民族教育政策的制定必须充分考虑人们的利益诉求，将利益作为激励导向，通过各类补偿机制调动民族地区教育的活力，以促进实现补偿效果的最大化，努力建成属于新疆的特色民族教育基地。

（二）理解文化特殊性是根本

在理解民族教育特殊性时常有偷换概念的错误认识，肤浅的认为民族教育的特殊性就是民族文化的问题，“文化的特殊”等同于“特殊的文

---

① 张家军．论城乡教育统筹背景下过渡性中间制度安排［J］．中国教育学刊，2011（11）：5-8.

② 温欣．关于新疆少数民族基础教育的政策研究［D］．北京：北京邮电大学，2013.

③ 马雷军．论多元文化背景下民族教育优惠政策的转型［J］．民族教育研究，2009（06）：5-8.

④ 杨宗科．法律机制论：法哲学与法社会学研究［M］．西安：西北大学出版社，2000.

化”，而除了文化的不同之外民族教育不再“特殊”。这种片面的认识忽视了民族性即为文化性，它既是民族文化的表现又是不同地域文化的彰显，其空间地理环境影响着民族教育的发展，且在不同的历史时间段民族教育问题的积累引发的不同问题都是民族教育问题特殊性的体现。而在现实情况下，对于民族教育的特殊性是过分强调以至于忽视了民族教育政治和经济功能的调整及民生改善的功能，或者是忽视了社会经济的阶段性发展对教育发展的制约性，过分注重民族教育的独立性等问题。[①] 为了缩小少数民族地区与全国平均水平的差距，民族教育政策在制定初期向少数民族倾斜，这就是一种外在的、显而易见的物力资助，大大改善了民族教育条件，针对民族教育发展的实际情况和问题，政策应转向于内涵式人力资源的投资，服务新疆教育发展。在民族教育的发展过程中，一定要重视民族文化的特殊性，重视民族文化差异所带来的影响。随着我国民族教育政策由单一的优惠政策向“特殊+优惠政策”的转变，“特色化”的设计关系到政策的发展方向，将民族地区的文化内涵与当地的经济文化特色和社会发展相适应，保证民族教育向健康有效的方向发展。

（三）制定积极差别化政策是核心

2014 年 12 月，中共中央、国务院在印发《关于加强和改进新形势下民族工作的意见》中强调：“要完善差别化支持政策，率先在民族地区实行资源有偿使用制度和生态补偿制度，支持民族地区以建设丝绸之路经济带和 21 世纪海上丝绸之路为契机，完善对口支援工作机制。”国家实施的差别化民族教育政策为促进少数民族地区的教育快速发展，缩小与发达地区间的教育历史差距发挥了重要效用。但实施差别化民族教育政策却在不同地区间出现了政策性差异和教育发展不均衡的现象，由于长时间不均衡惯性的自我强化导致“路径依赖效应”，使宏观民族教育政策的区域化效应逐渐加强，各地民族教育的差距拉大。因此，改“消极的差别化政策”为“积极的差别化政策”，是消除民族教育政策波尾效应的内在逻辑。

（四）规范政策评估是关键

从民族教育本身看，国家和社会的注意力都过度聚焦在政策制定上，

---

① 满忠坤. 民族地区义务教育发展中存在的问题及对策分析：基于四川、贵州的教育调查［J］. 教育发展研究，2013（Z2）：33-39.

而学术界则将重点放在为重大决策提供咨询服务上，这使得我们缺乏对完整的民族教育政策过程的关注。从长远看，这对提高民族教育的政策质量和治理水平作用有限。因此，建立和完善民族教育政策评估制度，是去除和减少民族教育政策运行中的弊端和障碍、增强和提升民族教育政策的活力及效益的必要之举。

民族政策从本质上来说是公共资源的权威性分配和再分配，是民族地区社会利益关系的调整和利益格局重建的过程①，“是为确定政策的效果，而政策的效果是通过政策的实施带来的，只有通过对政策执行前后的情况对比才能确定政策的效果”②。政策评估的目的就是把波尾效应转变为红利现象。根据威尔逊第一和第二法则，如果由政策执行者和他们的朋友来实施评估，结论往往是“对社会问题所有的政策干预都产生预期效果”，而如果由独立的第三方，特别是那些对该政策持怀疑态度的人来实施评估，则结论常常是“没有一项对社会问题的政策干预产生了预期效应”。③ 因此，优化民族教育政策不可避免的涉及价值取向问题，“价值中立”的诊断是不成立的，需要的是“价值涉入”。④ 民族教育政策的特殊性要求政策系统要有明确的价值选择。民族教育政策的制定和实施是推动教育整体变化的一个动态过程，民族教育政策的制定必须平衡政策主体利益和政策受体利益的关系，只有对主要矛盾、影响政策实施大局和具有优先发展权的问题先行处理，才能逐步缩小民族教育地区的发展差距，实现我国教育的协调发展。通过科学的评估体系反省政策在执行过程中的各个环节，检验实践活动。一项政策的出台不可能使每个政策受体都满意，在短期利益与长期利益、个体利益与群体利益和国家利益的矛盾关系及处理发展与稳定的关系时，政策总是尽可能兼顾到大多数人的利益诉求。因此，分类指导、因时制宜、因人制宜、因地制宜是处理政策实施过程中出现的由于民族特色、历史文化、政治环境等特殊性和复杂性等问题的基本原则。

---

① 李小平. 国家经济政策在边疆民族地区实施过程中的政策评估、红利现象与波尾效应分析［J］. 思想战线，2012（02）：127-128.

② 冯静. 公共政策学［M］. 北京：北京大学出版社，2007.

③ James Q. Wilson. On Pettigrew and Armor：An Afterword［J］. The Public Interest，1973（09）：132-134.

④ 陈云萍，黄溶冰. 理论视域中的公共政策评估价值取向研究［J］. 理论研究，2008（22）：21-23.

（五）制定延期执行方案是辅助

政策自上级下达后，对于边远民族地区来说，可能面临的是政策刚刚产生效果，政策红利效应还未充分显现之时就被迫停止执行。因此，国家在制定民族教育政策的时候必须完善保障机制，保证政策执行的稳定性和灵活性的统一，根据实际情况设定执行期限和延长执行期的方案，以解决政策因落实过程中带来的时滞影响，最大限度地使国家民族教育政策对新疆教育发展产生红利效应。

第六节　新疆锡伯族教育发展的启示①

锡伯族历来重视教育，锡伯族办学较早，长期的教育实践积累了丰富的办学经验。中华人民共和国成立以后，党和政府高度重视锡伯族教育的发展，锡伯族教育也在原有的基础上得到长足发展，处于全国较为领先的地位。锡伯族教育是新疆少数民族教育的重要组成部分，在推进新疆跨越式发展和长治久安任务的实现过程中，研究锡伯族教育的形式、内容及特点，对于促进新疆教育发展具有现实意义。

一、充分发挥学校的各项功能，培育人才

锡伯族教育发展较快的根本原因，在于重视学校各项功能的发挥。锡伯族办学较早，在办学的过程中，探索学校在文化传承、学生能力培养和培养学生国家忠诚度等方面的作用成效显著。

（一）发挥学校文化传承功能，增强民族文化认同感

每个民族在长期的变迁及特定的人文、地理环境的作用下形成了颇具特色的文化，生存其间的个体深受本民族文化的影响与模塑。从一个民族的延续和个体的生存需要出发，民族文化传承显得尤为重要。学校是文化传承的主阵地，发挥学校的文化传承功能是文化得以延续的根本保证。

---

① 本节作者蔡文伯、刘冲，原文载于《兵团教育学院学报》2012 年第 1 期。

锡伯族从最初牛录学校就以满文诗经、千字文等为主要课程，注重传统文化传承。锡伯族文化是锡伯族人民在自己生存、延续和发展过程中所形成的，具有自己独特内容与形式的知识体系，它深刻反映着一个民族独特的信仰、态度、价值观及行为准则、思维方式。因此，锡伯族从最初牛录学校到现在的学校，都为学生提供系统学习民族文化的机会，了解、掌握民族文化的基本知识与技能，重视民族语言文字的学习，以促进对民族文化内涵的理解。

充分发挥学校文化传承功能，才能唤醒民族意识，形成民族认同感。封建时期，锡伯族教育内容以儒家的政治教育思想为主，大到宣教天下一统、三纲五常、爱民兴仁，小到旌表义夫烈女、扶弱济贫。这一系列儒家教育内容，促使锡伯族倾心中原，保证了锡伯族虽远离中原而矢志中华一统的政治信念和屯垦戍边的决心。①

（二）发挥学校能力培养功能，培养合格人才

培养学生能力是学校基本功能之一，学生能力养成关键时期是在学校学习时期，在育人的过程中，学校要注重对学生能力的培养。从清朝时期牛录学校开始，锡伯族学校教育就分别教授学生文化知识和武艺（包括骑射等），做到文武并重，为后来抵抗外族入侵新疆奠定了坚实的人才基础。

语言能力培养是锡伯族学校的一大特色。清朝晚期，色布喜贤和惠远城官仓主事商议决定，从官仓的汉族办事人员中聘请 3 名教师，教授学生汉语文，刚开始招录 30 名优秀学生跟随汉族教授学习汉语。这是锡伯族学校培养学生语言能力的一个典范，也是锡伯族双语教育的开端。

此外，锡伯族学校注重培养学生对外交流能力，认真学习其他民族先进文化。锡伯族学校根据边境特点，很早就提出了“培养留学生，促进对外交流”的先进主张，并积极创造条件派送一批锡伯族知识分子到阿拉木图留学，这批留学生学成归来，成为从事边境事务及振兴民族教育的骨干力量，他们勇于接受其他民族的先进思想，大胆地进行改良，打破陈旧教育模式，探索振兴民族教育的新路子，在锡伯族教育史上开始了新纪元。②

---

① 葛丰交．新疆锡伯族百年教育述略［J］．满语研究，2009（01）：130-138．
② 何坚韧．新疆锡伯族教育概述［J］．民族教育研究，1994（01）：76-78．

（三）发挥学校促进政治认同功能，增强政治认同感

政治认同，简单而言，就是人们对于国家、政府、政治权威人物等政治主体及其政治过程、政治产品的认可与支持。[①] 政治认同是现代民主的一个重要理念，指的是人们在社会政治生活中所产生的一种感情和意识上的归属感，是把人们组织起来的重要凝聚力量。[②] 政治认同对现实的政治生活和政治体系的维持和发展具有重大的作用。政治认同是政治稳定的重要前提，公民只有形成对政治的基本认同，才会表现出对政治制度自觉的拥护，对政治运作的信任，对意识形态的信仰与认可。

1764 年，清政府为加强新疆防务，从盛京等地抽调锡伯兵丁 4000 余人西迁新疆伊犁，1766 年组建单独锡伯族八旗（又称锡伯营），移驻伊犁的锡伯族其主要任务是“屯垦戍边”。这就是历史上著名的“锡伯族大西迁”，锡伯族历经千辛万苦，长途跋涉万余里，辗转来到伊犁地区“屯垦戍边”。历史上锡伯族奋起抵抗外族侵略者，保卫国家领土不受侵犯，积极参与平叛叛乱，都表明锡伯族对政治统治和国家利益的高度认同。

中华人民共和国成立后，在党和政府的关怀下，锡伯族各项事业发展迅速，特别是在教育方面取得较大成就。在学校教育方面，锡伯族始终把对伟大祖国的认同，对中华民族的认同，对中华文化的认同，对社会主义道路的认同，对党和国家提出的各项方针、政策的认同，作为学校政治教育的重要内容。

（四）发挥学校培养国家忠诚的功能，增强国家忠诚感

国家忠诚感的形成固然受到多种因素的制约，但教育是一个非常重要的途径，学校是主要场所。在长期的教育实践中，锡伯族教育下一代自己与国家存在的密切联系，将自我归属于国家，关心国家利益，对国家发展自愿地负起责任，在国家利益受到侵害时愿意挺身而出，在国家文化受到歧视时个人的感情会受到伤害。

锡伯族忠君爱国思想突出，对国家忠诚。1764 年乾隆年间，锡伯族接到圣旨进行万余里的大西迁，拖家带口，长途跋涉，西迁路途中的风险不可预测。在这种情况下，英勇的锡伯民族依然完成西迁的伟大壮举，如果

---

① 亚里士多德. 政治学［M］. 上海：商务印书馆，1981.

② 陈桂生. 教育政治学［M］. 南京：江苏教育出版社，1993.

没有对国家高度的忠诚，很难完成万余里的大西迁使命。

清同治十年（1871）沙皇俄国悍然出兵新疆，侵占伊犁，边陲陷入灾难，锡伯族人民处在水深火热中，但他们用双手擎起了爱国大旗，“有我在，国土休占！”对沙俄的侵略进行了坚决的反抗，牵制了沙俄，最终伊犁回到了祖国的怀抱。从西迁伊犁的锡伯族历史发展轨迹不难看出，每个锡伯族人始终把自己放在群体中，放在历史中寻找自己的价值，强调社会义务和历史责任。

1917 年以前，日本帝国主义在阿勒泰建立了“红十字会”间谍机关，曾派遣尚原多士到伊犁担任“武备学堂”的教习，诱惑锡伯族、汉族等青年接受其训练，其目的是培养亲口分了，但没有达到预期目的。这表明，锡伯族坚决捍卫国家利益不可侵犯，国家主权不可侵犯，对国家的忠诚，把国家的利益和主权看得高于一切。忠于祖国的锡伯族一代又一代人，为祖国领土完整、为西部边疆繁荣，做出了杰出的贡献。

二、重视双语教育

锡伯族除精通本民族语言文字和汉语言文字以外，还能熟通多个民族语言，有“翻译民族”的美誉。纵观历史发展规律，语言也是一种生产力，语言是经济社会发展的推动力量，锡伯族在教育领域取得较大成就与高度重视双语教育密切相关。

（一）双语教育起步较早，开创少数民族双语教育的典范

锡伯族是实行双语教育比较早的一个民族，双语教育积累的经验值得其他少数民族借鉴。清朝晚期，锡伯族就认识到学习汉语的重要性，开始实行双语教学，而且注重双语师资的培养，为汉语在锡伯族民众中的普及和“锡汉兼通”奠定了基础。

1882 年，锡伯营八个牛录各设一所义学，开始最早的锡伯语和汉语教学。1895 年以后，在锡伯族八旗、索伦八旗、惠远城新满营和塔城新满营义学中，满汉双语教学已开展起来。从此，锡伯族教育事业发展进入新的阶段，为锡伯族的双语教育奠定了基础。① 1901 年，色布喜贤调任索伦营

① 葛丰交. 新疆锡伯族百年教育述略［J］. 满语研究，2009（01）：130-138.

领队大臣，进驻惠远城时，又在领队衙门里办起学校，招收锡伯、索伦子弟60余人教授满文、汉文。辛亥革命以后，锡伯族学校基本上普遍使用双语教学，开创了双语教育的典范。

（二）双语教育取得的成就

锡伯族双语教学的特点既保留本民族语言文字的学习，又学习先进民族的语言文字。这样既为本民族文化的传承打下基础，也为学习其他民族的先进文化提供了条件，这些都为锡伯族民族素质提高、教育发展、文化传承创造了有利条件。

而今，居住在伊犁河畔的锡伯族人在语言上有惊人的优势，除了精通本民族语言文字和汉语言文字以外，还熟通维吾尔、哈萨克、蒙古、俄罗斯等民族的语言文字，出现了很多翻译人才。他们在为沟通边疆各族干部与群众之间的思想，增进民族团结，促进文化交流，实现各民族的共同繁荣和发展发挥了特殊的作用，做出了贡献，享有“翻译民族”的称誉。①

三、“屯垦戍边”与“教育戍边”并重

新疆西部地区处于祖国边陲，战略地位十分重要。乾隆年间，针对伊犁地区人烟稀少，防务空虚，外国列强不断向东扩张的局势，为确保边疆稳定和领土完整，清政府于乾隆二十七年十月设立伊犁将军府，统管整个新疆，并陆续调遣官兵在伊犁驻防。1764年，清政府从盛京等地抽调锡伯族兵丁驻守新疆伊犁，移驻伊犁的锡伯族其主要任务是“屯垦戍边”，他们“出则为兵，入则为农”。

“屯垦”以“戍边”为目的，为“戍边”提供经济基础、人力和物质保障；“戍边”以“屯垦”为条件，反过来又为“屯垦”创造安定的政治环境。② 锡伯族200多年的屯垦戍边史表明较好地处理了“屯垦”与“戍边”关系，英勇的锡伯族人屡次抵抗外族侵略者，在维护祖国统一，促进

① 葛丰交．锡伯族教育现状及特点［J］．伊犁师范学院学报：社会科学版，1994（04）：15-26.

② 赵天益．关于“屯垦”与“戍边”的哲学思考［J］．新疆师范大学学报：哲学社会科学版，1999（03）：45-48.

民族团结，繁荣边疆经济，发展民族文化等方面做出重大贡献。锡伯族人民在屯垦戍边的过程中致力于民族教育发展，致力于培养和教育新一代的屯垦戍边者。

在长期的屯垦戍边实践过程中，锡伯族将“屯垦戍边”与“教育戍边”并重，开创了屯垦戍边新局面。“教育戍边”是以教育为载体，以戍边为目的，通过教育的各项功能与作用使人具有戍边的理念和意识，具有维护边疆稳定与发展的责任与义务。“教育戍边”中的教育担负着培养具有坚定戍边理念的社会主义建设者和接班人，培养社会稳定的促进者和民族团结的践行者的根本任务。

锡伯族将“教育戍边”理念蕴含于“屯垦戍边”实践中，在屯垦戍边的过程中用教育的手段培养新一代戍边者，由于“教育戍边”的理念，一代一代锡伯人为新疆的繁荣稳定努力奋斗。

四、视教育为民族立身之本

锡伯族历来非常重视教育，教育意识浓厚，有珍视本民族文化和尊师重教的优秀传统，视教育为民族立身之本。在教育经费困难、教育人才奇缺的历史条件下，锡伯族的色布喜贤等人，率先提出了兴办锡伯族教育、提高民族文化素质的主张。从办私塾、义学到大量兴办近代学校及普通教育，大多数学校都是锡伯族人民捐资捐物办起来的。

正是由于锡伯族重视教育的传统，锡伯族平均受教育年龄高于新疆和全国平均水平，特别是妇女受教育的比例远远高于其他少数民族妇女受教育比例。锡伯族视教育为民族立身之本的理念，使锡伯族人口文化素质有较大提高。中华人民共和国成立以来，不仅培养了大批锡伯族本专科生，而且有了一定数量的硕士、博士研究生等高层次专业人才，不少锡伯族优秀青年走向全国，走向世界。

回首百余年的锡伯族教育，成就显著，为其他少数民族教育的发展积累了许多有益经验，树立了典范。2011 年 5 月 24 日新疆维吾尔自治区教育工作会议，确定了未来 10 年新疆教育发展的总体目标，即到 2020 年，公平教育更多惠及各族人民，教育发展水平达到全国平均水平，教育支撑自治区社会稳定和长治久安的能力全面增强，全面实现教育强区的目标。

新疆锡伯族教育发展的启示：充分发挥学校各项功能，为边疆培养合格建设者；重视双语教育，发挥语言在经济社会发展中的作用；将教育戍边的理念融入各项事业发展中，实现新疆跨越式发展和长治久安；引导各民族将教育视为民族立身之本，促进少数民族教育又好又快发展。

第二章　双语教育的研究与反思

随着西部大开发步伐的加快，新疆少数民族双语教育繁荣发展，双语教育成果丰硕，双语教育的理论与政策在实践中不断完善、学生学习动机和热情高涨、双语教育教师队伍扩大、对双语教师的培训力度加大、大力推进学前双语教育等。在这些可喜的变化背后，也显露出一些亟待解决的问题，例如，双语教育机制不健全、缺乏高层次的双语教育人才等。为了更加积极、稳妥、有效地推进双语教育，实现双语教育发展规划，应理性看待新疆双语教育发展的瓶颈。

有关新疆双语教育的研究始于20世纪80年代后期，伴随着双语教育在新疆的发展，关于双语教育的理论和实践方面的研究也逐渐规范化。对于新疆双语教育的研究文献数量总体呈现上升态势，并且与社会、政治、经济的发展具有密切联系，体现出了较强的时代性。通过对CNKI数据库关于新疆双语教育研究的文献进行检索，分别从数量与年度分布、关键词分析、来源期刊分布、作者分布等维度进行文献计量分析，在现有的双语教育研究中，对于双语教学和双语教育模式方面的研究都已经取得了良好的成果，同时关于学前教育、双语师资、教育模式等方面的研究也都朝着健康的趋势发展。针对双语学生在家庭教育及学校教育中产生的文化惯习与断裂现象，指出目前双语教育存在师资力量薄弱、在家庭教育中实施困难等问题，并针对现状提出双语教育应做到汉语教学与少数民族语言教学相结合、建构相互衔接的双语模式、强化双语教育的文化功能等少数民族语境下双语教育的优化策略，例如，汉语教学与少数民族语言教学相结合、建构相互衔接的双语模式、强化双语教育的文化功能等。

立足于新疆少数民族教育的发展需求，着手新疆整体社会的发展趋势，放眼新疆各民族多元文化相互融合的高度，正确把握新疆少数民族双语教育的发展方向，把握有利于民族教育的时代契机，找到符合新疆社会需求的教育模式，从而推动新疆双语教育实现质的飞跃和最大限度的发展。

第一节　新疆双语教育研究文献态势的计量分析[①]

一、数据收集与研究方法

在 CNKI 中国期刊全文数据库，“主题”一栏中输入“新疆”并含“双语教育”，选择“精确”查询，截至 2011 年发表的关于新疆双语教育的文献共计 279 篇。其中，最早的发表于 1987 年。借助 Excel 数据平台，将 CNKI 中得到的数据手工输入 Excel 数据库中，内容包括论文题目、作者、机构、地区、关键词、发表期刊、发表时间，形成了“1987—2011 年新疆双语教育研究文献数据库”。根据研究需要，排除了各类通知、新闻报道、讲话稿、会议介绍、人物传记及非学术性、非研究性论文，最终得到 231 篇文献。

通过统计相关研究文献，得出对双语教育研究进行综述的论文大多为定性分析，定量分析的很少。[②] 本节主要采用文献计量分析方法，通过对文献的外部特征进行统计，采用数学与统计学的方法进行分析、评价该研究领域现状及发展趋势，以最终统计到的 231 篇文献作为样本，分别按文献数量与年度分布、关键词分布、来源期刊分布、作者分布等项目进行计量分析。

二、数据分析

（一）数量与年度分布

根据文献数量显示，1987—2011 年发表关于新疆地区双语教育研究领域的文献共 231 篇，平均每年发文量 9.63 篇。从文献分布情况看，2001

① 本节作者蔡文伯、马杰，载于《新疆教育学院学报》2012 年第 4 期。

② 李儒忠，曹春梅. 新疆少数民族“双语”教育千年大事年表（之一）［J］. 新疆教育学院学报，2009（02）：5-10.

年之前是研究的匮乏期，15 年共发表文章 14 篇，占发文总量的 6.06%；2002 年开始进入初步发展期，截止到 2007 年发文量达 36 篇，占发文总量的 15.58%；自 2008 年开始进入新疆双语教育领域研究的迅速发展期（见表 2-1-1）。这表明关于新疆地区双语教育的研究正在逐步被研究者所重视，并且逐渐成为民族教育研究领域的热点话题之一。

表 2-1-1　新疆双语教育研究论文数量分布

年份	1987	1988	1989	1990	1991	1992	1993	1994	1995	1996	1997	1998	1999
篇数	1	0	0	0	0	0	1	1	1	2	1	3	3
比例（%）	0.43	0.00	0.00	0.00	0.00	0.00	0.43	0.43	0.43	0.87	0.43	1.30	1.30
年份	2000	2001	2002	2003	2004	2005	2006	2007	2008	2009	2010	2011	合计
篇数	0	1	4	5	7	5	6	9	21	53	43	64	231
比例（%）	0.00	0.43	1.73	2.16	3.03	2.16	2.60	3.90	9.09	22.94	18.61	27.71	100

数据来源：数据根据 CNKI 数据库检索结果统计整理。

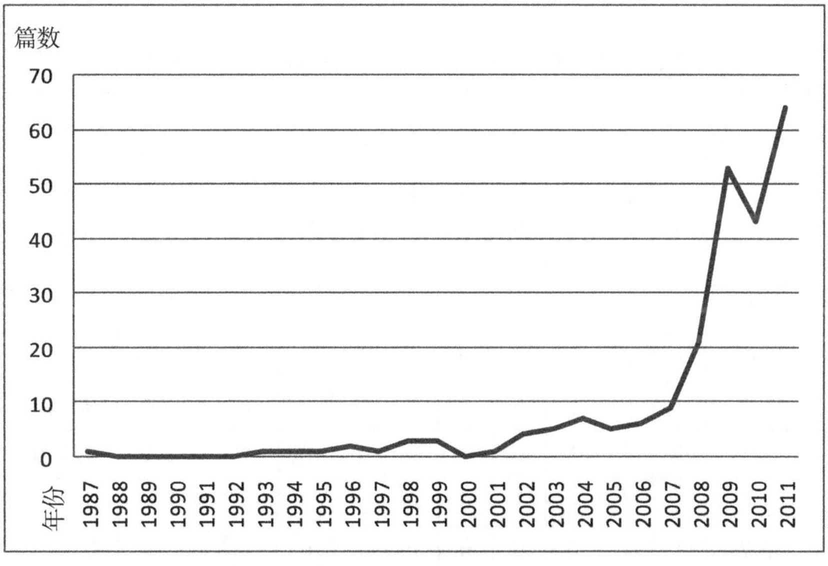

图 2-1-1　新疆双语教育研究论文数量分布

图 2-1-1 显示，从 2008 年开始，新疆双语教育的发文量呈现飞跃式发展；2010 年中央新疆工作座谈会把双语教育提升到了国家战略的高度，

教育部、中央统战部、国家民委等联合下发了《关于推进新疆教育实现跨越式发展的意见》《关于推进新疆双语教育工作的实施意见》等文件①，提出了一系列保障双语教育发展的重大政策措施，进一步推动了新疆双语教育的研究进展。

（二）关键词分析

关键词词频是指关键词在所有关键词中出现的次数。1987—2011 年累计词频在 6 次以上的关键词，共计 14 个（见表 2-1-2）。需要说明的是，考虑到研究者在选定关键词是有自己的意向，而部分关键词在不同的学科中所反映的内容有所不同，同时为尽可能反映当前新疆双语教育研究关键词选定的原貌。因此，在统计期间没有对关键词进行归类、合并处理。

表 2-1-2 显示，双语教学和双语教育模式是新疆双语教育领域相对稳定的研究点；学前教育和双语教师是近年来研究者在新疆双语教育领域的热点话题；新疆双语教育研究的地域性也较为集中表现在和田地区，而在众多民族中对于锡伯族的双语教育研究相对丰富，其他民族的则仍有待研究。

表 2-1-2　新疆双语教育研究文献关键词词频统计表

关键词	年份	双语教育	新疆	双语教学	少数民族	学前教育	双语教师	民族教育	双语教育模式	和田	锡伯族	少数民族学生	基础教育	双语教材	少数民族地区
关键词标引的文献篇数	1987	1	1	1	1	0	0	0	0	0	0	0	0	0	0
	1993	1	0	1	0	0	0	0	0	0	0	0	0	1	0
	1994	1	0	0	0	0	0	0	0	0	0	0	0	0	0
	1995	1	1	1	0	0	0	1	0	0	1	0	0	0	0
	1996	2	1	1	1	0	0	2	0	0	0	2	0	0	2
	1997	1	1	0	0	0	0	1	0	0	0	1	0	0	1
	1998	2	1	0	0	0	0	0	1	1	0	0	0	0	0

① 刘姣，蔡文伯．新疆少数民族双语教育三十年回溯与反思［J］．兵团教育学院学报，2009（01）：5-8．

续表

关键词	年份	双语教育	新疆	双语教学	少数民族	学前教育	双语教师	民族教育	双语教育模式	和田	锡伯族	少数民族学生	基础教育	双语教材	少数民族地区
关键词标引的文献篇数	1999	2	1	0	0	0	0	0	1	0	0	1	0	0	0
	2000	0	0	0	0	0	0	0	0	0	0	0	0	0	0
	2001	1	0	0	0	0	0	0	0	0	0	0	0	0	1
	2002	1	1	2	0	0	1	0	0	0	2	0	0	0	0
	2003	3	1	1	0	0	1	0	0	0	1	0	0	0	0
	2004	5	2	1	0	0	0	0	0	0	0	0	0	1	0
	2005	4	2	1	0	0	0	1	0	0	1	0	0	0	0
	2006	2	4	1	1	0	1	0	0	0	1	0	0	0	0
	2007	4	0	6	3	0	2	1	1	0	0	0	0	0	0
	2008	18	7	6	5	2	1	2	2	2	0	0	1	2	0
	2009	19	10	3	10	6	0	1	2	1	0	0	0	0	0
	2010	28	14	13	12	10	4	5	3	2	0	3	5	0	2
	2011	45	23	18	20	12	12	3	4	4	1	0	0	2	0
合计		141	70	56	53	30	22	17	14	10	7	7	6	6	6

（三）来源期刊分布分析

通过统计来源期刊量，发现刊载新疆双语教育研究的共涉及 52 种期刊，平均刊载文献 4.44 篇。其中，《新疆教育学院学报》载文量最高，共计 55 篇，占总文献数的 23.81%。有关新疆双语教育内容载文量超过 10 篇的期刊有 6 种（见表 2-1-3），载文量占文献总量的 62.34%。

表 2-1-3　新疆双语教育研究文献载文量汇总表

期刊	篇数	期刊	篇数
新疆教育学院学报	55	语言与翻译	15

续表

期刊	篇数	期刊	篇数
民族教育研究	25	伊犁师范学院学报	14
新疆师范大学学报	22	和田师范专科学校学报	13

依据文献计量学的布拉德福定律，可以根据发表文献数量的多少对期刊进行分区。布拉德福定律规定，可以对某一主题按刊载相关文献数量的减少进行排序，划分出对该主题最有贡献的核心区以及相关区和边沿区期刊。① 该定律三个区中的期刊数量成下列关系：

$$n_1 : n_2 : n_3 = 1 : a : a2(a > 1)$$

式中 a 为布拉德福离散系数。

依此定律，对于刊载新疆双语教育的研究文献进行统计，按载文量递减排序（见表 2-1-4），将期刊载文量划分为 3 个分区，分别是第一分区为核心区，载文量在 10 篇以上，共有 6 种期刊，发表文献共计 144 篇，占文献总量的 62.34%；第二分区为相关区，载文量在 2—9 篇，共有 18 种期刊，发文共计 59 篇，占总量的 25.54%；第三分区为离散区，载文 1 篇，共有 28 种期刊，占文献总量的 12.12%。结合表（见表 2-1-3、表 2-1-4）中呈现的数据可见，核心区期刊都有较高的学术质量。

表 2-1-4　我国民族教育研究文献核心期刊分区表

期刊分区	文献数量	期刊数量	累计文献篇数	占期刊总量比例（%）
核心区	55	1	55	1.90
	25	1	80	1.90
	22	1	102	1.90
	15	1	117	1.90
	14	1	131	1.90
	13	1	144	1.90

① 王崇德．文献计量学引论［M］．桂林：广西师范大学出版社，1997.

期刊分区	文献数量	期刊数量	累计文献篇数	占期刊总量比例（%）
相关区	9	1	153	1.90
	7	1	160	1.90
	6	1	166	1.90
	5	1	172	1.90
	4	1	175	1.90
	3	2	181	3.85
	2	11	203	21.15
离散区	1	28	231	53.9

根据表 2-1-4，新疆双语教育研究的布拉德福离散系数为：

$$n_1 : n_2 : n_3 = 6 : 18 : 28 \approx 1 : 3 : 32$$

3 个区内的期刊数之比为 6∶18∶28，近似 1∶3∶9，因此新疆双语教育研究的布拉德福离散系数 3。3 个区的平均载文密度分别为 24、3.28、1，具有明显的核心效应。

（四）作者分析

1. 作者基本情况分析

随着科学的发展进一步推动了合作研究，作者在科研文献的合作规模及深度在一定程度上也反映了该领域科学研究的水平。

根据 CNKI 数据库检索出关于新疆双语教育研究的文献统计共计 231 篇，共有作者 281 人，篇均作者 1.22 人；由两人或者两人以上作者共同完成的论文有 46 篇，合作率 19.91%；该领域的研究者数量呈逐年递增趋势，但合作率相对偏低（见表 2-1-5）。

表 2-1-5 新疆双语教育研究作者合作情况统计

出版年份	单篇论文作者数			合计（篇）	作者数	平均作者数	合作率（%）
	1 人	2 人	3 人				
1987	1	0	0	1	1	1.00	0.00
1993	1	0	0	1	1	1.00	0.00
1994	1	0	0	1	1	1.00	0.00

续表

出版年份	单篇论文作者数			合计（篇）	作者数	平均作者数	合作率（%）
	1人	2人	3人				
1995	1	0	0	1	1	1.00	0.00
1996	1	1	0	2	3	1.50	50.00
1997	1	0	0	1	1	1.00	0.00
1998	3	0	0	3	3	1.00	0.00
1999	3	0	0	3	3	1.00	0.00
2000	0	0	0	0	0	0.00	0.00
2001	1	0	0	1	1	1.00	0.00
2002	4	0	0	4	4	1.00	0.00
2003	3	1	1	5	8	1.60	40.00
2004	7	0	0	7	7	2.00	0.00
2005	4	1	0	5	6	1.20	20.00
2006	4	2	0	6	8	1.33	33.33
2007	8	1	0	9	10	1.11	11.11
2008	17	3	1	21	26	1.24	19.05
2009	48	5	0	53	58	1.09	9.43
2010	33	9	1	43	54	1.26	23.26
2011	44	18	2	64	86	1.34	31.25
合计	185	41	5	231	282	1.22	19.91
比例	80.09%	17.75%	2.16%	100%			

2. 作者发文篇数与核心作者分布情况

按照文章第一作者统计，共有126位。核心作者群是指那些发文较多、影响较大的作者集合。以下只列出以第一作者发文4篇以上（见表2-1-6）的作者，这些作者可称得上是该研究领域的高产作者。他们中以第一作者发文共45篇，占总发文量的19.48%。10名作者中有9位来自高校，在一定程度上反映了新疆双语教育研究的论文作者主要高产机构的来源。

表 2-1-6 发表论文在 4 篇及以上的作者

序 号	作 者	所在机构	发表论文篇数
1	李儒忠	新疆高等教育发展研究中心	7
2	张 燚	新疆教育学院	6
3	周 欣	新疆教育学院	4
4	魏 炜	新疆教育学院	4
5	张 梅	新疆师范大学	4
6	杨淑芹	新疆师范大学	4
7	周 珊	新疆师范大学	4
8	方晓华	新疆师范大学	4
9	祁 伟	新疆师范大学	4
10	葛丰交	新疆民族事务委员会	4

3. 作者所在机构分布

对论文第一作者的机构进行统计，得出各机构的论文产出量。在 231 篇文献中共涉及 38 个发文机构。主要分为两类：一类是各大高校，共涉及 26 所，发文量占 89.18%；第二类是科研单位、政府机关等机构，发文量占 10.82%。

根据普莱斯定律①，核心发文机构的论文下限为：

$$N = 0.749 \times \sqrt{\eta_{max}} \qquad (\eta_{max}\text{为发文机构最高论文数})$$

据统计显示，发文机构中发文量最高达 65 篇，故 η_{max} 为 65 篇，根据公式得出 N 为 6.04，四舍五入取邻近整数位 6。我们将发论文量在 6 篇及以上的机构列为新疆双语教育研究领域的核心发文机构，共计 10 个，发表文献 183 篇，占总数的 79.22%（见表 2-1-7）。

表 2-1-7 新疆双语教育研究核心发文机构数据统计

发文机构	文献数	发文机构	文献数
新疆师范大学	65	伊犁师范学院	8
新疆教育学院	36	喀什师范学院	8

① 孙仙阁．我国“文献传递与馆际互借”研究的文献计量分析（1994-2009 年）［J］．图书馆，2010（04）：66-68+81.

续表

发文机构	文献数	发文机构	文献数
新疆大学	19	中央民族大学	7
新疆财经大学	14	新疆高等教育发展研究中心	6
石河子大学	13	新疆农业大学	6

三、结果讨论

自中华人民共和国成立以来，党和国家高度重视新疆双语教育，并把它作为稳边兴疆的重要战略举措①。新疆各级党政部门都非常重视双语教育工作，同时双语教育工作的开展实施也切实贯彻和落实了党和国家的民族教育方针政策，对于维护祖国统一、增进民族团结、加速新疆的现代化建设等都具有重要意义。对于新疆双语教育的研究，目的就是要找出其独有的特性，并结合新疆的独特地理、社会因素，很好地利用和发挥这一特殊性，为新疆经济发展、社会进步、民族振兴而服务。

通过对 CNKI 数据库收录的关于新疆双语教育的研究载文进行计量分析，可以初步得出以下结论。

第一，新疆双语教育的研究文献数量总体呈现上升态势，研究内容体现出了较强的时代性，与社会、政治、经济的发展具有密切联系。推动了新疆双语教育研究的发展，扩展了新疆双语教育研究的深度和广度，也使得新疆双语教育研究涉及的问题相对具体、全面。

专家、学者对于双语教育研究领域的问题大都缺乏前瞻性。随着《关于推进新疆教育实现跨越式发展的意见》《关于推进新疆双语教育工作的实施意见》的制定、实施，今后新疆双语教育的研究将得到进一步发展。在未来的研究中，应该更关注并结合新疆社会发展中出现的新的双语教育问题，注重研究的超前性，重视理论与实践的紧密结合。

第二，现有双语教育研究中，对于双语教学和双语教育模式方面的研究都已经取得了良好的成果，同时关于学前教育、双语师资、教育模式等方面的研究也都朝着健康的趋势发展。但不容忽视的是，总体上各个研究

① 王阿舒，孟凡丽．新疆少数民族双语教育政策发展综述［J］．民族教育研究，2006(02)：22-26.

出现了重宏观而轻微观，重理论而轻实践的趋势。因此，唯有进一步深化研究，紧跟时代发展的步伐，才能使新疆的双语教育研究进一步发挥其应有的作用。在今后的研究中，应该更注重不同学科、不同民族、不同地区的实际情况，将研究做到细致入微、贴近实际。

第三，新疆双语教育研究文献来源期刊相对较为集中，还有进一步发展的空间。与其他普通期刊相比较，核心期刊发表的文献因其学术水平较高、观点新，在学术界有着更重要的影响。核心期刊中对于新疆双语教育问题的关注，有利于该领域的研究成果发挥更好的引导效应。现有的刊载双语教育的核心期刊，基本集中在新疆，在一定程度上发挥了导向作用。今后应进一步拓宽新疆双语教育研究文献的发表源，吸引更多的专家、学者加入其中，从而逐步提高该领域研究的社会影响力。

第四，该领域的研究者呈现出离散分布。近年来，发表新疆双语教育研究的 231 篇文献共涉及作者 281 人次，合作度相对偏低。小范围内的个人研究，往往只从一个点，或者一种现象来阐述问题，具有很大的局限性；绝大部分的合作研究仅为一次性；该领域研究者集中于各大高校，同时呈现区域性。因此，今后要努力提高该领域研究的合作性、持续性与广泛性，进一步提高研究主体间的合作度。要实现这一目标，就需要建立一支稳定的、高素质和高学术水平的研究团队，同时培养一批核心作者。

第二节 少数民族语境下的双语教育优化策略①

一、问题提出

由于历史和自然环境等原因，我国形成了大杂居、小聚居的民族地域特点。对于民族团体来说，语言种类和环境是千差万别的。2000 年全国人口普查时，新疆共有 55 个民族成分，少数民族语言有近 10 种。对新疆而言，双语教育是必经之路也是发展之路。双语教育是由英语“bilingual education”一词翻译而来，我们可以把它大致划分为广义和狭义的双语教育：广义的双语教育指学校中使用两种语言进行教育教学活动；狭义的双语教育指的是学校教学中使用第二语言或外语传授学科内容的教育。我们这里

① 本节作者蔡文伯、王雨疏，原文载于《当代教育与文化》2017 年第 1 期。

讲的是狭义的双语教育。有学者称："双语教育研究是研究双语双文化教育（包括多语多文化教育）现象及其规律的一门跨文化、跨学科的综合性、边缘性学科领域。它不仅是民族教育学的一门分支学科，同时也是民族语言学的一门分支学科。"① 也就是说，双语教育是一种特殊的教育形式，其特殊性表现为使用两种语言作为教学媒介语。② 是采用两种教学用语作为媒介的双语、双文化的学习，整个教育教学过程中也应该成为双语言、双文化的互动和双向式传播、交流与沟通的过程。③

双语教育不仅指在语言上的学习，更重要的是文化上的交流和融合。不同民族之间的语言表达形式、艺术表现形式及不同的社会风俗习惯，在不停地碰撞中逐步被接纳，在不断融合的过程中，依然保持着本民族的文化特点和风俗特色。双语教育的重要意义在于双语背后更深层次的文化意义，双语学习不仅在于语言的工具性，更在于深层的多元文化传承性。在民汉合校及民族学校中系统地、有计划地实施双语教育，不仅是各族群众的愿望，也是少数民族学生更顺利地融入社会的重要途径，是开展多元文化教育、保护和传承个少数民族的优秀传统文化的必要手段。少数民族学习汉语的模式主要有模式 1：理科用双语教学，文科用少数民族语言教学；模式 2：除母语课外，其余学科都用双语教学；模式 3：汉语班，与汉族学生一起学习，全汉语授课。

从课堂角度看，从教学入手使双语教育达到有效、有质的发展，符合双语教育的目的。课堂教学过程是一个动态的，与学生互动的过程，在课堂中使用双语进行教学，在少数民族语境下进行知识的学习和思维的训练，对双语教育的发展是否起到积极作用？使少数民族学生在理解的语境下，将教师教学经验和民族文化结合，从而达到双语教育的有序发展。从教师专业发展的理论来看，教师的专业知识是一种实践性的知识。如何通过教师的自身实践对知识进行诠释，使少数民族学生得以理解，并从教师和学生两方面，倾听课堂上真实的心声，在少数民族语境下对双语教育的影响进行深层次的思考。鉴于此，本研究以一堂哈萨克语语境下的双语数学课为例，通过记录课堂教师及学生状态及课下教师反思、学生评价内

---

① 滕星．中国少数民族双语教育研究的对象、特点、内容与方法［J］．民族教育研究，1996（02）：44-53.

② 钟启泉．现代课程论［M］．上海：上海教育出版社，1989.

③ 马岳勇，董新强．少数民族文化语境中的新疆双语教育［J］．中南民族大学学报：人文社会科学版，2012（03）：17-21.

容，分析少数民族语境下的双语教育。

二、案例描述

笔者在伊犁调研的过程中，结识B老师。B老师为哈萨克族教师，现担任七年级双语班数学的教学工作。在交往过程中，笔者发现B老师是一名有爱心和进取心的教师，在教学过程中责任心强，教学经验较丰富，热爱教师工作。B教师为中青年教师，参加过双语教师培训，担任双语教学任务有两年有余，除教学任务外还担任双语部的行政工作，了解双语教学的发展、特点及政策文件，有一定的代表性。

本堂课是七年级数学利用二元一次方程解决实际问题。本节课要求学生有较高的理解能力，将前几节课的知识进行串联，掌握并运用于生活当中。这节课不仅对学生来说是个挑战，对学生来说也难度颇高。基于教材和实际学情进行分析，B老师设计了这堂课的教学目标：复习；如何理解题目含义；利用二元一次方程组解决实际问题。对于我的到来，B老师稍微显得有些紧张，在进入课堂后，B老师对我进行了简单的介绍，让我坐在同学中间，准备开始今天的讲课。在进入课堂时，我注意到教师安排以小组形式摆放桌椅，一个小组为5—6人，教室硬件设施良好配有多媒体设施，教室文化建设充分。学生认真积极、气氛活跃，对我充满好奇的同时，希望把最好的一面展示给我。下面是课堂实录。

老师：利用二元一次方程组解决实际问题的步骤？

学生：第一，读懂问题的意思（老师：就是审题）；第二，找到未知数（老师：正确找到等量关系）；第三，解方程组。

老师：集体朗读一下题目，理解题目意思。预备开始。

学生：集体朗读题目。

B老师带领学生再一次研读题目，与学生一起解决问题。在遇到不好理解的问题时，B老师用哈萨克语进行解释。

老师：哪个同学来说一说，你们第一个找出的是什么问题呢？

学生：找出路程的等量关系（学生对题意不是很理解，B老师带着学生再次读题）。

老师：我们应该怎么设呢？

学生：设铁路运输单价为X，设公路运输单价为Y。

老师：这个问题就像咱们的生活一样，原料就相当于我们的羊皮，羊皮一般三四十元一公斤对不对，羊皮再拿去加工成皮鞋、皮夹克是不是就变成了商品，那商品还是三四十元吗？

学生：不是，贵了（老师生一起解决问题，其间多次用哈萨克语进行解释）。

老师：谁来说一说用二元一次方程组解应用题的步骤是什么？（鼓励）用自己的语言说就可以，说错了没有关系。

学生一起：理解题意，找出等量关系，列二元一次方程组，解二元一次方程组，必须进行检验，写出答案。

B老师进行总结。

老师：大家觉得最难的一部分是什么？用一分钟的时间分6个小组讨论一下。然后每个小组派一个代表来向全班同学做汇报。

学生开始分小组讨论。

从以上回答中，我能深刻地感受到学生在课堂上的热情，课堂气氛非常好，上课前同学们进行了预习和复习，对我突如其来的听课仍能保持良好的状态。在多媒体设备出现问题期间，B老师并没有耽误太多时间，很快地做出了新的安排，用哈萨克语向同学们解释后转为对课本知识的学习以及进行课堂练习。利用不同方法提高学生的学习兴趣，如小组讨论、黑板答题。B老师在课堂中也使用了很好的教学策略，先进行复习，以学习过的内容引出问题，使学生容易接受。

B老师从简单问题入手，提问与解答相结合。全班同学基本上都能跟上，一起跟着老师的思路回答。全部结束后又重新整理思路，使学生有深层次的理解。并且以学生生活入手，对问题进行剖析，将复杂的问题简单化、生活化。在遇到困难问题时，B老师可以运用哈萨克语和汉语进行双重的解释和分析，在哈萨克语境下进行双语教育，用本民族惯有的思维模式对知识进行梳理，除去对语言的学习以外，在理科方面对学生的理解能力有很大的帮助。在分小组讨论过程中，学生多用哈萨克语进行讨论，但回答问题时运用汉语。说明学生对汉语言的学习只在于表面，还不能很好地运用到实际的学习生活当中，对于表达自己的思想和情感方面还比较欠缺，属于以母语为优势的双语学习者。

在课后与学生、教师及校领导的访谈中得知，现阶段的双语教育正处于转型阶段，模式1、模式2和模式3汉语班的水平参差不齐，随着模式1

向模式 2 逐步过渡，有相当多的一部分学生并没有完全接受。以本节课为例，学生从三年级开始接受双语教育，现在七年级仍有部分教材阅读困难，民族双语教师可用少数民族语言进行讲解，但是汉族老师在这方面就无法有效地进行教学，只能通过举例进行阐释。本案例学生采用模式 2 教学，学生反映双语教师中只有 3 位能够胜任双语教学的少数民族教师，既会使用汉语，又能使用少数民族语言。在双语教育政策不断完善的过程中，学生从最开始的排斥学习汉语言到现在的学习热情高涨，双语教育取得了很大进步，但脱离了少数民族语境的双语教育，学生接受起来有很大难度。

在与 B 老师的交谈中，B 老师坦言自身也存在很多不足，在汉语的发音上仍然存在很大的问题。对于民族教师来说，让习惯使用少数民族语言教课的老师进行双语教学，也是巨大的挑战，是不断完善和学习的过程。接受能力较强的年轻教师可以进行双语教育工作，但年龄偏大的教师就不能胜任双语教学工作。学生水平层次相差较大，小学低学段的学生从一年级开始进行双语教育，对汉语的掌控和理解都较强，程度较好，平时也会用汉语交流。小学高学段的学生分别从三、四、五年级开始转型为双语教学，学生接受能力较弱，汉语言的基础薄弱，对此不能完全理解，而转型之后的双语教学中，理科科目为汉族老师进行全汉语授课，出现学生无法理解、作业无法完成的情况。

三、少数民族语境下新疆双语教学存在的问题

（一）双语教育目标达成

在新疆双语教育重要文件《新疆维吾尔自治区少数民族学前和中小学双语教育发展规划（2010—2020 年）》中指出："在我区推进以国家通用语言文字为主、本民族语言文字为辅的双语教育，是提高少数民族教育质量，培养'民汉兼通'少数民族人才的战略举措；是深入实施西部大开发战略，建设社会主义和谐社会，是实现新疆跨越式发展的必然要求；是维护各民族团结和祖国统一，促进各民族共同发展、繁荣和进步，实现新疆长治久安的迫切需要。"从文件中不难看出，双语教育应以少数民族语言作为辅助，共同教学，从而达到提高少数民族教育质量的双语教育目标，是一个循序渐进，依照学生自身发展规律逐步进行的过程。

一个民族的文化体现了一个民族的价值观念和道德观念。双语教育的目的是培养“民汉兼通”的人才。有学者指出：“在培养‘民汉兼通’少数民族人才的双语教育目标引领下，新疆的双语教育突出强调汉语教学，误以为只要学生的汉语水平提升了，双语教育的质量或少数民族教育质量就得到了提高，双语教育的目标就达到了，故而盲目追求二类双语教学模式规模的扩大。”① 为此，既要考虑推行用国家通用语言文字进行双语教育政策的要求，也要关照少数民族学生接受能力，遵循双语教育的客观规律。从学生逻辑思维的养成和稳定性来看，掌握好母语也是学习新语言的基础。在教材使用方面，除民族语文一个科目以外，双语学生与汉族学生选用的是相同的人教版教材，对双语学生来说，加注少数民族语言的辅助教材也许更有利于双语教学的推进和理解。

（二）双语教学的师资力量

在少数民族语境下进行双语教学，要求教师至少可以运用两种语言，其中包括汉语和所在地区或学校主要民族语言。现在能做到运用两种语言进行授课的只有少部分青年少数民族教师，大大不能满足当代双语教育的需求。双语学校结构性缺编情况严重，年龄大的民族教师十几年甚至几十年的教学经验都在少数民族语言教学上，民语教学班逐渐被双语教学班所替代，出现教师无法胜任双语教学工作的同时，又缺少新的编制来招聘年轻双语教师。没有到退休年龄且不再担任教学任务的教师只能进行教工方面的转岗，在岗位有限的情况下出现很多闲职。双语学校出现了看似编制已满的情况下，能够担任双语教师岗位的教师严重不足。另外，学校在针对双语教师培训水平及效果上也参差不齐。少数民族教师双语培训主要分为两部分，即学校内部培训和外地培训。学校内部培训通常采用教师混合编班、师徒结对子、一帮一学汉语等方式进行汉语水平的提高，这种方法易行、方便，但是花费时间较长，无法快速见效。少数民族教师去外地进行培训时，是与很多民族教师一起参加，除了上课时间以外，并没有一个良好的汉语言环境进行汉语沟通，导致培训效果并不明显。有部分女教师因为家庭等原因，不愿参加外地培训。除此之外，培训效果应在实践中检验，与学生互动的过程中不断完善自己，而现在的双语教学培训严重忽略

① 杨淑芹．多维视角下对新疆双语教育目标的思考［J］．西北师范大学学报：社会科学版，2014（02）：105-109.

教师的实践机会，没有达到真正的培训效果。综上所述，在少数民族语境下的双语教育中，师资力量的储备仍需一段漫长的时间。

（三）双语教育的家庭环境

“文化中断假说”（cultural discontinuities）是美国教育人类学家约翰·奥格布（John Uzo Ogbu）首次提出的。根据这个假说，导致少数民族学生成绩不佳的主要原因是语言与文化上的障碍，少数民族学生不仅要学习和使用不同的语言及各类方言，而且具有不同的文化背景。[①] 文化断裂现象是在一个社会整体中形成的，是先前文化与现在文化有着较大出入而产生的。由于双语环境下的少数民族学生接受着双语教育，在其母语环境下已经形成了母语思维以及特定的行为特征，再接受一种新的言语和文化时，总是与母语文化相比较，将新的内容转化为熟悉的母语文化，再将其内化为个人知识。

从2004年开始，新疆正式步入双语教育阶段。在10余年间，新疆双语教育不断发展和转型。笔者在调研地区了解到，父母使用汉语的家庭，子女一般都进行汉语教育（“民考汉”）。目前正在接受双语教育的学生，其父母大多数都只会使用少数民族语言。虽然家长越来越重视孩子汉语言的学习，但因为自身水平有限，无法进行指导和监督，只能依靠学生个体的自觉性。这一方面削弱了家庭教育在双语教育中的作用，另一方面也加大了双语教师的工作量。在调研过程中我们发现，少数民族学生家长对学生学习成绩呈现越来越重视的趋势。

四、少数民族语境下推进新疆地区双语教育的建议

（一）汉语教学与少数民族语言教学相结合

以提高少数民族教育质量为基本目标，使少数民族在自己母语语境下学习汉语，汉语教学与少数民族语言教学相结合，在提高少数民族汉语水平的同时，对本民族语言、文化进行传承。首先，做好双语教师培训工作。有效地开展对双语教师的培训工作，做到学习生活相结合。这

---

① John U. Ogbu, Cultural Discontinuities For a Review of the Early History of Anthropological Thinking about this Problem [J]. Anthropology and Education Quarterly, 1982 (04): 290-307. 斯蒂芬·郝瑞，马尔子. 白乌彝族教育的成功之道 [J]. 民族教育研究，2000 (02): 53-60.

里的双语教师培训不单指对少数民族教师进行汉语言培训，也应该对汉族教师进行少数民族语言培训，是从口语入手，使得汉族双语教师能与少数民族学生进行沟通和理论上的解释。其次，落实双语教育政策。国家、自治区为新疆双语教育制定了一系列政策，但在执行过程中的偏差及不落实现象导致现在的双语教育难度大。例如，针对开展双语地区，为双语教师实行“3050”政策，即满30年工龄或年龄达到50岁即可退休，但在调研区域并没有实行此项政策，导致结构性缺编严重。最后，双语教师应树立正确的多元文化教育观。不仅要求教师应通过相关知识的学习对多元文化教育有正确的理解与掌握，熟悉各民族语言的语序、语法在教学中学会融会贯通，更要求双语教师在情感态度上有根本性的认识，包容不同文化，并在教学实践中不断提高自己的认识。尊重各民族的风俗习惯，最终达到各民族教学在求同存异的基础上共同发展。

“双语教师要有意识地认识到不同文化背景下所蕴含的认知方式与思维模式的差异区别，不违背每种文化背后的教育规律进行有效的双语教学。”① 处理好汉语教学与少数民族语言教学，保证双语教学质量，而不是单纯地追求速度。不仅要求教师有丰富的教学经验，还需要双语教师有良好的跨文化适应能力，在教学中不断整合发展。

（二）建构相互衔接的双语教育

双语教育要取得有效发展，需形成一个相互衔接、相互配合的有机整体。新疆双语教育应辐射整个教育体系，这就要求我们在现阶段的双语教育中普及学前双语教育，在幼儿阶段开始接受双语教育，不仅孩子的接受能力较强，也为今后的双语学习生涯奠定良好的基础。双语教育首先要符合教育的基本目标和原则，其次再开展双语教学活动，从统一整体视野来看待新疆教育发展中基础教育与双语教育的关系。第一，注重各学段学生的年龄特征、思维特征、学校的类型、任务与国家教育目的，培养符合一般性、本体性等各类教学目标的“人”的培养。使学生在认知、情感、人格及德智体全面发展，树立正确的人生观、价值观。第二，与本土双语教育相结合，注重人才培养的特殊性要求，培养“民汉兼通”的少数民族人才，符合当今社会对少数民族人才的需求。从听、说、读、写、译几个方

① 张艳燕．跨文化视角下的新疆双语教师培训探讨［J］．新疆大学学报：哲学·人文社会科学版，2014（03）：137-140.

面详细表达出对学生在汉语和民族语言发展方面所要达到的具体要求，使少数民族学生在跨文化的环境中，具有适应社会的能力。第三，促进民族文化发展。人才培养的特殊性要求和促进民族文化发展方面的要求是相辅相成、相互联系的，学生在学习了解本民族文化和他民族文化的过程中，具备一定的跨文化能力，客观上既传承本民族优秀文化，又促进他民族文化的积极传播。

各级各类双语教育的目标、方法以整体形式出现，在整体的规划中，阶段性与整体性相辅相成。双语教育是由双语学前教育、双语初等教育、双语中等教育等组成，建立相互衔接的双语教育体系，使双语教学成为一个循序渐进的过程，使学生建立整体的学习、思维模式。

（三）强化双语教育的文化功能

从双语教育的功能看，双语教育不仅肩负着传递中华民族优秀文化的功能，也担负着传承本民族优秀传统文化的功能，加大双语教育的文化性，使各民族文化相互交流、融合，达到各民族文化水平间的平衡状态，融洽相处、共同繁荣。新疆的双语教育必须凸显各民族文化的传承发展，在少数民族语境下开展双语教学活动，突出少数民族文化特点，彰显文化功能在双语教育中的积极作用，培养“民汉兼通”的少数民族人才。在倡导和谐社会的今天，传承各民族优秀文化，使各民族多元文化和谐有序发展，利用双语教育的文化功能，构建满足现阶段社会发展需求且具有新疆民族教育特色的双语教育体系。

总之，要想得到发展，就要求我们做到学校教育与民族传统文化传承的相辅相成，达到学校教育与民族传统文化各自以对方作为条件和基础，在相互依赖和影响的前提下，实现和谐持续发展，达到联动共生。“联动”是学校教育发展与民族传统文化传承实现共生的前提和手段，“共生”是学校教育发展与民族传统文化传承联动的目的和结果。理论与实际相联系，在不脱离少数民族语境的范畴下开展少数民族双语教育。立足于新疆少数民族教育的发展需求，着手于新疆经济社会的发展趋势，放眼于新疆各民族多元文化相互融合的高度。准确把握新疆少数民族双语教育的发展方向，创新基于民族教育和民族文化背景相契合的双语教育模式，才能最大化地实现双语教育所要达到的目标，使新疆双语教育达到质的发展。在“多元一体格局”下，双语教育的发展应为各民族之间的交流，促进各民族在语言、文化、民族精神上的相互沟通，在民族心理、民族认同等方面进行实践，培养高层次的少数民族人才。

第三节　新疆中小学双语教育实施过程中的焦点问题研究①

新疆是一个多民族聚居区，各族人民长期生活繁衍生息，形成了民汉交错杂居的局面。各民族之间相互交往、相互了解、相互学习，共同改造生存环境，对双语教育产生需求。中华人民共和国成立以来十分重视新疆双语教育，1984 年新疆维吾尔自治区党委提出在少数民族学校加强汉语教学、实现“民汉兼通”的培养目标，到 1996 年全区上下推行汉语水平考试（HSK），2004 年又出台了《关于大力推进“双语”教学工作的决定》和《关于加强少数民族学前“双语”教育的意见》，新疆民族教育事业实现跨越式发展。2009 年全区接受学前双语教育的少数民族幼儿 29.01 万人；学前双语教育岗位教师 0.92 万人，其中少数民族教师 0.66 万人。中小学（含职业高中）接受双语教育的少数民族学生 46 万人，占中小学少数民族学生的 22.2%；中小学“民考汉”学生 24.09 万人，占中小学少数民族学生的 11.6%；中小学双语教育岗位教师 2.75 万人，其中少数民族教师 2.17 万人。到 2011 年 7 月，新疆学前和中小学（含职业高中）少数民族接受双语教育和“民考汉”的学生达到 119.87 万人，占学前和中小学少数民族在校生数的 48%，比上年提高了 6 个百分点。② 双语教育无论规模还是人数取得了辉煌的成就。

伴随新疆大建设、大开放、大发展的历史机遇，双语教育在新疆的地位迅速提高。2011 年 3 月新疆维吾尔自治区政府印发了《新疆维吾尔自治区少数民族学前和中小学双语教育发展规划（2010—2020 年）》（简称《规划》），提出了双语教育工作的总体目标：到 2012 年，基本普及少数民族学前两年双语教育，接受学前两年双语教育的少数民族幼儿占同年龄段

① 本节作者蔡文伯、王龙森、孙毅婷。

② 尔肯江·吐拉洪．以大力加强双语教育为突破口，统筹推进民族教育跨越式发展[EB/OL].(2011-07-15)[2016-01-11]. http://www.jyb.cn/china/gnxw/201107/t20110715_442851.html.

少数民族幼儿的85%以上；到2015年，少数民族中小学基本普及双语教育，接受双语教育的少数民族中小学生占少数民族中小学生的75%左右，其中义务教育阶段达到80%左右；到2020年，接受双语教育的少数民族中小学生占少数民族中小学生的90%以上，其中义务教育阶段达到95%左右。

面对辉煌的成就和宏伟的目标，为了更加有效实现《规划》目标，培养“民汉兼通”的人才，实现新疆双语教育的大发展、大繁荣，回顾与反思新疆双语教育实施过程中存在的问题是十分必要的。新疆双语教育面临的不是该不该实施的问题，而是如何实施的问题，笔者将对双语教学模式、双语师资和双语教材三个焦点问题加以回顾反思。

一、关于双语教学模式及其选择的反思

所谓教学模式是指在一定教学思想或教学理论指导下，建立起较为稳定的教学活动结构框架和活动程序。双语教学模式就是指导双语教学的教学结构框架和活动程序，模式产生于培养目标，服务于培养目标，且与社会、家庭语言环境和学校双语教育状况密切相关，是保证双语教育有效实施的方案。①

新疆双语教学模式原初为三个模式，根据各地区双语教育教学实践调整为两个模式。由图2-3-1可见，原有的三个模式的区别在于人文社会、体育艺术学科是否使用汉语教学。例如：原模式1中理科课程及外语使用汉语授课；原模式2中除民族语文、音乐等课程中涉及民族传统音乐和传统文化的内容使用民族语言授课外，其余皆使用汉语授课；原模式3全部使用汉语授课，开设民族语课程。调整后的模式充分体现了实事求是的精神，模式2要求全部课程使用国家通用语言文字授课，同时提出不具备师资条件的学校音体美课程可以使用民族语授课，正视新疆中小学双语教师不足的客观现实。

就目前国际普遍形式来看，数学、物理、化学、计算机等理科学科是实施双语教育的首选。第一，人文社会、体育艺术学科涉及较多的本土文化、本族文化、民间传说等，使用第二语言讲授比较困难，使用母语授课

① 赵建梅．培养双语双文化人：新疆少数民族双语教育的人类学研究［D］．上海：华东师范大学，2011.

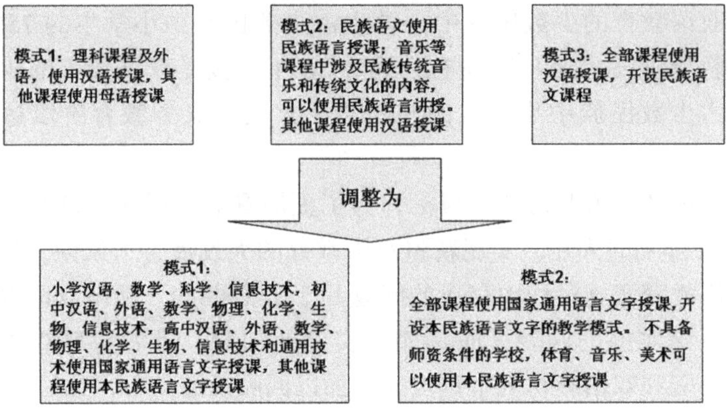

图 2-3-1　新疆双语教学模式有原来的三个模式调整为两个模式

可以保证学生对母语和传统文化的继承。第二，数学、物理、化学、计算机等理科学科具有较强的共通性，其表述、词义、专业术语的理解和诠释比较一致，使用汉语授课可以使学生适应劳动力市场对汉语和知识交流的要求。

马戎就新疆双语教学模式提出，从熟练掌握两种语言文字的角度来看，双语教学模式 1（使用汉语学习数理化，使用母语学习文科）是培养双语人才的有效模式。这是真正意义上的双语教学模式，可以培养出熟练掌握两种语言的各类人才。

由于新疆各地区人口的民族构成、语言环境、就业的语言需求等因素的差异，各地区因地制宜地选择适合本地的教学模式，保证双语教育的推进和落实。“莎车模式”，即莎车全县民语系中小学采用和实施的模式 1 是经过调整的，小学除汉语课外，只有数学一门课使用汉语授课，其他课程都用母语授课。在中学阶段，县城中学的双语班只有数、理、化使用汉语授课，其他全部使用民族语授课，乡、镇中学大部分双语班只有数学使用汉语授课。① 就调研情况来看，新疆南疆其他地方这种模式也普遍存在。由此可见，各地区以模式 1 和模式 2 为蓝本，根据当地的语言环境、学生情况、师资队伍等情况，选择和调整双语教学模式以适合当地情况，完成双语教学目标。

① 李儒忠．莎车调查：莎车民汉双语教育发展情况调查报告［R］．五家渠：新疆生产建设兵团出版社，2012.

此外，各地区还需要注重双语教学模式选择和各阶段的衔接问题。积极推进与学前教育相适应的小学双语教学模式、初中双语教学模式、高中双语教学模式，搞好各阶段双语教学的衔接，确保学生双语学习的连续性。同时，积极探索各阶段双语教学模式改革的办法和途径，逐步改变教学效果。

二、关于双语教育师资队伍建设的反思

双语教师即双语教育岗位教师，指在少数民族双语教学班分别使用国家通用语言文字或少数民族语言文字进行相关课程教学的教师。双语教育教师是新疆双语教育的参与者和执行者，双语教师的规模和素质直接关系和影响着双语教育的水平和质量。

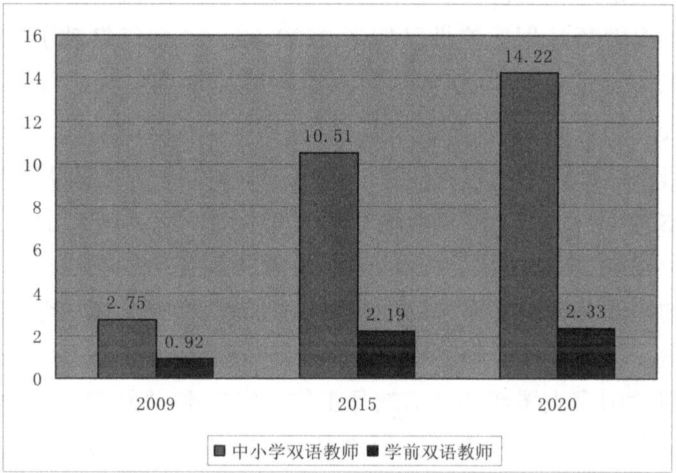

图 2-3-2　新疆中小学双语教师与规划教师人数对比（单位：万人）

截止到 2009 年 9 月，新疆学前双语教师 0.92 万人，中小学双语教育教师 2.75 万人。这一数字与《规划》差距较大。由图 2-3-2 可见，《规划》提出到 2015 年学前双语教师达到 2.19 万人，中小学双语教师达到 10.51 万人；到 2020 年，学前双语教师达到 2.33 万人，中小学双语教师达到 14.22 万人。学前双语教师 2015 年的规划人数是现在的 2.38 倍，之后的五年重点是提高教师的质量，而中小学教师到 2020 年的规划人数是现在的 5.17 倍。因此，加快双语教师队伍建设迫在眉睫。

根据马戎在阿克苏地区温宿县的调研，2009—2010 年度，该县学前适龄儿童入（园）班人数为 2929 人，2010 年秋季将覆盖学前两年幼儿 4530 名（占适龄学童 5651 人的 80%），开设 151 个班，需要 322 名教师，缺专任教师 205 名。根据该县中小学各年级自 2009—2010 年实行模式 3 的学生人数逐年增加的规模和师生比推算，即使按 2010 年秋季只在该县 18 个乡（镇）场中心小学推行模式 3，将有 25 个班，学生 859 人，仍需 134 名教师，解决 60 名，尚缺 74 名。2011 年秋季学期，全县一年级双语模式 3 教学班将达 107 个，学生 2987 名，共缺专任教师 749 名。由于每年都要增加一个年级的新生，到 2019—2020 学年需要 2089 名双语班教师，所需教师存在巨大缺口。①

为了解决师资缺口的问题，政府采取了多项措施，扩大双语教师队伍。新疆先于其他省区启动了 6000 名免费师范生培养计划并制定了各阶段计划，目的就是为双语教育培养和储备合格师资。2010 年下半年，新疆启动了双语特岗教师计划，首批已招考 2500 名；2010 年启动了双语幼儿园教师招聘工作，完成了 4000 名学前双语教师招考工作；2011 年新疆计划面向社会公开招聘 1.15 万名中小学教师、7600 名双语幼儿园教师，补充到国家及自治区援建的项目学校②，中小学教师队伍建设取得重大进展。

具体达到每所学校，需要解决双语教师编制缺乏问题，保证教师队伍的稳定性，建议独立设置双语教师编制，增强岗位吸引力，另外做好部分民语教师的培训及转岗工作，保证教师队伍出口通畅，解决学校教师结构性缺编问题，保证学校教师的权益。国家十分重视双语教师培训，推进实施以第二期“国家支援新疆汉语教师工作方案”和“新疆中小学少数民族双语教师培训工程”为重点的双语教师培训，2010 年自治区安排 6073 名双语教师参加 3 个月以上的培训；启动了学前双语教师专业培训计划、岗前培训工作和园长培训，累计培训 1.48 万人次；此外各地州、县市积极争取对口支援省市的援助，推进地、县两级双语教师培训和校本培训，人数达 7.7 万人。

由于双语教师承担双重任务，教学重点首先是学科内容，其次是语言

---

① 马戎．新疆城镇发展和双语教育的进程：南疆地区两个专题调研报告［J］．西北民族研究，2011（02）：159-172.

② 蒋夫尔．新疆加强双语教育推进民族教育跨越式发展纪实［N］．中国教育报，2011-8-15（06）.

学习。作为双语教师，不仅必须精通学科内容，而且必须是一个双语者。现实的情况除了教师缺口较大以外，双语教师素质也参差不齐。占少数民族教师80%—90%的乡（镇）、村学校的民族教师基本上是“民考民”，HSK4级及以下，多年从事民语教学，让他们短期内通过培训转型为双语教师，教双语班是不现实的。因此，建立符合新疆双语教育特点的双语教师的准入制度与双语教学能否取得预期的效果密切相关。加拿大明确规定：“当法语作为教学语言时，必须由本族语为法语或法语水平相当于本族语的教师施教；当英语作为教学语言时，必须由本族语为英语或英语水平相当于本族语的教师施教。”①

在保证教学质量和确定的双语师资准入制度方面，美国的做法值得借鉴。美国一直有严格的双语师资准入制度，不仅在学历上有要求，而且还规定在大学特设的双语教师培训班修读为期两年的双语教育课程，同时还要接受双语教师技能培训。在此基础上，考试合格方能获得双语教师资格证书，才能从事双语教学。双语教师资格考试涉及二语能力、双语文化和教学法。② 新疆双语教师的资格认定相对滞后，为确保双语教学的顺利进行，应促成新疆教育主管部门尽快进行双语教师的资格认定，建立统一和规范的准入制度，将高素质人才纳入双语教师队伍，才能培养出合格的双语人才。

三、关于双语教材的反思

新疆双语教学发展过程中，由于各地的情况不一，应该结合本地实际，选择实用的教学模式和教材。就目前情况来看，新疆喀什、和田地区中小学、幼儿园使用的教材主要有两类：一是新疆教育出版社的教材；二是人民教育出版社的教材。教材单一，学校基本没有选择余地。③ 从许多使用人教版教材的学校来看，双语教师普遍反映课程难度大，配套资源不足或不会使用，教师改备课为“背课”，学生学习起来也比较吃力。而本土教材编译存在结构不合理、注重“译”、忽视培养学生提高

① 王斌华．双语教育与双语教学［M］．上海：上海教育出版社，2003.

② 马伟林，虞洁．美国双语师资培养模式及启迪［J］．教育评论，2008（04）：162-164.

③ 陈学金，滕星．新疆喀什、和田地区双语教育的实地考察与对策研究［J］．新疆教育学院学报，2012（11）：10-15.

汉语运用能力等问题。另外，双语教材的研发尚未完全配套，虽然幼、小、中各学段使用的教材，在版本的使用上有了初步统一，但是双语班的汉语教材和人教版的理科教材的衔接性不够完整，学科间教学衔接缺乏连续性。

双语教学教材是一个复杂的问题，有专家指出，双语教学必须使用双语原版教材。这样可以避免教材选择上的随意性与语言表达上的偏差。但也有专家提出，原版教材对于少数民族学生学习专业知识会不会“水土不服”，一些专业术语较难用维吾尔语翻译出来，学生也不容易理解，需花费较多的时间。①

为了推进双语教材的建设，选编双语教材对于新疆双语教育实验即新疆社会、经济、文化发展具有不可估量的作用。② 由于汉语教材在语言和文化上与其他少数民族语种教材有着较大的差别，教材的选编必须在政府部门主导下，依据人才培养目标、课程标准和教学大纲，加强新疆各大中专院校之间的联系，组织专家在高水平原版教材的基础上根据新疆实际和少数民族学生的需要编写双语教材。另外，选择优质的教材、教辅图书和其他教学教辅工具。同时，加大远程教育资源的利用，共享优质教育资源，提高多媒体设备的利用率和教学的有效率，如幻灯片、录音磁带、录像带和制作简单的课件用于双语教学，因材施教、循序渐进、重点突破、稳步推进。

根据不同地区、不同学校的具体情况，开展双语教材编译工作，不仅有助于双语教育的发展，丰富双语教育教材内涵，提高少数民族学生双语能力，也有利于促进民族地区双语教材开发，提高双语教师专业化水平。学校自编教材虽然体现学校和当地特色，但质量难以得到保证。因此，校本双语教材在编写过程中必须符合国家对教育的人才培养目标体系，衔接和配套各学段的教育教学内容，保证用得上、用得好。

四、结语

随着我国改革开放步伐的加快，新疆迎来了大建设、大开放、大发展

---

① 李莉，胡尚平．开展双语教育教学工作的思考［J］．今日新疆，2010（12）：34.

② 李欢欢，王彬．民汉幼儿双语教材编制新思路：以新疆维吾尔自治区农村“双语”幼儿园教材为例［J］．新疆师范大学学报：自然科学版，2010（03）：111-114.

的历史机遇，在新疆开展双语教育已显得越来越重要和紧迫，双语教学也正成为新疆各族群众获取知识、走向未来、发展进步的重要手段。由于教育周期长，见效慢，语言的习得也是一个缓慢的过程。因此，在推进双语教育的发展过程中必须遵循双语教育的内在规律，认真思考和解决上述三个焦点问题，循序渐进、稳步发展。

第四节 新疆少数民族双语教育的回溯与反思[①]

中国少数民族双语教育的历史源远流长，而新疆是一个多民族地区，除维吾尔族以外，还有汉、哈萨克、蒙古、柯尔克孜、回、锡伯、塔吉克、塔塔尔、乌孜别克、满、达斡尔、俄罗斯等十几个民族。其中，维吾尔、哈萨克、蒙古、柯尔克孜、锡伯等民族均有本民族的文字。新疆维吾尔自治区的中、小学分别使用维吾尔、汉、哈萨克、蒙古、柯尔克孜、锡伯、俄罗斯七种语言进行教学，同时也在各级学校加设汉语课，大、中专院校分别采用维吾尔、汉、哈萨克、蒙古四种语言授课。[②] 新疆少数民族双语教育作为一种双语双文化教育在此显得尤其重要。新疆少数民族双语教育取得了显著成就，尤其是在改革开放以来，少数民族双语教育的地位日益突出。双语教育作为一种双语双文化教育，其特殊的教育体系和教育方式吸引了国内外大量学者对其展开研究。

一、双语教育的概念剖析

英国教育家德里克·朗特里（Derek Rowntree）认为："双语教育是培养学生以同等的能力运用两种语言的教育，每种语言讲授的课业约占一半。"[③] 德国学者哈杜默德·布斯曼（Hadumod Bussmann）著的《语言学词典》中把"双语制"解释为："是多语制的一种特殊情况，它和多语制（'多语现象'）一样也有两种解释：（1）个体双语制，即使用两种语言进

---

① 本节作者刘姣、蔡文伯，原文载于《兵团教育学院学报》2009年第1期。
② 王洪玉．少数民族双语教育的历史及发展研究［D］．兰州：西北师范大学，2003.
③ 德里克·朗特里．英汉双解教育词典［Z］．北京：教育科学出版社，1992.

行表达的能力；（2）集体双语制或社会双语制，用来描述一种稳定的语言状况。”①《朗曼语言学词典》定义：“双语教育指学校采用第二语言或外语教授主课。”② 世界双语教育专家 M. F. 麦凯指出：“双语教育这个术语指的是以两种语言作为教学媒介的教育体制，其中一种语言常常是但并不一定是学生的本族语言，作为教育教学实施的工具。”③ 可见，国外学者对双语教育的概念剖析主要在双语的运用方式上，包括时间、人数等可以作为其参考的标准。

我国双语教育研究者对双语教育的概念也做了大量的探索。国内学者认为：“双语教育即使用两种语言，其中一种通常是学生的本族语言，作为教育教学实施的工具。”④ 马学良、戴庆厦在《我国民族地区双语研究中的几个问题》一文中指出：“对‘双语’含义的认识，虽然目前还不一致，但大都认为双语是个人或集体使用两种以上的语言现象。”⑤ 他们对双语的认识和界定在我国影响很大，多年来一直成为研究少数民族双语教育的重要依据。滕星在《中国少数民族双语教育研究的对象、特点、内容与方法》一文中，把国内学术界对双语教育含义的各种学说归纳为过程说、体制说、方法说、体制与方法说、目的说、课程说六种，还把中国少数民族双语现象划分了四种类型，即民—汉兼通型、民—民兼通型、汉—民兼通型和同民族双语型。⑥ 因此，国内双语教育的概念界定基本上与国外学者是一致的，在细节问题上则做了更为实际的探讨。

双语教育有广义和狭义之分。广义的双语教育就是泛指使用两种语言进行教学的教育体制。不同民族和不同国家之间相互学习和使用对方语言的教育都可称为双语教育。如我国部分学校用汉语和英语两种语言授课，是英、汉双语教育体制。狭义的双语教育特指在一个多民族国家里以少数民族学生为教育对象，使用其本族语和主流语（族际语）两种语言的教育体制，我国学者通常称其为少数民族双语教育，这也是本节中所指的双语教育的含义。

---

① 哈杜默德·布斯曼．语言学词典［Z］．北京：商务印书馆，2003.

② 杰克·理查兹．朗曼语言学词典［Z］．太原：山西教育出版社，1992.

③ 麦凯 M. F，西格恩 M. 双语教育概论［M］．北京：光明日报出版社，1989.

④ 戴庆厦．中国少数民族双语教育概论［M］．沈阳：辽宁民族出版社，1998.

⑤ 马学良，戴庆厦．我国民族地区双语研究中的几个问题［J］．民族研究，1984，（04）：53-58.

⑥ 滕星．中国少数民族双语教育研究的对象、特点、内容与方法［J］．民族教育研究，1996（02）：44-53.

二、新疆少数民族双语教育的回溯

新疆少数民族双语教育的历史悠久，随着西部大开发步伐的加快，新疆少数民族双语教育空前繁荣，双语教育取得了辉煌成果，主要表现在以下几个方面。

（一）双语教育的理论与政策在实践中不断完善

1978 年，新疆维吾尔自治区党委、人民政府决定，民族小学从三年级开设汉语课，到 1995 年，高中毕业生要达到“民汉兼通”。2003 年《新疆维吾尔自治区人民政府贯彻〈国务院关于深化改革加快发展民族教育决定〉的意见》中明确提出，到 2010 年为止全面改进和加强双语教育的基本任务，进一步明确双语教学工作的指导思想和总体目标；加大汉语教学力度，大力推进双语教学工作；全面提高少数民族教师的汉语水平，加快建设适应双语教学要求的教师队伍；加强对双语教学工作的领导，建立健全双语教学保障机制。

（二）双语教育的规模扩大

1985 年 9 月教育厅印发《关于调整五年制小学部分课程计划的通知》，要求城镇民族小学从 1985 年新学年起，必须开设汉语课。2000 年，在教育部的组织领导下，在发达地区 12 个城市举办了新疆区外高中班，丰富了双语教育的办学模式。2001 年新疆维吾尔自治区党委指出，多民族聚居区要加快民汉合校、民民合校和民汉学生混合编班的步伐。到 2008 年，新疆就读双语教学班的少数民族学生已突破 15 万人，双语教学班总数已达到 5000 个。[①] 随着基础教育的普及，双语教育也得到了普及，接受双语教育的人数达到了前所未有的规模。

（三）双语学习的热情高涨

双语教育成为新疆基础教育的一部分[②]，提高了新疆各族人民学习双

---

① 见喀什政府信息网[EB/OL].(2008-02-10)[2009-01-11]. http://www.kashi.gov.cn/Article/200803/6782.htm.

② 贺群，胡文华．新疆少数民族双语教育回顾与反思［J］．西北民族大学学报：哲学社会科学版，2005（06）：124-128.

语的热情。科技的发展和全球一体化发展的大趋势提出了新的人才需求模式，社会需要双语甚至是多语人才，语言问题成为当前迫切需要解决的问题。新疆各族人民深切认识到这一问题，激发了他们学习双语的动机和使用双语的热情。为此，新疆维吾尔自治区教育厅在《关于贯彻自治区党委〔84〕3号文件的几点意见》文件中明确提出，从1985年起，民族中小学从小学三年级开设汉语课，直到高中毕业。此后，有不少少数民族学生自愿进入汉族学校就读，说明少数民族群众双语学习的热情高涨。

（四）对双语教师的培训力度加大

2004年3月，新疆维吾尔自治区全面启动实施中小学少数民族双语教师培训工程，但得到系统培训的双语教师人数较少，远远无法满足双语教育发展需要。到2008年9月，自治区教育厅将实施两年制“新疆中小学少数民族‘双语’教师培训工程”，对新疆幼儿园、小学、初中、职业高中部分学科的1198名少数民族双语教师进行培训。[①] 表明新疆已经加大了对从事双语教育教师的培训力度，高度重视双语教育的质量。

（五）从事双语教育的教师队伍扩大

随着双语教育的蓬勃发展，从事双语教育的师资队伍不断扩大。据统计，1982年新疆中小学共有从事双语教育师资1516人，到2004年年底增加到14880人，国家投入1.3亿元资金大力培训中小学少数民族双语教师，已有1.8万多名少数民族教师具备双语教学的能力。[②] 2008年3月8日，胡锦涛同志出席十一届全国人大一次会议新疆代表团的审议时，对新疆维吾尔自治区双语教育师资问题提出了要加大对现有教师的培养、办好新疆区外高中班和区内初中班、发挥远程双语教学作用三点指示。这体现了国家对新疆地区双语教育的重视，同时也说明从事双语教育的教师队伍不断扩大。

（六）有关双语教育的政策

改革开放以来，国家和新疆维吾尔自治区相继出台了一系列双语教育

---

① 贺群，胡文华．新疆少数民族双语教育回顾与反思［J］．西北民族大学学报：哲学社会科学版，2005（06）：124-128.

② 见喀什政府信息网［EB/OL］．（2008-03-05）［2009-01-11］．http://www.kashi.gov.cn/Article/200803/6782.htm.

的相关政策。1987 年新疆维吾尔自治区党委和人民政府做出了《关于当前教育工作的几个问题的决定》，并首次提出到 1995 年自治区城镇以上民族高中的大部分毕业生达到“民汉兼通”的目标。1999 年自治区党委、自治区人民政府颁发《关于贯彻〈中共中央、国务院关于深化教育改革全面推进素质教育的决定〉的意见》，明确指出要加大改革力度，不断提高少数民族教育质量。2002 年 7 月召开的第五次全国民族教育工作会议，提出了大力推进民族中小学双语教学，强调了少数民族学生学习汉语的重要性，并为少数民族地区双语教育的发展指明了方向。这些政策的制定，也极大地推动了双语教育的发展。

（七）大力推进学前双语教育

双语教育事关新疆百年发展大计。2008 年 7 月 6 日至 7 日，新疆维吾尔自治区党委、人民政府在新疆南部喀什隆重召开中国新疆南部少数民族学前双语教育工作现场会暨少数民族双语幼儿园建设工程启动会①，这是继 2006 年 6 月巴音郭楞蒙古自治州部署会、2007 年 6 月和田现场会后的第三次双语教育工作会。这一点印证了新疆方面已开足马力、强力推进少数民族学前双语教育进程。

（八）双语教育研究成果突出

改革开放以来，新疆维吾尔自治区先后开展了大规模的双语教学实验。如 1987 年开展的“新疆 5 所民族中学汉语教学改革实验”，1987 年中国儿童发展中心接受联合国儿童基金会的“新疆少数民族儿童双语学习研究”等试验项目的陆续展开，掀起了双语研究的高潮。民族语文工作者和教育工作者对双语教育的许多方面进行了深入研究，在宏观理论研究和微观教学研究上都取得了一定的成果，涌现了一批重要的学术论文和学术著作，为双语教育研究奠定了基础。为顺应双语研究发展的潮流，还形成了相应的学术团体，出版了一批双语教学研究图书。另外，依据双语教育研究成果编写了一批具有本民族语言文化特点的双语教材。

---

① 见北京学前教育网 [EB/OL]. (2008-06-24)[2009-01-11]. http://www.bjchild.com/Html/Article/200807/69018.html.

三、新疆少数民族双语教育的反思

改革开放以来，新疆少数民族双语教育虽然取得了一定的成果，但随着新疆少数民族双语教育的发展，其中存在的问题也凸现出来，主要表现在以下方面。

（一）双语教育研究不够完善

纵观改革开放以来双语教育的研究状况，发现双语教育研究还存在这样一些问题：双语教育基础理论的研究不够完善；基础研究和实验研究太少，如有关新疆双语教育研究的模式、方法等基础理论的研究偏少，对于双语教育学生方面的研究也不够完善。此外，对双语教师研究的文章主要集中在基本情况、师资培训方面的政策法规、对双语教师个人内在层次的研究很少。

（二）双语教育机制不健全

双语教育机制包括针对双语教育制定的各类机制，如教育行政机制、奖励机制、检查机制、用人机制、引进人才机制等方面。① 这些机制相互协调，共同协作，形成双语教育机制，共同为双语教育的繁荣与发展做贡献。存在的问题如：用人机制还不健全，双语教育工作者缺乏竞争机制，缺少人才流动机制，没有设置系统的双语教育奖励机制，重视双语教育发展还未真正落在实处，没能很好地调动全体双语教师的积极性等。

（三）缺乏高层次的双语教育人才

改革开放以来，新疆双语教育师资一直处于供不应求的局面，出现了为求数量而忽视质量的问题。接受过专业双语教育和专业培训的师资数量有限，双语教师受教育程度及学历不达标，专业技能不过关；进入教学第一线的人数少。针对新疆双语教育师资短缺的状况，近年来各级各类高等院校为适应市场需求，培养了大批双语人才，但这批具备专业知识的双语人才真正走向双语教育第一线的人数较少，这与双语教育师资缺乏状况形

① 王阿舒，孟凡丽．新疆少数民族双语教育政策发展综述［J］．民族教育研究，2006（02）：22-26.

成了鲜明的对比。

（四）双语教育的思想观念不统一

片面扩大双语教育的作用，忽视基础教育的主体地位。双语教育以其众多的优势得到教育界的广泛关注，但人们的视角关注更多的是双语教育如何促进经济的腾飞，如何促进整体教育水平的提升等问题。这样不仅扩大了双语教育的作用，而且忽视了双语教育在基础教育中的主体地位，制约着双语教育的发展。

针对目前存在的状况，笔者认为改善新疆少数民族双语教育的措施主要如下。

第一，摆正基础教育和双语教育的位置，规范各类双语教育，加快构建双语教育体系的步伐。双语教育是手段，基础教育是目的。通过双语教育等多种途径，提高基础教育的教学质量。2008 年国家、新疆维吾尔自治区关于大力推进学前双语教育的一系列措施的出台，突出了学前双语教育在整个双语教育中的地位，双语教育体系目前正在不断完善过程中。

第二，广泛开展双语教育理论研究和双语教育实践研究，理论结合实践，尽快提升双语教育研究水平。这需要新疆教育界、管理界等机构的学者对双语教育的支持，需要他们从多方面对双语教育进行系统的理论和实践研究。

第三，逐步健全双语教育机制，使双语教育机制现代化、信息化、系统化。双语教育机制的健全，需要国家、新疆维吾尔自治区采取相应的政策措施，以便促进其步入良好的双语教育运行机制。同时，进一步规范和健全双语教育机制。

第四，在双语教育经费方面，政府可以设立诸如“少数民族双语教育专项基金”等形式，以保障新疆地区双语教育经费的投入。

第五，在双语教育的教材方面，需要加强和提高教材的生动性、趣味性、可读性。双语教材并不是仅仅停留在扫盲水平，而要结合新疆各地区的特征，出版适合当地需要的乡土教材和校本教材。

第六，针对新疆地区双语教师“数量不足、质量不高”的状况，一是大力发展师范教育，培养合格的少数民族汉语语文教师；二是加强对在职双语教师的教学培训工作，为双语教师提供更多的学习和深造机会。

第七，政府有关部门应高度重视民族班毕业生就业难的问题，制定特殊的政策，采取鼓励使用的措施，保证大部分学生的就业问题。另外，要大力拓宽中等教育和高等教育的专业面，加快理工类、经济管理类和外语类应用型少数民族人才的培养，努力满足民族地区的市场就业需求。

第三章　双语教育的政策与环境

在国家和地方政府的教育发展规划中，双语教育的地位、目标和经费保障都有清晰的表述，我国已建立起少数民族双语教育的政策法规体系。但是，在双语教育实践中，非正式制度的约束、政策执行主体的偏差行为、政策执行的具体环境等都影响着双语教育政策的有效实施。

首先，非正式制度作为实现教育政策目标和本质的重要手段，在形成教育政策执行的过程中具有一定的合理性基础，双语教育是我国一项长期战略性政策目标，从政策目的到结果都表现出非正式制度约束下的隐藏性与变通性。其次，政策执行主体是连接政策与政策受众的桥梁，是政策有效执行的核心部分，也是直接关系政策成败的关键因素。但是，新疆双语教育政策在执行过程中出现了机械执行、无律执行等偏差行为，严重影响政策执行的效果和质量。最后，政策环境是政策赖以生存的根本，任何政策都是在一定环境背景和条件下应运而生的；同时，政策过程本身又会受到环境变化的影响。新疆少数民族地区的特殊性决定了其教育政策特殊性，要实现教育政策的有效落实并促进新疆少数民族地区的发展，就必须根据民族地区政策环境的特殊性，实施有针对性、特殊的双语教育政策。

针对上述影响双语政策实施效果的因素，可从几个方面来加以改善。首先，政府和教育主管部门要不断完善双语教育法律制度保障体系，健全双语教育的组织制度平台，用合理的非权力影响力和教育信念融解潜规则。其次，应以监督评价体系为保障，以利益协调机制为平衡点，切实提高执行主体的自身素质，从而推动双语教育政策的有效执行。最后，少数民族双语教育政策制定者及政策实施者，要针对新疆特殊的政治环境、经济环境、社会和文化环境及自然生态环境，制定出动态的、系统的、具有较强的实践性和操作性的少数民族双语教育政策。

在国家西部大开发背景下，新疆应当抓住机遇，针对不同地区环境的特殊性，制定有效的少数民族双语教育政策，并积极开展双语教育，切实提高新疆少数民族的教育水平和整体素质，进而促进新疆经济社会的跨越式发展。

第一节　非正式制度规约下双语教育政策执行的实践与思考①

制度经济学认为，在人们长期交往的过程中，由于社会和历史的更迭自发形成了不约而同的行为准则，并且因为不同族群间的价值信念、风俗特色及意识形态而建构了该族群的制度规范。与正式制度法规不同的是，非正式制度虽然不具有强制性执行效应，执行者将拥有大部分自由裁量权，但却打破了部分正式制度合法不合理的理性膨胀，拥有相对人性化的合理性基础。双语教育政策的执行一直是在教育发展需要的基础上不断演变和推进的，双语教育政策的迅速扩张也会导致执行过程中的制度内容模糊、形式失范等问题应运而生。

一、非正式制度规约下影响双语教育政策执行的因素

在制度中如果说“制”是教育政策执行的界限，那么“度”则给教育政策执行留足了更多的阐释空间。非正式制度没有规范完整的法律、组织和运行机制，在政策执行过程中，这种制度体系的内生和渐进是实现教育政策目标和本质不可或缺的重要组成部分。正式制度从教育政策执行者的行为上加以规范，但却不能因为行为的改变而探测出执行者的教育信念或意识形态是否发生了根本性变化。实际上，在我国的多元文化格局中，民族心理的多样性和隐藏性才是真正主导教育政策发挥作用的关键因素。由此可以看出，影响教育政策执行更多的是非正式制度约束中隐形变量所占的比重。从对文献梳理和归纳的线索来看，结合研究者的考察实践经验，可将影响教育政策执行效果的非正式制度因素分为非权力影响力、人际关系及教育信念三个维度；从表现形式来说，三者的隐形力量依次增强，对

① 本节作者蔡文伯、韩琦，原文载于《中南民族大学学报》2015 年第 4 期。

政策执行的约束性影响力权重呈渐进性增加的趋势。

就双语教育而言，非权力影响力体现在政策执行者个人的民族身份、品格魅力、双文化人的角色扮演能力、双语知识水平、民汉交往能力及对民族情感的深厚程度等。这些因素会经常并持久地影响着双语教育政策的执行，相同的政策制度在不同执行者的操作和运行过程中会产生完全不同甚至截然相反的效果。而这些品质均会在具体的管理事物当中体现出来。托马斯·J. 瑟吉奥万尼（Thomas J. Sergiovannl）认为，教育权利的转移路径是经历了心理权威—技术理性权威—专业权威—道德权威的转变。① 这一转变是实现教育政策绩效的关键影响因素之一。

双语教育政策执行中关于人际关系网络的讨论主要集中在教育政策执行主题的身上。在一所普通学校中，校长作为这张人际网络中的执行主体，政策制度的实际安排通过主体执行者的自由裁量和释放空间逐步渗透和掺杂进来。与此同时，双语学校校长与少数民族家长、上级教育局双语办、少数民族聚居社区等组织的关系，也成为校长能否为学校争取到更多的办学经费和双语教育发展资源的关键因素之一。虽然这种基于关系网络的存在有一定的基础，但如果触犯了法律和道德底线就会演变成教育事业中的腐败案件，造成教育公信力缺失。

教育信念作为影响教育政策执行绩效的核心因素，在双语教育政策施行中发挥着不可磨灭的作用。石中英曾提出："仅有的制度性框架是不够的，最好的制度性框架也不过是一种集团利益妥协的产物，他不会关照到每一个人内在的生活经验和独特的认识框架。"② 民族聚居区双语教育的落后性和排异性，决定了政策执行者在行为上做到适应民族地区文化生活和特点，并深入了解实施双语教育的意义才能实现教育信念与双语教育政策的耦合。根据马斯洛（Maslow）的需要层次理论，教育信念的确立还需实现认知理解到自我实现的过渡才可达到稳定。

二、双语教育政策执行的制度变革与发展策略

教育政策执行是资源配给与利益实现的基本手段之一，教育政策执

① Thomas J. Sergiovannl. 校长学：一种反思性实践观［M］. 张虹，译. 上海：上海教育出版社，2004.

② 石中英. 教育信仰与教育生活［J］. 清华大学教育研究，2000（02）：28-35.

行的制度安排要有利于利益实现的公平、公正、合法和合理。[①] 而现实中教育政策受益群体间利益之争复杂难测，因此塑造政策执行者坚定的教育信念和领导者充满魅力的非权力影响力，合理地运用人际关系网络，建立完善的教育法律制度保障体系是实现教育政策高校执行的关键因素。

（一）完善双语教育法律制度保障体系

“由于利益的至上性，使政策的制定和执行之间出现了一个利益的‘过滤’机制。下级执行者对于上级政策往往以自己的利益损益值作为对策参数，得益越多，越乐于执行；受损越多，越不乐于执行，乃至抵制、变换。”[②] 利益的无限制扩张会导致教育政策目标的偏离和政策绩效的严重损失，而法律框架的刚性约束可以有效控制“看不见的手”的隐形力量，圈定教育政策执行过程中执行者的责任和义务，使其在合理范围和职权内执行。对于双语教育而言，除义务教育法和民族区域自治法相关条文概述外，少数民族双语教育法律体系的完善始终是促进双语教育的强有力的保障，相关部门应充分考虑教育资源配置的基本要求，倾听少数民族双语教育群体的利益诉求，完善和健全建立双语教育法律制度保障体系，使目标群体的价值取向与其政策安排相吻合，提高双语教育政策的执行力。

（二）健全双语教育组织制度平台

教育政策执行需要良好的组织制度作为其载体和平台方能高效运转，科学有效地规划和设置双语教育管理的职能部门，配备懂双语、爱双语的高素质执行者，详细确定和划分其职能和职权，进行有效的“因地制宜、分类指导、稳步推进”，形成相对统一又各具特色的组织制度体系，从而提高双语教育政策执行力。提高各执行层面的专业化水平和标准，让基层双语教师参与决策，发动社会舆论体系监督，同时由双语专家团队进行分类指导，形成专业化的教育政策执行组织（见图3-1-1）。

如此一来，无论是政策制定决策者还是政策执行者，都可通过这一组织制度参与到教育政策执行的各个环节中来，在不断产生的执行绩效中发现问题，并从社会舆论监督体系中发觉解决问题的方法和途径，使基层组织执行者同时成为咨询者和评价监督者，对双语教育政策执行异化的现象

---

① 邓旭．教育政策执行研究：一种制度分析的范式［M］．北京：教育科学出版社，2010.

② 张金马．公共政策分析：概念·过程·方法［M］．北京：人民出版社，2004.

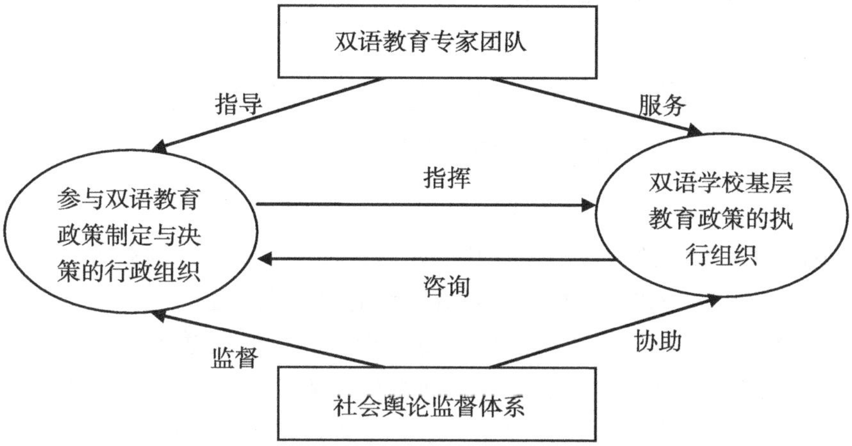

图 3-1-1 双语教育政策执行组织结构框架

进行及时遏制和制止，抓住每一个组织变革的时机，为教育政策执行提供结构性制度保障平台。

（三）人际关系网络、非权力影响力和教育信念

教育政策执行中对人际关系网络的功利性利用会使双语教育政策执行产生偏差，“民汉兼通”的双语教育目标将难以实现。非权力影响力凝聚着教育政策执行的价值取向，学校基层组织的领导，即校长应提升自己的双语教学与管理水平，加深对民汉文化的领悟与理解，深入了解边疆少数民族聚居地区的教育发展现状，拥有一套适用于双语学校发展的行事风格和个人素养，利用非权力影响力的价值来融解负面影响并成为其柔性约束。坚持以双语教育政策目标保持一致的前进势头，通过合理的人际关系网络建立双语学校与上级双语教育管理部门的有效连接。同时，提升双语教师的教育信念和职业忠诚度，使其认识到双语教育发展的重要性和肩负的重大使命，认识到担负少数民族双语教育的希望与未来的重要性，这对双语教育政策的执行来说将是不可小觑的促进力量。

在非正式制度规约下，不少双语学校的教育政策执行过程中都会出现异化或偏差。其中，各种影响因素的复杂性决定了执行过程和结果的非线性。因此，双语教育政策执行不仅需要专家团队的指导和服务，政府决策者自上而下的政策宣传和悉心指导，更离不开基层教育政策执行者的不断理解、实践与反思及媒体、家长、社区等社会舆论体系的监督和协助，从

而有效推动双语教育的稳步发展。

第二节　新疆双语教育政策执行主体的偏差行为研究[①]

随着国家对双语教育的重视及投入力度加大，新疆双语教育日渐科学化、正规化、法制化，少数民族双语教育的地位也在逐渐上升。双语教学遍及新疆南北疆各个地区和学校，接受双语教学的人数不断增多，截至2014年，接受学前和中小学（含职业高中）双语教育的少数民族双语班（含“民考汉”）学生达200.83万人。[②] 但由于新疆南北疆经济水平、教育环境、教育资源、师资质量等方面差异较大，各地区教育效果存在明显差距，造成这一问题的重要原因是执行过程中出现不同程度的执行失效，背离政策目标的偏差行为。政策执行者行为因素直接关系政策成败，美国学者艾利森（Alison）认为，在实现政策目标的过程中，确定方案的效用仅占10%，而其余的90%则取决于有效的执行。[③] 因此，政策执行主体偏差行为的原因和纠偏对策是十分值得关注和研究的重要问题。本节力图研究新疆双语教育政策执行中出现的偏差行为，探究双语教育政策内容偏离目标的原因，从而避免执行主体的政策偏差。

一、新疆双语教育政策执行标准内涵解读

（一）政策文本是新疆双语教育执行的主要政策依据

从1950年至今，我国政府及相关机构出台了一系列涉及双语教育的政策，这些政策文本成为判断政策是否有效执行，实现政策预定目标的基本标准。新疆教育政策发展大体分为三个阶段。[④] 第一阶段：形成阶段（1950—1978年）。颁布一系列法律和政策，明确少数民族语文和汉语文的

---

① 本节作者蔡文伯、孙芳，载于《当代教育与文化》2016年第2期。

② 新疆维吾尔自治区教育厅．坚持依法治教提升教育水平为确保社会稳定和长治久安而努力奋斗：在2015年度自治区工作会议上的讲话［EB/OL］.（2015-02-06）［2016-01-11］. http://fgc.shzu.edu.cn/4f/dc/c1617a20444/page.psp.

③ 陈振明．政策科学：公共政策分析导论［M］．北京：中国人民大学出版社，2004.

④ 王阿舒．新疆双语教育政策的当代演进［J］．新疆社会科学，2012（03）：119-122.

关系，突出民族语文的地位，但双语教育仍处于潜学科状态，学科体系还尚未形成。第二阶段：发展阶段（1979—1989 年）。人们对双语教育的认识进一步深化，首次提出“民汉兼通”的基本方针，1988 年颁布的《新疆维吾尔自治区义务教育实施办法》规定和阐释了新疆汉语教学的必要性。第三阶段：完善阶段（1990 年至今）。这一时期，新疆双语教育理论研究与实践探索进入了快速发展时期，新疆维吾尔自治区党委和人民政府对双语教育做出了许多部署和规定，进一步明确了双语教育的方针、任务、地位和作用，使双语工作步入了法制化的轨道。2003 年印发的《新疆维吾尔自治区人民政府贯彻国务院〈关于深化改革加快发展民族教育决定的意见〉》（简称《意见》）[①]，对双语教育的师资、质量、任务、地位、教学模式、课程体系等多方面做出明确规定。《新疆维吾尔新疆少数民族学前和中小学双语教学发展规划（2010—2020 年）》（简称《规划》）[②]，对双语教育改革发展做出了全面安排部署，明确了未来 10 年各学段双语教育发展的重点任务，强调了促进双语教育改革发展的重要性和关键环节，它是指导新疆双语教学改革发展的纲领和行动指南，是新疆双语教育发展史上的里程碑。本节研究新疆双语教育政策执行主体偏差问题，以这两部重要的文本内容为基本政策依据。

（二）执行标准是新疆双语教育执行的检验尺度

2003 年印发的《意见》对双语教育的方方面面做出明确规定，《规划》则主要部署了 10 年双语教育发展的任务，这两个文件为检验新疆双语教育政策达到预定政策目标提供了依据。这些标准主要涉及双语教学的基本任务、师资队伍建设、双语教学质量、教学模式和保障体制五个方面。

一是双语教学的基本任务。《意见》提出了 2001—2010 年期间，改进和加强双语教育的基本任务是：在继续巩固少数民族母语教学的同时，切实加强汉语教学在初等、中等教育中的突出地位，在中等、高等教育阶段

① 新疆维吾尔自治区人民政府. 贯彻国务院关于深化改革加快发展民族教育决定的意见 [EB/OL]. (2003-05-15) [2016-01-11]. http://www.chinalawedu.com/falvfagui/fg22598/148925.shtml.

② 新疆维吾尔自治区教育厅. 少数民族学前和中小学双语教育发展规划（2010—2020 年）[EB/OL]. (2013-05-29) [2016-01-11]. http://www.xjedu.gov.cn/xjjyt/jyzt/xqjywlxz/xqsyzc/2013/60171.htm.

的主导地位，力争使汉语教学在各级各类教育中有较大发展。《规划》则提出了在2010—2020年期间，双语教育发展战略目标“三步走”的方针：第一步，认真实施好国家双语幼儿园建设项目及“十二五”双语幼儿园建设项目；第二步，经过五年努力，中小学可实现包含多种模式双语教育的基本普及目标；第三步，构建与全面建设小康社会、实现两大战略任务相适应的充满活力、更加科学发展、质量较高的双语教育体系，形成惠及各民族的公平教育，实现优质双语教育全面普及。

二是加强师资队伍建设。《意见》中明确指出，要培养一支合格的“双语型”少数民族教师队伍，加强汉语教师培训基地建设，逐步开展对少数民族教师的汉语培训，推进新疆双语教师快速成长为“民汉兼通”型双语教师，积极扩大双语授课实验范围。《规划》提出，要加大双语教师培养和培训工作力度，实施新疆双语教师特设岗位计划，建设一支与双语教育改革发展相适应的教师队伍。

三是重视双语教学质量。《意见》规定到2010年双语教育教学质量得到明显提高。《规划》把提高双语教学质量作为核心任务，明确提出了提高教学质量的七项要求，满足少数民族群众对优质双语教学的迫切需求。

四是开展多种双语教学模式。《意见》中明确指出要积极扩展双语教学模式，初高中全部过渡到双语实验班授课模式，鼓励中小学创造条件实行“民汉合校”和“混合编班”。《规划》提出科学设置双语教育模式和课程设置，合理确定推进节奏和方式。

五是健全保障体制。《意见》明确提出加强对双语教学工作的领导，建立健全双语教学保障机制。《规划》提出推进双语教育科学发展，必须有充分的条件保障和制度保障，确定了与组织领导、加强管理、加大投入、加强基础能力建设和督导评估问责等相关的保障措施。

二、新疆双语教育政策执行主体偏差行为的具体表现

（一）机械执行，脱离实际

政策机械执行是指地方政府在执行政策过程中，没有充分考虑形势变化和实际条件限制，盲目机械地照搬上级政策，导致目标难以完整实现。在落实政策的过程中，没有科学、全面的理解政策精神。新疆南北疆经济水平、教育实力、师资质量、教育资源等诸多方面存在较大差异，需要政

策执行主体在深入研究的基础上做出适合本地区的发展规划。在公共行政与公共管理领域，事实上并不存在放之四海而皆准的行政准则。[①] 政策执行主体在执行过程中如果只为完成国家或上级分派的任务，不考虑各地区的差异性，容易造成双语教学模式和目标政策相背离。如《规划》中明确要求到2012年，基本普及少数民族学前两年双语教育，接受学前双语教育的少数民族幼儿达到85%以上；到2015年，基本普及少数民族中小学双语教育，接受双语教育的少数民族中小学生达到75%左右；到2020年，接受双语教育的少数民族中小学生达到90%以上。这对新疆北疆地区来说比较容易完成，但新疆南疆地区由于师资质量偏低、双语教师紧缺、教育资源贫乏、学生汉语基础薄弱且学习积极性不高等因素，导致政策执行过程中阻力较大。笔者在对库车、喀什、和田等地区进行访谈中发现，部分学校离既定目标差距甚远，很难在规定时间内完成任务。

罗伯特·A. 达尔（Robert A · Dahl）在《公共行政科学：三个问题》中曾这样讲道："从某一个国家的行政环境归纳出来的概论，不能够立刻予以普遍化，或被应用到另一个不同环境的行政管理上去。一个理论是否适用于另一个不同的场合，必须先把那个特殊场合加以研究之后才可以判定。"[②] 部分地区未对本地学校实际情况和办学水平加以研究，机械执行政策，与公共行政理论相悖，也不符合《规划》提出的要求，即推进少数民族学前和中小学双语教育工作，必须坚持"因地制宜、分类指导、分区规划、分步实施"的基本原则。未深入研究本地情况，机械执行双语政策易造成教师疲惫不堪，学生主动性和积极性大打折扣，不但降低教学效果，还容易造成双语政策执行主体与学校和教师的矛盾，影响新疆的长治久安和繁荣发展。

（二）选择执行，断章取义

选择执行是指在政策执行中，曲解政策、断章取义，或者选择对本地区，本部门有利的政策执行，对自身不利或不容易完成的政策就绕开甚至不执行。在双语教育政策执行中，选择执行主要表现在双语教师聘用和评定标准两个方面。《意见》中明确规定从2004年起，未持有教师资格证的

---

① 威廉·N. 邓恩. 公共政策分析导论［M］. 谢明，等译. 北京：中国人民大学出版社，2002.

② 罗伯特·A. 达尔. 公共行政科学：三个问题［J］. 公共行政学评论，1947（07）：1-11.

人员不得上讲台教学。但由于双语师资严重紧缺，部分学校尤其是偏远乡镇地区依然聘用没有教师资格证的教师，并没有完全按照政策文本规定予以执行，以降低入职门槛来缓解教师紧缺现状，这是造成双语师资质量偏低的直接原因。

国家规定的少数民族双语教师汉语水平等级考试（HSK）达标率情况不容乐观。《意见》提出争取在2004年使1964年以后出生的母语为非汉语的小学、初中、高中少数民族教师的汉语水平（HSK）分别达到汉语水平等级考试的三级、四级、五级标准以上或相当水平。政策颁发10年之后仍然存在汉语水平等级考试低达标率的情况。一位库车地区双语小学数学教师表示，学校16名教师中只有2位有HSK证书。双语教师严重紧缺的学校对上级的硬性要求只能睁一只眼闭一只眼。地方在执行中由于各种原因人为遗弃难以完成的或不利的目标，导致政策内容残缺不全，降低政策的有效性。

（三）无律执行，成效偏低

无律执行是指在政策执行中，不按照政策法规办事，自主执行空间过大，执行随意性较大，导致政策混乱。新疆双语教育政策执行过程中，无律执行现象主要表现在四个方面。

一是教学过程中未严格按政策文本规定语言授课。根据《规划》，新一轮双语教育推进过程中的两种双语教育模式，都要求全部课程或部分课程使用国家通用语言文字授课。但笔者在访谈中了解到部分少数民族学生不完全具备使用汉语听课、学习的能力，尤其是数学、物理、化学等课程。一位双语班的小学数学教师说：“规定我们使用人教版教材，汉语上课，但是学生听不懂的地方我们只能用维吾尔语讲解。”这与《规划》中提出的要求不符，导致政策的实施效果并不理想。

二是任课教师所教科目与所学专业不对口的现象普遍。一位被访者说：“专业不对口的问题是很正常的，教师缺口大，经常又有去培训的、调走的、辞职的，教师队伍不稳定、人员流动大，所以有地理老师教政治的，体育老师教数学的，生物老师教地理的，学历高点、资历老一点的老师就去教比较重要的科目。”专业不对口、更换所教科目的现象造成教师讲不明白，学生学不透彻，成绩提不上去，严重影响双语教学质量。

三是随意占用上课时间和随意调课现象普遍。一位双语教师在访谈中说："学校很注重搞活动，经常举行演讲比赛、朗诵比赛、民族团结活动等，只要有活动就停课。课程进度跟不上就压缩内容，老师想换课（调课）就换课，课表一学期能改好几次。"搞活动有助于提高学生学习的积极性和主动性，但是占用上课时间搞活动会耽误课程进度，影响教学效果。教师调课现象反映出政策执行者管理力度不到位，政策执行随意。

四是国家每年花费巨资对新疆双语教师进行培训，但双语教学质量提升缓慢，效果不明显。

三、新疆双语教育政策执行主体偏差行为的主要原因

（一）政策执行主体的利益驱动

公共政策的实质就是对于资源和利益的划分。公共政策执行主体具有理性"经济人"特征，利益诉求往往是公共政策执行主体行为的内驱力。双语教育政策执行过程实际上就是双语资源和利益的分配过程，这其中存在着多层次的利益冲突，既要考虑社会整体的利益，又要考虑本地区、本部门和个人利益，同时还要考虑目标群体的利益。美国公共政策学者尤金·巴达克（Eugene Bardach）以博弈理论来分析这种利益矛盾，他把公共政策执行过程视为一种赛局，在冲突和竞争的情况下，每一参加者都寻求得到最大的收获，并且将损失减少到最低程度，而政策的成功与失败，取决于各方参加者的"战略选择"。[①] 双语教育政策执行主体在执行政策时，必然要以自己的成本与收益进行权衡，从中使得自身利益最大化。特别是新疆南北疆教育资源不均，会导致政策的选择执行，进而造成执行主体的偏差问题。

（二）政策执行主体的执行能力

新疆南北疆的差异对政策执行者提出了很高的要求，只有政策执行主体结合当地的特殊情况采取不同的方式和手段，才能取得较好的效果，否则会适得其反。同一项双语政策，在一些地方比较成功，在另一些地方执行效果却很差。政策执行者需要在实地调查的基础上，制定出符合各地实际情况的达标要求，再根据教师队伍水平的不断提高和人员更新，逐步调

① 陈振明．政策科学：公共政策分析导论［M］．北京：中国人民大学出版社，2004.

高指标，最终使全区指标趋向一致。新疆的特殊情况要求政策执行主体在实际工作中，有较强的组织、协调、管理能力，同时具有较高的应变能力和灵活性。如果执行主体不具备这些能力，就容易造成行为失范和偏差问题。

（三）政策执行中缺乏制度保障

在政策执行过程中，必须建立和完善行之有效的政策执行监督制度、责任追究制度和赏罚体系。由于双语教育制度不完善，缺乏必要的保障机制，更缺乏严格的责任制度，导致政策执行过程中缺乏政策的监督，政策执行效果缺乏明确的考核，政策执行的考核结果缺乏必要的赏罚措施。制度体系不健全是政策执行主体偏差行为发生的重要原因。《新疆少数民族学前和中小学双语教学发展规划（2010—2020年）》中明确提出健全保障机制，建立双语教育督导评估制度和监督问责机制。《农村双语幼儿园评估指标体系》和《义务教育阶段学校双语教学评估指标体系》中强调对各学段双语教育的督导检查，建立督导检查结果公告制度和限期整改制度。

四、新疆双语教育政策执行主体偏差行为的纠偏对策

（一）执行主体自身素质是双语教育执行的前提

政策执行人员是政策实施过程中的能动因素，他们的政治思想道德素质、心理素质和知识能力素质的优劣决定着他们能动性发挥的大小，因而也就极大地影响着政策的执行效果。① 只有在观念、知识、能力和品德等方面提高政策执行主体的综合素质，才能确保双语政策有效运行。新疆双语教育政策执行过程中出现的种种偏差行为无不与执行主体自身素质有关，执行主体在政策执行中由于缺乏相关理论知识及必要的沟通合作能力、组织领导能力、协调能力等造成政策异化、公平性受损、政策内容残损不全。执行主体自身素质是双语教育执行的前提条件，加强执行主体的综合素质应得到相关部门的高度重视。要提高执行主体的执行能力，必须要求政策执行主体长期学习相关理论知识，掌握国内外最新政策执行动

---

① 刘斌，王春福．政策科学研究［M］．北京：人民出版社，2000.

态。以定期考核的方式强化政策执行主体的专业理论知识水平；通过有组织的采访、实地调查、问卷调查、网络调查等形式提高执行主体信息收集能力；通过与其他执行主体、政策制定者、目标群体之间交换思想、传递信息，提高政策执行主体的沟通能力；通过与不同单位、部门之间的相互协同和配合，强化政策执行主体的协调能力。

（二）监督评价体系是双语教育执行的有力保障

加强监督与控制，防止政策执行主体谋求自身利益，曲解政策内容，继续完善监督体系，形成多层面、多个体、全方位的政策执行监督体系。埃莉诺·奥斯特罗姆（Elinor “Lin” Ostrom）指出：“在每一个群体中，都有不顾道德规范，一有可能便采取机会主义行为的人；也都存在这样的情况，其潜在收益是如此之高，以至于极守信用的人也会违反规范，有了行为规范也不可能完全消除机会主义行为。”① 因此，建立健全监督管理体系是新疆双语政策执行的有力保障。同时完善考核评价机制，防止因利益驱动引起的偏差行为。双语教师培训效果不佳、教师对双语培训重视程度不够等都反映出考核评价机制有待完善。

（三）利益协调机制是双语教育执行的平衡点

一是应减少政策执行的弹性。由于新疆南北疆存在差异，教育资源分配不均，政策执行者为缩小教育资源差距，争取更多优势资源，经过重重利益筛选和博弈，寻找利益最大化的方案，而舍弃效率最高但没有收益的方案。部分学校为获取国家相应配置及待遇，在条件不允许的情况下开办双语班，对教师和学生都产生不利影响。因此，要减少政策执行的弹性，提升政策的可操作性，确保政策有效、合理、公平的执行。

二是协调好公共利益和个人利益的关系。埃莉诺·奥斯特罗姆认为，公共政策就是各团体之间为争取自身利益而相互竞争并达成妥协的一种平衡的结果。政策执行主体应合理配置国家利益、地方利益和个人利益，努力实现个人利益和国家利益相一致，找准双语政策执行的平衡点，避免因利益冲突导致的执行偏差。国家对双语教育的投入逐年增加，完善利益协调机制刻不容缓。

---

① 埃莉诺·奥斯特罗姆．公共事务的治理之道［M］．上海：上海三联书店，2000.

第三节　影响少数民族双语教育政策的环境分析[①]

政策环境影响甚至决定公共政策制定、执行、评估、调整。政策环境是政策活动的平台，当环境发生变化时，就会对决策系统产生一定的刺激作用，决策系统会针对环境的变化情况做出相应的反应，即制定、执行或调整、终止相关的政策。弗朗西斯·C. 福勒将政策环境定义为某一特定实践和某一特定地区的复杂的社会因素。[②] 具体来说，诸如经济因素、人口趋势、社会文化及根植于人们心中的价值观念等都会影响教育政策的产生、存在及发展变化。

一、政治环境对少数民族双语教育政策的影响

政治环境对教育政策有直接影响。一方面，政府机构发挥其政治力量过程的一个重要内容就是政策的制定、实施、监控、反馈及评价；另一方面，教育政策的实施是国家政府机构政治策略的重要手段之一。教育政策的政治环境是教育政策在政策问题界定、目标确立、方案设计、效果预测、方案抉择、政策实施及政策效果评价等过程所面临的政治状况总和。

我国《宪法》规定："中华人民共和国是工人阶级领导的、以工农联盟为基础的人民民主专政的社会主义国家。"这样的国体决定了新疆少数民族地区各民族群众与其他地区的人民群众一样，都是国家的主人，都享有平等的权利。我国的政体即是人民代表大会制度。在这种政体形式下，新疆少数民族双语教育政策活动是我国教育政策的一部分，也必须在国家教育法律法规所规定的范围内活动。国家用宪法、法律和法规的形式对全国的教育政策活动进行统一的规定。新疆少数民族地区各级政府和相关部门在制定双语教育政策时，必须遵循和坚持国家的各种基本教育法规和政策。

新疆一系列的双语教育政策正是政府因地制宜制定出的合乎地方特色

① 本节作者蔡文伯、杜芳，载于《青海民族大学学报》2012 年第 3 期。

② 弗朗西斯·C. 福勒. 教育政策学导论［M］. 南京：江苏教育出版社，2007.

并有利于地方发展的教育政策。早在1950年5月，新疆人民政府响应国家号召印发了《关于目前新疆教育改革的指示》，对部分课程进行了调整，要求民语班选修汉文或俄文，汉语班选修俄文或维吾尔文，1964年和1965年选派少数民族小学毕业生到中央民族学院附中学习。

基于教育政策制定中的“弱势补助、优先扶持”理论，中央和地方政府考虑到少数民族地区教育的特殊性，为了缩小地区差距、加快民族教育的发展，先后对新疆少数民族地区教育发展制定和实施了一些扶持性政策法规。2000年3月，教育部决定采取10项措施，支持西部地区教育发展，加大对西部教育的财政扶持力度等。在中等教育、高等教育，乃至国家公务员考试录用中，实行对少数民族考生降低录取线或者加分优惠政策。据《2006年中国民族信息年鉴》显示，2005年，新疆维吾尔自治区党委做出决定，在5年内投入3.67亿元，重点扶持阿克苏、喀什、和田等7个地、州农牧区的幼儿学前双语教育，发放补助经费。

政治环境直接影响着公共政策的制定和实施。政治制度和法律是公共政策运行的重要保障，当然，公共政策对政治环境也有反作用。公共政策的良性运行能够加强政治权威；反之，则降低政治权威。教育政策亦是如此。

二、经济环境对少数民族双语教育政策的影响

（一）新疆少数民族双语教育的经济环境

改革开放以来，尤其是西部大开发战略实施后，新疆经济有了很大发展，为教育政策落实提供了必要物质条件，也为新疆教育乃至经济社会发展起到了促进作用。根据《新疆统计年鉴2008》显示，2007年新疆生产总值3523亿元，比上年增长13.56%。三大产业比重为17.8∶46.8∶36.4，产业结构得到了优化提升。人均生产总值由2006年的15000元增长为16950元。地区经济综合实力也显著增强，初步形成了以天山北坡经济带为依托、以区域性和地区性经济中心城市为支点、辐射带动地区经济发展的区域经济格局。经济发展与教育发展是相辅相成的，新疆各项财政指标的提高，为民族教育发展提供了一定的保障。根据教育部发布的统计数据显示，新疆预算内教育经费占财政支出的比例比全国各省及直辖市平均数值高出约2%（见表3-3-1）。与全国各级教育生均预算内教育事业费比较，

2008 年新疆各级教育除普通高中生均教育事业费较低，其他均高于全国生均值（见表 3-3-2）。

表 3-3-1　2008 年全国和新疆教育经费执行情况统计表

地区/指标	预算内教育拨款比上年增长（%）	财政经常性收入比上年增长（%）	预算内教育经费（亿元）	预算内教育经费占财政支出（%）
全国平均	28. 50	21. 59	1956. 00	17. 87
新疆	37. 84	26. 31	210. 44	19. 86

注：1. 预算内教育拨款包括教育事业经费、科研经费、基建经费和其他经费；表中预算内教育经费含教育经费附加。2. 本表根据教育部 2007 年、2008 年全国教育经费执行情况统计表整理。

表 3-3-2　2008 年全国和新疆各级教育生均预算内教育事业费增长情况统计表（%）

地区/各级教育	普通小学	普通初中	普通高中	中等职业学校	普通高等学校
全国	24. 93	32. 24	21. 16	22. 00	15. 76
新疆	41. 94	39. 92	19. 24	37. 01	25. 16

资料来源：根据教育部 2008 年全国教育经费执行情况统计表整理。

在西部大开发进程中，新疆经济增长速度明显提高，但较其他地区尤其是东部地区而言，新疆少数民族地区的经济仍然比较落后。主要表现在以下三点：一是新疆少数民族地区市场经济发展还不够成熟，市场观念不够深入，市场竞争机制引入不到位，市场监管措施还不到位，导致新疆市场经济在社会发展中的作用较其他地区低，政府在市场经济的运作中积极作用不够凸显。二是由于自然和社会条件的制约，新疆经济发展的产业结构还不够合理，农业在社会经济发展中还占据较大比重，2007 年新疆第一、第二、第三产业的比重为 17. 8：46. 8：36. 4，三大产业从业人员的比例为 50. 3：14. 25：35. 45。比较而言，第二和第三产业就业人数比重都较小。三是新疆经济发展动力明显不足。目前，新疆少数民族地区生产力水平相对落后，经济发展主要依赖有限的自然资源，资源的开发和利用程度差，且以原材料为主，产品的附加值较低，缺少创新型支柱产业的开发。高科技人力资源的开发和利用不足，导致人力资本在社会经济发展中的作用没有很好地体现出来。

（二）新疆少数民族地区的经济环境对双语教育政策的影响

民族教育与民族经济的发展有着密切的关系。一方面，教育能够为经济发展提供人力资本，人力资本通过生产能力转化促进经济的发展；另一方面，经济发展为教育发展提供物质基础，促进教育的发展。西部大开发以来，新疆加大了各级教育经费及双语教育投入，为少数民族双语教育政策的落实提供了有力资金保证。然而，市场经济发展不完善、自然和社会条件的制约、经济发展动力的不足也必然会对新疆少数民族双语教育政策的执行、监控、反馈及评价产生负面影响。所以，完善的经济环境是新疆双语教育政策有效执行的前提条件，对于双语教育政策的调整和创新具有重要作用。必须根据当地实际情况，制定切实可行的、有利于培养少数民族骨干及高层次专业人才的双语教育政策。新疆双语教育政策的成功落实必须依托一个有利的经济环境。与此同时，新疆需要根据少数民族地区经济发展状况对双语教育政策进行不断的评价、反馈、改革和创新，力求对新疆民族教育发展起到引导作用。

三、社会、人口、文化环境对少数民族双语教育政策的影响

（一）新疆少数民族地区的社会、人口、文化环境情况

新疆是一个少数民族聚居的地区，居住着汉族、维吾尔族、哈萨克族、回族等56个民族。各民族分布广泛，呈现“大杂居、小聚居、交错杂居”的特点。2007年新疆少数民族占新疆总人口的61%。其中，少数民族中以维吾尔族人数居多，并主要分散居住在新疆南疆各地。各民族所使用的语言分属阿尔泰语系、汉藏语系和印欧语系下的语族，如突厥语族（维吾尔语、哈萨克语、柯尔克孜语、乌兹别克语、塔塔尔语）、汉语族（汉语）、蒙古语族（蒙古语、达斡尔语）、满-通古斯语族（满语、锡伯语）等。

由于历史、地理等因素的制约，相对中东部地区而言，新疆生产生活方式、思想观念等仍相对落后，深受传统观念的影响，较为保守和封闭，对外来文化、新的思想观念等必然存在排斥和抵制。新疆少数民族受传统观念以及不同教育价值观束缚，严重影响其教育需求和受教育程度。当

前，国家之间、地区之间的竞争方式逐渐趋向于隐形的、潜在方式，而非外在的、凸显的方式。语言是文化的载体。因而，少数民族双语教育无疑是民族地区求发展，获得其核心竞争力的方式之一。

（二）新疆少数民族地区的社会、人口、文化环境情况对双语教育政策的影响

新疆民族地区社会、人口、文化情况对少数民族双语教育政策具有直接影响，且多种因素相互作用，直接制约着双语教育政策的定位、制定、执行、评价及完善。

第一，新疆各民族聚集呈现的“大杂居、小聚居、交错杂居”的分布特点决定了新疆双语政策必须因地制宜。新疆中小学双语教师 18159 人。农村小学汉语教师 8781 人，占小学汉语教师总数的 80.23%，农村初中汉语教师 4742 人，占初中汉语教师总数的 78.78%；农村高中汉语教师 205 人，占高中汉语教师总数的 17.16%。在新疆中小学汉语教师中 17091 人为少数民族教师，占汉语教师总数 94.12%。[①] 可见，农村小学和初中汉语教师占较大比重，而高中汉语教师比重较低。同时，新疆民族地区双语教师不仅存在数量不足和配置不合理状况，质量也存在一定问题。这要求双语教育政策制定不仅要考虑双语教育资源统筹问题，还应不断加大双语师资培养力度，提高双语资源利用率，促进双语教育政策有效实施。

第二，新疆多样化的民族语言文字和文化，有利于民族文化遗产的继承和发扬，同时也在一定程度上增加了少数民族双语教育政策贯彻和实施的难度。民族文化是少数民族多年历史发展传承和沉淀下来的，它渗透于民族精神、生产生活、风俗习惯及思想观念中。新疆 13 个主要民族大都具有自己的语言，有的甚至拥有自己的文字，使得民族之间的沟通与交流以及双语教育政策实施带来一定的难度。因此，在双语教育政策制定中，既要充分尊重民族习俗，设置多样化双语课程与教材，又要改变不利于民族学生汉语学习的传统观念。双语教育培养“民汉兼通”少数民族人才的目标，其实质是促进各民族共同团结奋斗、共同繁荣发展，实现中华民族的伟大复兴。双语教育政策的制定及实施需要充分尊

① 柳惠．少数民族地区中小学双语教育师资问题及对策［J］．教学与管理，2008（27）：34-35.

重、保护并利用民族语言和文字。

第三，从人力资本学的研究来看，语言是人力资本的一个构成要素，与个人的市场价值密切相关。第二语言技能和其他通过正规教育获得的知识和技能一样，很大程度上反映了劳动者的受教育水平、综合素养和发展潜能。[①] 新疆少数民族地区人力资本尚有待进一步挖掘，而其中民族学生双语教育的广泛深入开展直接关系到新疆人力资本的质量和水平，也直接影响到新疆经济社会的整体发展。新疆少数民族的双语教育政策的制定和实施，对于新疆人力资本个人价值和社会价值的提升意义重大。

四、自然生态环境对少数民族双语教育政策的影响

（一）新疆少数民族地区的自然生态环境

新疆地处我国西北边疆，居亚洲内陆，西跨帕米尔高原，面积 166 多万平方公里，约占全国总面积的六分之一，是我国面积最大的一个省区。特殊的地理位置和丰富的自然资源为民族经济发展创造了条件，但也存在着许多劣势。其一，新疆可利用的土地十分有限，沙漠面积占全国沙漠的三分之二，山地面积占新疆总面积的 44%，这严重制约了新疆农业经济乃至整个经济的发展；其二，新疆自然条件较差，降雨稀少，年温差和日温差极大，大陆性特征极为显著。新疆南疆风沙较大，春秋季节常有沙尘暴天气，新疆北疆冬雪较多，春秋多大风，春季低温常导致春旱；其三，新疆地广人稀，人口布局分散，各民族居住呈现“大杂居、小聚居”的特点。

（二）新疆少数民族地区的自然生态环境对双语教育政策的影响

首先，新疆地广人稀的现状给学校布局造成困难，这就给双语教育政策的有效贯彻落实带来弊端。尽管在学校布局进行调整后，少数民族子女入学难度有所减少，但由于自然地理条件的制约，致使办学规模受到极大的限制，办学成本大为提高，办学效益和质量难以保障。其次，艰苦的自然条件，尤其新疆南疆偏远地区，双语教师队伍建设问题堪忧。双语教师数量供不应求，结构也欠合理，双语教师队伍的稳定问题显现出来。再

① 李霄翔，黄虹．双语教育的经济动因探析［J］．学海，2007（02）：190-193.

次，封闭落后的自然环境也导致了新疆少数民族群众思想观念封闭、落后，使他们仅仅满足于自给自足的自然经济状态，教育对其生活的影响很小，“教育无用论”观念普遍存在。近年来，随着少数民族观念的改变，很多少数民族认为学习国家通用语言文字才有好的前途。因此，作为政策制定者和执行者，应充分考虑学校、家长及学校的意见，协调各方的利益，从而不断完善双语教育政策。

总之，在西部大开发深入推进背景下，抓住机遇，针对地区环境的特殊性，制定适切的双语教育政策对新疆的发展至关重要。因为这既是新疆实现跨越式发展的要求，是国家和民族利益需要，也是加快新疆民族地区经济发展、社会稳定的重要途径。少数民族双语教育政策制定者及政策实施者只有针对新疆特殊的政治环境、经济环境、社会和文化环境及自然生态环境制定出动态的和系统的、具有较强的实践性和操作性的少数民族双语教育政策，才能不断地提升少数民族双语教育的质量，促进新疆各民族教育文化水平的整体提高，推动新疆跨越式发展。

第四节　“教育优先区”视角下新疆民族教育优先发展策略探讨①

自 1967 年英国的贺尔西教授在普劳顿报告中最先提出“教育优先区”政策后，数十年来，英、法、美及中国台湾地区都在积极倡导教育优先区计划的实施，先后采取“补偿教育”和“积极差别待遇”等理念，使教育不断向均衡状态发展，以促进教育公平。这一创举在 20 世纪后期世界范围内产生了巨大的影响，不少发展中国家和少数民族地区也因地制宜，利用效仿、改进等手段，通过对贫困或少数民族地区学龄儿童提供教育补偿和倾斜政策，使各级教育中的各阶层学生基本处于公平竞争状态。本节试图通过对发达国家和地区多年来实施教育优先区政策制度及实施成效进行分析，以期为新疆民族教育发展寻求有益的启示，提出可行性较强的方案和建议。

---

① 本节作者蔡文伯、韩琦，载于《青海民族大学学报》2014 年第 3 期。

一、“有教无类”——教育优先区理念与政策

（一）教育优先区理念的提出

20世纪60年代，随着经济和社会的快速发展，英国政府十分重视教育的过程、内容及结果的机会均等。基础教育普及程度日益提高的同时也带来了一个严峻的问题：不同阶层、不同家庭环境的学生由于在水平不一的学校或地区完成学业，处于贫困或劣势学校和环境的学生与发达地区学校生源产生了较为明显的学业成绩差异。为解决这一问题，贺尔西教授设计了“教育优先区”方案，根据本国具体情况优先发展受制约区域。这个方案正是基于“积极差别待遇”的理念，即一种弱化的人道主义方式①，对一些教育条件、文化及背景处理不利情况下的地区和学生加大教育资源投入，使其与非教育优先区的学生的教育效果尽可能无限接近，缩小差距，实现教育均等。建议政府采取主动干预方式，选择一些物质和经济上相对最为贫困的地区，优先予以改善，给予特别补助或优厚待遇，以求教育机会均衡。方案一经提出，便引起了民众广泛的支持和回应，英国政府及时采纳方案并作为政策组织实施，为教育不利地区学生提供相应补助。

有了英国的经验，法国基于“知识面前人人平等”的思想，坚持“给予最匮乏者更多，特别是更好”的理念，于1982年开始划分“教育优先地区”，在学业失败率较高的城市或乡村划分出相应的地理区域，目的是为那些来自贫困地区的学生提供一种特殊的教学指导，为那些条件差的学生提供最大的帮助，以弥补因社会和经济地位的不同而造成的教育差异。②

大多数学者认为，美国的“补偿教育”是英法“教育优先”的另一种说法。从政策制定的具体方面来看，其实施方案与英法两国实行的积极差别待遇以实现教育机会均等呈大同小异之势。由于20世纪60年代美国的民权运动轰轰烈烈地展开以及第二次世界大战后呼吁民族教育和教育公平的情绪日益高涨，基于“教育机会均等”的思想，詹姆斯·科尔曼（James Coleman）经过对公共教育制度耐心评估和详细调查，形成著名的《科尔曼报告》，这份报告对后来的“补偿教育”政策及实施产生了十分深

① 万明钢.“积极差别待遇”与“教育优先区”的理论构想：西部少数民族贫困地区教育发展途径探索［J］. 教育研究，2002（05）：21-25.

② 孙霄兵.推进教育优先发展政策与制度建设研究［M］. 北京：教育科学出版社，2010.

刻的影响。并将民众对于“教育起点公平”的追求逐渐扩展到“教育过程公平”和“教育结果公平”①。中国台湾地区根据上述三国执行教育优先区政策的成功经验和失败教训，在同样基于教育机会均等及社会机会均等的理念基础上，用以保障教育阶段的儿童皆能获得相当水准的教育环境，用以提升个别学生的学历及整体民众教育的品质，以此作为当前民众教育的重要政策。

（二）教育优先区政策设计

就在教育公平思想日趋被提倡的同时，英国政府允许私营工商企业、学校、家长、地方当局和当地其他教育机构申请成立“教育行动区”，而不允许地方教育当局或公立学校单独提出申请。英国当局相关负责人以此为标准实施了对教育优先区的补助政策②，诸如施行不超过 30 人的小班额教学；给予教育优先区教师每年 120 英镑的额外津贴；推进校舍翻建和硬件设施充实工作；增设幼儿园；壮大教师队伍并配备教学助理等。这些优惠政策在一定程度上凸显了英国提高国内整体教育水平，改善积贫积弱地区教育条件的决心。每个区域所属学校不得超过 20 所，通常包括 2—3 所中学及为其输送生源的小学。同时政府在经费方面也加大投入，除日常开销外向这些地区提供 25 万英镑追加拨款。在人事方面，教育优先区可自行聘请校长和优秀教师任教，也可聘请学科专家对该区最后两个年级的教学进行巡回指导。在课程方面，该区可以不受英国政府所实施的统一课程标准的约束。

在这一政策制定的过程中，究竟什么样的地区可以被划分为“教育优先区”成为民众关注的热点。为此，英国政府制订了一系列教育优先区的评价指标。其中，包括以下一系列因素：儿童家长所从事的职业多为非技术性（劳动性）或非职业性的；家庭人口较多；依赖社会福利津贴较多者；智能不足、身体残障与问题行为出现率较高者；单亲家庭或离异家庭较多者；儿童或其家长的母语为非英语家庭等。③ 同年，法国政府出台一

① 戚姝婷．美国补偿教育计划对我国民族教育优先发展的启示［D］．重庆：西南大学，2011.

② 高卉，左兵．英国教育优先区政策对中国少数民族地区教育启示［J］．民族教育研究，2007（06）：110-115.

③ 万明钢．“积极差别待遇”与“教育优先区”的理论构想：西部少数民族贫困地区教育发展途径探索［J］．教育研究，2002（05）：21-25.

系列针对教育优先区相关优先政策，力争从强化早期教育、实施个别教学、扩大校外活动、保护儿童身心健康、加强教师在职培训等方面使该区教育教学质量得以进一步提高。

而美国所实施的“补偿教育”几乎囊括了包括语言、人种、民族、经济及生活等社会各个发展方面。其中，包括黑人儿童补偿计划即允许黑人和白人儿童同校学习以终结种族教育隔离；为了解决儿童文化困境，增强学校文化建设和基础设施建设的更高视野计划；保障低收入家庭儿童营养质量和学习能力的免费午餐计划；保证英语为非母语的儿童不受语言障碍影响的双语教育计划以及接纳残障儿童入校就读的残障儿童补偿计划等。①

中国台湾地区在指标体系建立之初详细调查当地实际情况，坚持因地制宜、因材施教的目标策略划分教育优先区。其中，划分标准中包含诸多评价指标②：学龄儿童流失严重、教师流动性大、入学儿童学习困难、学前教育基础薄弱、非父母教养、辍学率高、问题少年高危人群聚居区、离岛地区、地质灾害频发区及少数民族地区等。这些标准的划定使台湾地区教育落后和教育机会较少的人群和地区基本都纳入教育优先区保障体系。为使政策实施更为有效便捷，将其量化为简易指标，用以鉴定补助对象。中国台湾地区所施行的补助项目主要有：开办附属幼稚园或社区资源教室；推进亲职教育及学校社区化教育活动；加大课后课业辅导经费投入；充实相关设备；兴建偏远或离岛地区师生宿舍；改善特殊地理条件不利之学校环境；补助学校办公车或交通费用；提供学龄儿童午餐补助；充实技艺教育设施及优先分配师范院校及教育学程公费生前往实习服务等。

（三）英、法、美及中国台湾地区政策选择动因比较

英、法两国划定教育优先区的动因和标准虽然截然不同，但对提高区域教育发展起到了促进作用。法国政府根据一定的社会经济标准，把城市和乡镇划分不同的区域，某些人口来源、文化背景颇为复杂，存在严重社会问题等达不到标准的地区被划为“教育优先区”。英国政府基于某地学生学业成绩低下的现实，将“教育行动区”设在需要特别支持的城镇和乡

① 李艳，杨川林．美国补偿计划教育述评兼谈对我国基础教育公平的启示［J］．内蒙古师范大学学报：教育科学版，2006（06）：25-28.

② 周霖．台湾推动教育优先区的目标与策略［J］．世界教育信息，1996（09）：1-3.

村地区。美国首先划分受资助群体，通过对该群体对象实施重点资助来达到相对公平。虽然不是像英法一样按照自然或社会地理划分区域施以优惠，但却取得了更为全面和广泛的效果。这些覆盖贫困、民族聚居区域或各阶级民众的政策为其他教育发展中国家提供了很好的借鉴。中国台湾地区于20世纪90年代开始该计划的制定和执行，因此博采众长，不仅涵盖了美、法、英三国对于地理区域和弱势群体的考虑，更是加大了对处于不利地位的教育和文化社区进行的补偿力度，增加了因交通因素带来不便的车辆使用补助，还对职业教育和技能教育进行重点扶持，并且将地理、人口、文化、社区建设及经济发展等情况综合考虑在内，提高该计划的可行性和实施成效。

二、“千回百转”——教育优先区政策实施的历史沿革

（一）英国教育优先区政策的推广与变迁

1968年后，英国政府率先在伯明翰、利物浦等四个不同地区优先建立教育优先区实验点，在实验过程中为教育优先区政策的执行效果提供可行性参考意见和建议，实验收到了较好的成效，民众对政策施行也产生了良好的回应。政府当即决定在全国范围内施行该计划，并将大部分执行权利下放到地方教育局，由教育相关部门根据当地情况设定评估指标，并由此划分出教育优先区，上报至英国当局，并以此为标准下拨教育经费补助。然而，在执行过程中地方当局并没有完全领会和认识到中央政府提出划分教育优先区的真正目的和策略。在对评价方式和指标制定的认识上还存在较大的差距，因此评估指标不尽相同，上报的区域及学校数量明显多于中央政府的估算，下拨经费不足，导致该计划推进从一开始就遇到了瓶颈。1972年后，该计划实施一段时间后，由于下拨经费不足，评估指标模糊不清，审核程序漏洞颇多，计划连贯性较差，部分经费不知去向等原因，政府对该计划的诸多提案遭到来自各方面的质疑，甚至部分方案直接遭到否定，教育优先区计划在英国举步维艰。截至20世纪70年代后期，中央政府的统一监督和管理制度缺失，各地教育局过分掌握教育优先区政策制定和执行主动权，导致教育机会不均等加剧，违背了最初想要实现教育均衡发展的初衷，“教育优先区”也逐渐被“社会优先”“教育不利”等名词

取代①，教育优先区政策就此搁置，不再被执行。但是，追求教育机会均等的理念和思想并没有因此而停滞，直到现在这一计划政策在英国的很多地方仍然受到一些地方政府及教育爱心人士资助，不断地完善和发展。对英国的现代教育产生了正面良好的影响。

（二）法国教育优先区政策的演变与发展

法国在1981年提出建设教育优先区的设想，并于同年明确指出该计划政策旨在提升学业失败率较高地区教育水平，纠正教育和社会不平等之风。政策一经出台并没有得到民众的一致好评和相关人士的良好回应。不少教师和地方教育当局认为这是中央对地方教育的严重干涉，不仅不会实现教育过程和结果平等，反而会打破学生和学校之间已有的平衡关系。鉴于遭到强烈反对的呼声，政府不得不在年底宣布计划执行准备不够充分，全面暂停实施教育优先区政策。计划搁浅的近十年间，由于几任教育部长的不重视导致该计划在1998年才重新进入法国民众的视线，时任基础教育部长同年7月提出建立“教育优先网络”，在教育优先网络建立后的几年，出身贫寒家庭的学生进入大学的比例从以往的4.5%提升到13%左右，教育优先区个数达到700余个。其中，包含近万个小学和千余中学，目标群体惠及67万余中小学生。该计划实施20年来法国教育优先区的基础设施和教学硬件建设等方面得到了明显的改善，师生比例也比起非优先区有所下降。但对于降低教育优先区学业失败率的初衷却没有实现；相反，这些区域的学业失败率还是明显高于教育资源优质地区。因此，社会各界人士讨伐声不断，有人认为教育优先区的划分加剧了“弱者集中效应”，既将弱势群体集中化，优先区内的优势群体从计划中抽离，致使政策目标群体劣势加剧，差距进一步拉大，社会分离现象日益严重。② 法国的教育优先区政策执行一直处于进退两难之中，值得庆幸的是中央政府并没有放弃，而是一直探索在曲折中发展前进的道路，不断调整策略，进一步加大教育经费投入，注重师资培养和社区文化建设。这样看来，法国追求教育公平和机会均等的步伐从来没有停止过。

---

① 高卉，左兵．英国教育优先区政策对中国少数民族地区教育启示［J］．民族教育研究，2007（06）：110-115.

② 王晓辉．教育优先区：“给匮者更多”：法国探求教育平等的不平之路［J］．全球教育展望，2005（01）：73-75.

（三）美国补偿教育计划的成功与经验

美国的补偿教育计划在减少儿童学业失败率上做出了很大的贡献，从不同方面吸取了法国的经验和教训，不仅靠增加基础设施投入来完成受补偿地区的表层化建设，而是注重学生学习能力的培养，使学生的学习能力有了大幅度提高，进入低能或“特殊照顾”的班级的学生也明显减少。此外，美国儿童的行为问题率在补偿教育计划实施之后也有了明显的改善，大多数儿童的学习态度得以改观，也使那些从一开始就处于劣势的学生有了改变生活的乐观精神，对追求和其他孩子一样美好的生活充满了信心。但补偿计划在实施过程中也遭遇了很多问题，首先，受补偿区域和学校学生最初相比于其他儿童存在较大认知偏差和学业失败率较高的现状，但在政策执行过程中并没有做到因材施教，导致学业失败率一开始高居不下。其次，美国政府也重蹈英国的覆辙，将过多权力下放到地方教育局，联邦政府只负责宏观调控，不做过多干涉，这造成各州经费投入不均，严重限制教育过程和结果均等的实现。再次，补偿教育计划一直缺乏主导的中心思想，各地区没有可以保证成功的有效施行模式，各州教育教学效果水平良莠不齐，导致整体不均衡加剧。

（四）中国台湾地区教育优先区特色的建构与战略调整

中国台湾地区在通过长期的模仿、借鉴各国经验后最终制定了一套具有浓厚本土特色的教育优先区计划。台湾专家组在对政策实施进行评估的过程中发现，下拨的经费并没有在规定时间下拨到教育优先区和指定学校手中，这使得计划辖区内学校优先发展计划难以及时有效地展开，待到经费下拨时再展开，原本的计划时间大幅度压缩，实施效果大打折扣。除此之外，经费名目较模糊，不能做到专款专用，导致大部分经费不能为教育优先区建设所用。在投资过程中过于注重硬件设施建设，软件补助环节还较为薄弱，优质教师和生源流失率依然保持在较高的水平。[①] 近几年来，中国台湾地区经济的跨越式发展和民众素质的快速提升，原有的补助指标体系和绩效考核方式却没有相应调整。所以，不断调整教育优先区划分依据和实施战略也成为中国台湾地区实施该计划的最重要任务之一。

---

① 李新乡，张俊钦．台湾地区教育优先区计划成效之研究［J］．上海教育科研，2006（03）：4-9.

三、“善善从长”——新疆民族教育优先发展策略的思考

（一）问题与反思

当前新疆民族教育事业虽处于蒸蒸日上，大力推进和发展阶段，但教育不均衡仍然是当前新疆民族教育面临的严峻问题之一。

在入学率及师生构成比方面，截至2011年①，新疆全区教育经费共投入462.87亿元。其中，农村义务教育阶段投入259亿余元，占新疆全区教育总投入的56%，小学净入学率已增至99.73%，普通中学在校学生也超过半数以上，但普通高等学校在校生的25万余人中，少数民族在校生仅占39.54%，低于2001年44%的水平，研究生比例依旧不超过10%。少数民族高等教育素质文化水平仍旧堪忧。近年来，民汉合校及双语实验班规模不断扩大，仅喀什地区双语班学生从2007年的7.43万人增长到2010年年底的18.2万人，年均增长率达48.3%，而双语教师从2007年的4696人增长到2010年的1万人，年均增长37.7%，双语教师缺口越来越大。② 由于师资数量和质量的不足导致教学质量难以提升，边远贫困民族聚居区岗位吸引力较弱，高水平师资多集中在乌鲁木齐、昌吉等教育资源优势地区，教师招聘困难重重。

在民族教育政策施行方面，国家和新疆维吾尔自治区政府始终坚持优先发展民族教育，不断加大少数民族教育投入，初步建立“以县为主”的义务教育投入保障机制，每年下拨专款1.9亿元用于免费义务教育工程，改善边远民族地区基础教育办学条件，制定《内地高校新疆少数民族特殊困难学生资助办法》给予合适对象以困难补助。2004年，新疆建立607万元专项资金用于国家助学贷款风险补偿等一系列政策制度，以推进各级少数民族教育事业顺利发展。然而，随着少数民族社会和主流社会的不断融合，民族教育政策环境也在历史和潮流的推动下不断发生改变，少数民族意识增强、人口流动、贫富差距拉大、教育观念转变等因素，使简单地增加资金投入已不是整体均匀提升民族教育质量的有效途径。

此外，政策系统连贯性差、执行力较弱、教学模式复杂、语言文化多

① 金建新主编．新疆统计年鉴［Z］．北京：中国统计出版社，2012.

② 李儒忠．双语教育十论［M］．乌鲁木齐：新疆人民出版社，2012.

元、地域较广、双语教育起步较晚、社区教育发展不利等一系列复杂因素，也致使新疆与国家中东部甚至新疆南北地区间的教育水平差距越拉越大，这要求我们的政策需要不断地根据实际情况进行调整，既要适应新疆全面发展的潮流趋势，又要借鉴国内外成功经验和思想，同时吸取英法等国政策实施过程中的失败教训，避免重蹈覆辙。

（二）借鉴与发展

所谓民族教育优先发展，是把民族教育事业作为全国教育事业和民族地区各项事业发展的重点进行优先发展。民族教育发展的不均衡，只有通过“积极差别待遇”或“补偿政策”规划才能做到各民族之间差距的不断缩小。国内外教育优先区政策对于少数民族聚居的新疆来说不失为一种好的教育方略。虽然我国现阶段相关政策和经验尚不完全，但是自改革开放和西部大开发以来，国家一直重点投入大量经费用于西部教育发展，在提高教育质量和保证学生入学率方面也实行诸多倾斜性政策，基于新疆作为受援地区民族教育文化事业也取得了显著的成就。教育机会均等的思想一直是我们所追求的目标，也是国内外教育优先计划的成效给我们带来的有效借鉴。具体策略规划可体现在以下几个方面。

1. 教育优先区划分标准

（1）按照民族聚居区划分。新疆民族聚居区多集中在喀什、和田、阿克苏及伊犁等地，而这些少数民族聚居区域也多集中在边境地区，边境地区人文环境具有一定的特殊性和复杂性，加之传统观念、民族心理和语言文字等方面造成的封闭和局限，这些地区文盲、半文盲人口总数占全国文盲总人口的60%以上。因此，在这些地方划分教育优先区是必不可少的。通过对聚居区单一少数民族人口数量和受教育程度按比例进行数理统计，达到相应比例的划分进入教育优先区。

（2）按照民族成分划分。新疆的少数民族多按照同一民族成分聚居在一起，诸如喀什、和田、吐鲁番的维吾尔族；阿勒泰、塔城、伊犁的哈萨克族；塔什库尔干、莎车、泽普的塔吉克族等，而更多的民族则在乌鲁木齐、昌吉、哈密、巴音郭楞蒙古自治州等地过着与其他民族一起的杂居生活。按照民族成分划分教育优先区，即侧重发展具有当地主要民族或数量相对较多民族语言文化特色的双语教育，形成独具风格的教育文化模式和先进的民族教育体系。

（3）按照自然地理环境划分。新疆位于祖国的西北部，其塔克拉玛干沙漠和天山、阿尔泰山山脉将新疆分割为两块盆地，河流周边还有许多星星点点的绿洲。割裂分散的地理环境造成学生难以享受到同等教育条件的尴尬局面，如叶城、皮山、策勒、于田、民丰、伊吾、阿克陶、阿合奇、青河、塔什库尔县等各级各类民族学校，尤其是义务教育阶段及学前教育幼儿园和教学点，因生态环境恶劣和自然地理条件限制，寄宿制学校和九年一贯制中小学一直难以完善建立起来。因此，应将处于恶劣自然环境的区域划分进入教育优先区，使该区域享受到优质的教育资源和学习环境，并利用教育优先发展机遇改善教育生态环境。

（4）按照社区发展程度划分。在《国家中长期教育改革和发展规划纲要》中，国家将终身学习理念、社区教育纳入其中。新疆根据建设全民终身学习体系要求，创建了一批学习型家庭、街道、企业等学习组织，截至2010年年底，新疆现有的153个街道办事处、1742个社区范围内，已建成全国社区教育示范区2个，全国社区教育实验区3个，乌鲁木齐、昌吉、阿克苏、奎屯、哈密、库尔勒等在内的12个自治区社区教育实验区。但部分民族聚居社区由于家长等问题导致学龄儿童入学率低，学业失败率高，社区教育发展规模和程度仍然与实验区存在很大的差距，将问题较多的社区划分进入教育优先区，深入开展家庭、学校和社区教育一体化活动，为社区教育注入终身学习思想，利用社区发展优势提升该区儿童实现教育过程和结果均等。

（5）按照贫困受援程度划分。新疆按照贫富程度分地区、县、乡、村共划分了六个级别。其中，四类、五类、六类贫困地区经济发展落后，民众生活水平低，教育质量由于家庭经济条件差、未满足国家最低保障收入家庭数量众多、当地教育条件和环境吸引力不足等各方面原因一直难以有所起色。将这些贫困地区率先划分进入教育优先区，根据受援情况确定教育优先区等级，由支援地区和政府财政共同提供支持。

此外还应依据人口数量、现有教育资源、经费投入、教育需求等因素综合考虑教育优先区的划分标准，制定出详细的评估指标，由中央政府主要负责，新疆维吾尔自治区政府具体执行，定期进行考察和检验，划分出真正能够促进教育公平的教育优先区域，为民族教育质量提升做出贡献。

2. 教育优先区政策导向

曾天山在教育优先发展理论中指出：“我们应摒弃优先发展理论就是

投资优先发展的错误观念，变增量式为挖潜式，破除体制性障碍，确立理念、政策和法规的全面优先思想。”① 而目前新疆民族教育发展依然主要依靠国家不断注入资金来支持“硬件”设施建设，出台众多“优惠政策”来推动少数民族教育的前进，只是“授之以鱼”而不是“授之以渔”，这使得许多少数民族产生了依赖和脱责心理，这对新疆民族教育事业科学可持续发展十分不利。

（1）利用西部重点开发扶贫地区、喀什经济特区、乌鲁木齐头屯河经济技术开发区等地区的自身优势，基于区域内已有学校基础建立教育优先区实验点，由喀什二中、六中及乌鲁木齐第六十九中学等牵头争当优先区表率，带领其他偏远和农场学校努力促进各项任务和指标的完成，在地区整体发展的过程中优先发展教育事业，经济发展福利带来的效益可部分使用在当地教育设施建设和文化资源投入中，完善和推动以经济特区建设为基底的教育优先区进步，也为其他地区全面推行该政策提供良好的意见和建议。

（2）新疆已有北京、上海、广东等 19 个省市全面实施对口援疆计划，以北京大学、清华大学为首的中东部地区 41 所重点高校对口支援疆内各级各类学校，将对口支援区与受援地区教育体系和教学模式连为一体，结合本区教育实地情况和文化特色，利用发达区先进教育理念来指导受援区教育质量提升，效仿和借鉴发达区教学成果，通过合作建立优先区“民族教师一体化培养方案”“寄宿制学校发展计划”“统一教材建设计划”“民族校本课程开发计划”等，在对口支援高校中设立教育优先区对口专业，定向培养高层次骨干人才。采用高等教育带动基础教育的方式，给予民族地区普通高等院校硕士博士研究生培养名额，发展优先区所急需的师范生、经济类、管理类、思想政治工作者等专业，学生毕业后作为高等教育塑造出的优秀生源反哺家乡，通过高等教育实现西部优质人力资源培养计划。使用“城乡捆绑”模式，新疆区内优势教育资源拥有者为优先区提供困难帮扶，建立城乡间互助的长效机制，启动基础教育“点对点”帮扶实验计划，例如乌鲁木齐市一中、八一中学等新疆示范性中学对南疆四地州五类以上贫困县部分民族中小学施行全面帮扶，建立教师互换、优等生插班、网络资源共享、教育管理者培养等机制，实现以点带面，形成可行性较强的全新教育体系。响应国家号召重点普及义务教育，政策向基础教育倾斜，做好基础教育阶段全方位保障工作。

---

① 曾天山．教育优先发展是实现现代化的根本大计［J］．教育研究，2008（11）：45-50.

（3）保障经费投入，提高政府和地方投资效益。确保教育优先区的硬件设施投入、危房校舍翻修及互联网信息工程进入乡村学校等工作。同时，为贫困地区儿童提供免费午餐补助和牛奶营养计划，减轻贫困区家庭教育负担。始终坚持“师资优先”的理念，利用本土资源对当地师资进行系统化培养，给予优厚福利待遇引进优质教师力量，为当地学校教师队伍建设补充新鲜血液。坚持为教育优先区学校校长提供更多的经费自主使用权和校本课程设计经费等，提升学校竞争力。各自治州、县政府可以通过收取教育税费、非义务教育阶段学杂费，发动社会公益组织和新东方、新华等教育集团对优先区教育的投资，申请中央专款专项专用，设立中央彩票公益教育优先区发展专项基金等，同时提高投资效益，建立长期经费投资监督检查小组，确保中央和地方政府及社会组织经费投入真正用于优先区软硬件建设。

（4）加强优先区内社区教育能力和资源建设，健全城乡社区教育网络体系，推动各级各类学校和公共文化基础设施向社会开放，促进社区各种学习资源的优化整合，搭建开放、方便、灵活、互助的学习平台，完善社区教育保障机制以及加快社区特色教育课程开发，丰富社区教育活动内容，将民族社区教育和低保家庭同时纳入教育优先区保障体系，提供相应的经费资助，对成绩优异者给予不同等级的奖励。最终实现优先区少数民族终身学习体系的全面建立。完善远程网络教育体系建设，尽快实现新疆南疆偏远贫困学校网络通畅，尽可能保证每位教师和学生都能够周期性享受计算机和网络所带来的教育体验，利用发达地区经验和对口支援地区资源发展远程教育和师资培养，系统录制各学科远程网络公开课供优先区师生观摩学习，选拔高水平计算机网络工程师前往优先区定期为学校师生开设网络资源应用相关课程。

（5）充分发挥《中华人民共和国教育法》总则中提到的“教育是社会主义现代化建设的基础，国家保障教育事业优先发展”的有利条件，建立教育优先区发展的法律保障体系，制定《教育优先区固定资产管理办法》《教育优先区师资培养管理条例》等相关法规，有效保证教育优先区建设和发展过程中的秩序性和规范性。

教育优先区政策在众多国家历经数十年探索中获得了一定的成效和宝贵的经验教训。对正处于盘旋上升的新疆民族教育事业发展来说，这一政策若是得以有效实施，便能带动新疆整体教育质量的提升，并且迈上一个新台阶。

第四章　双语教育的标准与建设

教师专业标准是双语教育政策的重要组成部分，能有效提高政策执行力，明显提升政策的实施效率，既是保障双语教育政策得以持续推进的有力支持，也是完善双语教师政策的迫切要求。自新疆推行双语教育以来，先后有14余万人跻身新疆双语教师行列，但还没有一个统一的标准和基本规范。在经济快速发展和社会转型时期，构建科学而实用的双语教师专业标准有利于新疆双语教育事业的进步和发展。

在新疆少数民族地区普通中小学校中，少数民族汉语教师专业水平对汉语学科教学乃至其他学科的双语教学工作都起着重要作用。新疆少数民族双语教师队伍建设中主要存在教师流失严重、教师专业发展水平滞后、教师培训缺乏实效性等问题。深入探究少数民族汉语教师的专业发展水平发现，毕业专业不同、职称不同、教育从业年限不同、汉语水平等级不同等都影响着教师的专业水平。对于新疆中小学双语教师来说，专业标准的制定对于其职前培养、入职教育和职后培训都有重要的作用。科学的专业标准可以有效指导新教师的专业性和方向性发展，提升专业素质和能力。

针对以上问题，基于自身教育身份的双重性和特殊性，应在教师专业标准的要求下，遵循双语教师专业标准的原则，制定满足国家和自身需要的行业规范和准则，贯彻终身学习教育理念，建立少数民族汉语教师专业发展保障机制，完善少数民族汉语教师招聘和职前培养，以促进双语教师专业发展，建设高素质教师队伍。

第一节 新疆莎车县双语教师队伍建设的问题与对策①

一、问题的提出

教师作为知识技能的传授者，道德品质培养的引领者，在学生成长中发挥着不可替代的作用。没有一支高素质的师资队伍，就不可能实现教育质量的提升，教育落后的局面就不可能得到改善。作为新疆少数民族聚居区，基础教育发展滞后、办学条件相对较差、师资力量不足和水平不高等多重因素的叠加，使得新疆南疆教育明显落后于其他地区，呈现复杂性的特征。教育者肩负着重大责任，既要成为文化知识的传授者，又要成为民族政策的宣传者、民族团结的引导者、学生安全的守护者，对于反对分裂、维护社会稳定起着重要的堡垒作用。近年来，越来越多的学者选择新疆南疆作为调研地点，开展教育问题研究，但研究主要聚焦在双语教育现状及问题上，针对新疆南疆地区师资问题的研究比较少。因此，笔者认为以新疆南疆双语师资为研究对象具有较大的研究价值。莎车县作为喀什地区一个重要的人口大县，在喀什所辖的12个县市中具有代表性，笔者于2014年3月前往莎车县开展相关调研，以期全面真实了解莎车教师队伍发展中遇到的问题，并结合当地实际，提出具体的对策思考。

二、新疆莎车县双语师资队伍建设中存在的问题

近年来，我国实施了一系列重大教育发展项目，如在发达地区开办新疆班，对口支援西部贫困学校、西部农村中小学现代远程教育工程、特岗教师计划等，使自治区少数民族教育事业取得了一定的成就，教育落后的面貌得到一定程度的改善。莎车县教师队伍无论从数量上还是质量上较之前期有了很大程度的改善，但仍存在一些问题，主要体现在以下方面。

---

① 本节作者常璐、蔡文伯，载于《双语教育研究》2014年第2期。

（一）教师流失问题

通过对10余所县级、乡级、村级中小学校的走访调查及对教育局人事领导的访谈得知，莎车县师资队伍建设中面临的最大难题就是教师流失严重。通过调查，这些教师大致分为以下几类：第一类为人才引进的教师。人才引进是新疆南疆地区吸引高素质人才的重要途径，教育系统也不例外，相关部门工作人员会前往中东部地区一些师资质量高的师范院校进行现场招聘。这些教师会以人才引进的方式补充到教育系统，但其流失的比例约占总数的60%。一位人才引进的教师告诉我们，他们离开的原因主要是自然环境恶劣、福利待遇不高、工作压力过大等。通过调查得知，引进的教师大多数会在3个月内离职，不到10%的教师能长期坚持下去。这些教师来自师范院校，能够顺利开展教学工作，胜任力较强，是优质师资的重要组成部分，他们的离开对莎车教育发展进步无疑是一大损失。第二类为在乡村支教的汉族教师。乡村各方面条件较为落后，且所处地理位置较为偏僻，生活不便。这些教师多为莎车本地人，或来自周边的县，但生活环境因素、家庭因素、交通因素等方面的影响使得他们不愿意长期留在乡村学校，他们的离开既影响双语授课科目的顺利开展，也影响汉语教学质量，加重其他在岗汉族教师工作负担。第三类为家乡不在莎车县的少数民族教师。他们多通过“特岗教师考试”被调剂到莎车县，能够适应这里的文化习俗，了解这里的风土人情，但是他们归乡意识较为强烈，在工作调动存在诸多困难的情况下，许多教师选择辞职。在对一位特岗教师的访谈中，得知这位教师曾经就读于“新疆区外高中班”，以高分考到了天津师范大学，汉语表达非常流利，于2014年通过特岗教师考试被调剂到这里，他表示自己会申请调换工作到自己的家乡阿克陶县，如果不顺利，会辞职参加来年的特岗教师考试，以便能回到家乡，像他这种情况的教师在他们学校不在少数。

（二）教师专业发展水平滞后

新疆南疆少数民族地区特殊的历史文化环境和恶劣的自然环境难以留住优质师资，普遍存在教师队伍专业发展水平滞后的现状。在笔者调查的10余所中小学教师学历情况中发现，现存教师队伍出现学历普遍偏低的现状，30岁以下的教师第一学历78%为大专及以上学历，30岁以上教师

80%为中专学历。从毕业学校类别来看，80%的教师为非师范生，一些教师所学专业为建筑学、药学、农学等，对教育学和心理学知识从未进行过系统的学习，很难正确分析理解教育现象，很难领会教育方针理念，无法及时了解不同阶段学生身心发展的情况。另外，教师大多数通过“民考民”进入高等学府，普遍存在汉语水平不高、专业知识掌握不牢固的问题，在进入一些对专业要求高、技术要求精湛的工作单位无望后，不少学生会选择参加录用门槛相对较低的教师招聘考试。一些教师难以达到素质教育所要求的基本技能，难以达到教学改革中所提出的标准，普遍存在教学设计能力、课堂管理能力、组织能力、多媒体运用能力等偏低。一些少数民族双语教师没有认识到教案对于教学设计能力培养的重要性，课堂管理能力不强，很难吸引学生投入课程学习。近年来，我国加强教育援疆力度，作为莎车县对口支援城市，上海市为课堂教学提供了先进的多媒体资源，然而笔者发现教师很少将其运用到教学中，导致教育资源的浪费。

（三）教师培训缺乏实效性

教师培训是提高教师素质，实现教育全面、快速、均衡、和谐发展的需要，实现培训的实效性是教师培训的出发点和落脚点。① 莎车县30岁以上教师第一学历多为中专或高中学历，迫于提高职称的需要，他们通过自学考试或者函授取得大专及以上学历。此外，少数民族教师中大多数都曾经是“民考民”考生，相关高考加分政策虽然体现了国家对少数民族的大力扶持，但也一定程度上制约了他们最大限度地挖掘潜能。这些教师普遍存在专业知识掌握不牢固，汉语表达能力不强、学习积极性不足的特点，无法满足现阶段对双语教师的专业要求，相关双语课程无法正常开展，在少数民族地区开展双语教育的政策要求也就无法完成。根据联合国儿童基金会（UNICEF）项目专家对我国贵州、广西两省区两个县教师培训状况的调研，只有3.6%的农村教师参加过国家级培训，参加过省级培训的不到15%。② 边疆地区由于教育经费缺乏，对教育关注度不高，教师参加培训意识不强等原因，教师培训机会较少，很多教师甚至没有进行过一次系统的培训。除了教师培训机会少，现存教师培训中还存在教师培训针对性不强、

① 曾能建．教师培训的实效性研究［J］．教育评论，2010（01）：75-77.

② 唐开福，黄得昊．边疆民族地区教师队伍建设的主要问题与对策思考：以云南省G县为例［J］．基础教育，2014（01）：90-96.

培训实效低等问题，这样教师通过培训提高专业水平的机会就被剥夺。

新疆维吾尔自治区于2003年9月开始实施《支援新疆双语教师方案》，于2004年3月启动《新疆中小学少数民族双语教师培训工程》。2007年，自治区将培训期限由一年延长至两年。经过两年左右的培训，用汉语教授专业内容对少数民族双语教师而言仍具有极大的挑战性，60%左右的双语教师仍然不能胜任双语教学工作。从培训模式来看，中小学教师的培训主要以地、县为主，主要有以下五种形式：一是利用寒暑假时间对教师进行专业知识方面的培训；二是进行定期的脱产培训，以“民考民”理科教师的汉语培训和短期进修为主；三是对口支援教师的业务培训，包括对汉族教师的民族语言培训；四是在岗“一帮一”结对子培训；五是在岗业余学习，主要以教师自学为主，辅以学校组织的教研活动、集体备课等形式。[①] 通过调查发现，莎车县教师培训中存在不少问题：第一，培训资金投入少，参加培训数量受到限制，无法保证培训的质量。第二，由于目前没有具体的规章制度对教师培训做出具体要求，而且教师培训中取得的证书对于职称评定、工资增加、评优评先并没有倾斜政策，一定程度上影响了教师参加培训的积极性。第三，派出去培训的教师多为学校的骨干教师，教师培训时间比较长，影响了学校的日常教学工作，学校方面对于教师培训的热情并不高。第四，现有培训方式主要还是以传统的授课为主，一般60人左右，无法充分调动学员的积极性。第五，培训对象选择的问题。由于培训名额受限，一般被选拔参加比较正规教师培训的教师多为学校的骨干教师，普通教师几乎没有机会参加自治区级别的培训。但是，骨干教师拥有比普通教师更高的综合素质，自学能力也比其他教师要强，一个学校由众多普通教师构成，他们的综合素质决定了一个学校的整体水平。真正需要关注、需要培训的是辛勤耕耘在教学一线的普通教师。

三、加强新疆少数民族地区双语师资队伍建设对策思考

（一）提高教育待遇，创设良好环境，稳定师资队伍

稳定的社会环境是开展一切工作的前提和基础。在广大人民群众中通过各种媒体渠道，宣传党的政策，增强少数民族的中华民族认同感。从政

① 王宏君．新疆双语教师培训模式之探究［J］．兵团教育学院学报，2013（04）：23-25+29.

府层面来说，加大中央以及地方政府的教育投入力度，采用支付转移的方式进行少数民族地区教师工资补贴，并根据各级职能部门的具体分工合理划分办学责任。财政部和人事部于2001年颁发《关于实施艰苦边远地区津贴的方案》，该方案的出台一定程度上改善了边远地区教师的待遇，是一项有意义的创造性政策。在执行现有关于津贴方案的基础上，制定灵活的激励政策，加大津贴补助力度，不断调动广大教师的教学积极性。建立专属于新疆少数民族教师的社保体系，中央设立专项资金给予经济保障，尽快把边疆少数民族地区教师社会保障所需经费纳入财政预算。地方政府制定符合当地实际的具体方案，在自身经济发展水平基础上予以基金和政策支持，在涉及住房、医疗、教育等关乎教师生存发展的方面给予重视。制定灵活的编制政策，对于家在所在学校周边县市的教师，放宽其调换工作的申请，允许一定区域内的人员调动。

（二）创新少数民族地区师资配置机制

少数民族地区师资普遍存在专业发展水平低的现象，为破解这一难题，首先，要重视职前培养，可以在少数民族地区定向招收一批志向服务民族教育事业的学生，送往师资配置完备的师范院校或其他普通高等院校中学习，并且在课程体系设置中充分考虑少数民族地区的历史文化传统，根据学生具体学业情况，制定合理的培养方案，培养出知识水平高、教学技能强、适应双文化教育环境的较高胜任力的教师。职前培养是成为一名合格教师的基础，要充分重视教师职前培养环节，创新培养模式，不遗余力地提高职前培养质量。不少研究表明，在相当一部分中小学中，有“新疆区外高中班”学习经历的教师教学胜任力较强，在经过1年至3年教学后，他们将进入稳定期。这部分教师呈现出较强的教学潜力，在各类的教学竞赛中都能崭露头角，是所在学校的骨干教师、学科带头人。因此，要提高福利待遇，给予政策优惠，吸引有“新疆区外高中班”经历的学生投身于民族教育事业。其次，在政策执行方面，要继续大力实施免费师范生政策，采取“定向招生、定向分配”的原则，依托国内高水平师范大学的师资，针对少数民族地区存在的实际问题，在免费师范生教育中，要突出培养双语教学能力和民族团结教育能力。①自从2006年特岗教师政策执行

① 王嘉毅，赵明仁．民族地区教师队伍建设的现状、问题与对策研究［J］．西北民族研究，2012（01）：29-39+77.

以来，为新疆教师队伍输送了有学历保障的人才。由于新疆南疆自身发展条件的局限，在招聘环节不能严格控制准入教师的质量。因此，要提高特岗教师准入门槛，在专业知识过硬的前提下，要吸纳有责任心对民族教育有热情的教师进入教育教学一线。鼓励师范生补充新疆南疆师资队伍，对于非师范生群体，尽量做到所学专业与紧缺学科教师相匹配。

（三）增强各类培训的实效性，切实提高教师素质

面对少数民族师资培训形式化、走过场的现状，首先，要从培训内容加以变革。教师培训的内容应关注教师实际问题的解决，培训内容不应只关注教师未来的素质提升，而应关注教师的现实世界。① 其次，加强培训资金投入力度，让更多教师能够参加培训，把提高培训质量作为培训工作的重中之重，并加强监督，保证培训资金用到实处。加强相关政策落实，规范培训资格认证，把培训结业证书与职称评定、评优评先挂钩，不断增加培训在教师职业生涯发展中的权重，让更多教师意识到培训带来的实在好处。学校在选择教师进行培训时，要更多关注普通教师的培训需求，促进教师整体素质的提高。最后，为了提高培训的实效性，要对被培训教师进行分层教学。不同工作年限、不同职称、不同汉语水平的教师要分类进行培训。重视县级教师培训机构对提高本地师资水平的重要作用，县级教师培训机构具有离工作家庭地点近的天然优点。还可以及时发现所在地中小学师资中出现的典型问题，有针对性地开展相关培训，及时把培训中的理论知识运用到教学实践之中，解决实际教学中的困惑。加强与疆内师范院校合作，相关部门制定优惠政策或相关激励措施，鼓励高校教师以支教的方式到当地教师培训机构进行培训，保证培训者的素质。

第二节　新疆中小学双语教师专业标准的实然性建构②

2012 年，为促进中小学教师专业发展，建设高素质中小学教师队伍，教育部根据《中华人民共和国教师法》和《中华人民共和国义务教育法》，

---

① 吴卫东．体验式培训：教师培训的新视角［J］．教育发展研究，2008（Z4）：57-60.

② 本节作者蔡文伯、韩琦，载于《兵团教育学院学报》2014 年第 1 期。

特制定《中小学教师专业标准（试行）》。其中，提出了国家对中小学教师的基本专业要求，以师德为先、学生为本、能力为重、终身学习为基本理念引领我国中小学教师专业发展，并从多个角度阐述了对新教师专业发展要求的基本准则。自新疆推行双语教育以来，先后有14余万人跻身双语教师行列，但始终没有一个统一的标准和基本规范来保障这一支庞大队伍的发展和进步。由于经济发展和社会环境的限制，新疆地区双语教师的专业发展一直是影响双语教育发展的重要问题。在经济社会转型期，构建科学而实用的双语教师标准对于新疆双语教育事业发展有什么样的意义？我们的双语教师究竟承担着什么样的使命？如何在新教师专业标准的要求下基于自身教育身份的双重性和特殊性制定出同时满足国家和自身需要的行业规范和准则？基于此，笔者将依据新疆中小学双语教师专业发展现状并结合相关理论，提出构建中小学双语教师专业标准的方法和框架，以期为新疆双语教师专业标准的出台提供相关建议。

一、新疆中小学双语教师专业发展的主要问题

回顾新疆中小学双语教师的发展历程不难发现，新疆双语教师整体实力的提升长期受数量不足、质量不够、专业程度低的困扰，双语教师在教学过程中要求使用双语进行教学，这就要求教师不仅懂专业、懂教学，更要流畅连贯地使用两种语言，教学过程中应迅速完成民汉双语编码和转换，使用双语混合方式讲述专业知识，对专业术语和学科知识做出详细阐述和解释。因此，双语教师比起普通教师来说，不仅要有扎实的专业知识和丰富的教学经验，更要有优于常人的双语驾驭能力，精通民汉各自的文化知识和风俗习惯，这些都是关乎双语教师发展成败的关键因素。

1964年新疆初次建立“汉语教学双语实验班”，绝大部分任课教师只懂汉语不懂民族语，“单语化”现象严重。1986年后实验班双语教师数量达到一半以上，疆内第一支多民族双语教师队伍雏形已经形成。由于普遍采取模式1进行双语教学，即使用汉语言完成理科教学任务，2002年教育厅组织新疆范围内中小学教师专业基础知识测试，结果发现采用与中考升学测试难度相当的数理化试卷测试初中数理化教师，平均60分左右。可见，这些双语教师无论从汉语能力到专业知识水平离汉语系中等学生标准还有相当大的差距。2003年前新疆各地州都顺利建立了双语实验班，但双

语教师的招录仍然通过各地高等师范专科和挖掘当地潜力型双语人才来实现，专业培养双语师范生和规范性培训体系还没有建立起来，各地区双语教师教学专业水平参差不齐，双语教育模式混乱，教育质量提升困难。2004 年，新疆双语教师仅有 2000 人左右，这些教师大部分来自非双语教师岗位的"民考民"教师，仅接受短期汉语和学科知识培训就进班上岗。有相关学者统计称，截至 2004 年年底，在新疆汉语水平较高的博尔塔拉蒙古自治州有蒙古、维吾尔、哈萨克中小学专任教师 2529 人。其中，汉语教师 315 人，非汉语教师 2214 人，除去口语表达能力和汉语授课能力以外汉语教师 HSK 五级以下 112 人，未过级 68 人，非汉语教师的过级比率则更低。[①] 个人专业素质和职业前景得不到发展和重视促使双语教师的专业态度和专业情意也受到很大的冲击，多数教师表示不愿意从事双语教育事业，疆内形成了一支数量匮乏，汉语水平低，汉语授课能力低，专业素质不高的缺失型双语教师队伍。

2004 年后，双语教师数量出现稳步上升趋势，截至 2014 年，全区中小学双语教师数量已达 14 万之多，新疆也于 2004 年积极以诸如赴疆内外高校集中长期进修、定向培养、地方短期集训的方式等方式以期双语教师专业水平得以发展，虽然这些方法使部分双语教师专业水准得到了提升，但全区双语教师专业发展水平提升速度仍然缓慢，教师素质仍旧是新疆双语教育发展的瓶颈。

二、构建双语教师专业标准的理论依据

（一）教师胜任力模型

Dineke E. H. Tigelaar 2004 年提出的教师胜任力特指教师的人格特征、知识和在不同教学背景下所需要的教学技巧及教学态度的综合。[②] 教师胜任力模型是构建教师胜任力的核心和内涵，目前国外的教师专业标准普遍基于麦克莱兰（David Mcclelland）提出的素质"冰山"模型（胜任力模型）为基础的教师胜任力模型来进行构建的，即教师的经验、知识和技能是容易

① 李儒忠．双语教育十论［M］．乌鲁木齐：新疆人民出版社，2012.

② Dineke E. H. Tigelaar, Diana H. J. M. DolmansIneke, H. A. P. Wolfhagen, Cees P. M. van der Vleuten. The development and validation of a framework for teaching competencies in higher education［J］. Higher Education, 2004 (48): 253-268.

习得的，但价值观、态度及个人品质和成就动机是不易养成的。国内学者徐建平采用行为时间访谈法（BEI 法）及胜任力特征核检方法构建出我国教师胜任力模型及测验项目。因此，在此将采用麦克莱兰所提出的“冰山”模型（见图 4-2-1），结合徐建平构建的教师胜任力特征群[①]（见表 4-2-1）的因素结构，为新疆中小学双语教师专业标准的建构提供理论支持和保证。

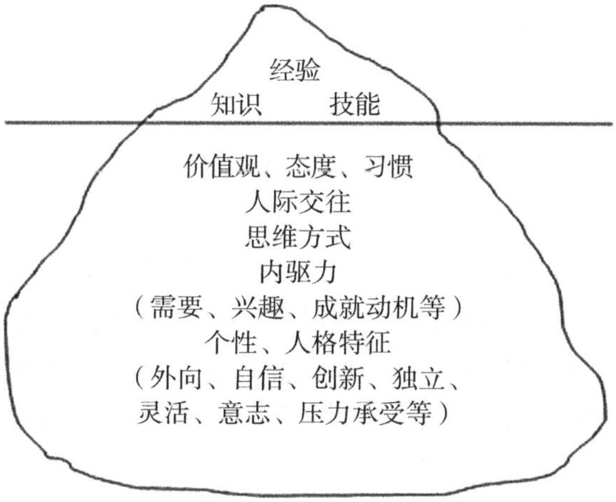

图 4-2-1 McClelland 素质“冰山”模型（胜任力模型）

表 4-2-1 教师胜任特征群

特征群	胜任特征
服务特征	沟通技能、理解他人、尊敬他人、宽容性、热情
自我意象	自我控制、自我评估、反思能力
成就特征	提升的动力、效率感、挑战与支持
认知特征	概念性思考、分析性思考、专业知识与技能
管理特征	情绪觉察能力、团队协作、组织管理能力
个人特质	自信心、灵活性、倡导责任感、正直诚实、创造性、稳定的情绪

（二）教师知识体系

国内外关于教师知识的研究大致分为学科和实践两个宏观研究取向。

① 徐建平．教师胜任力模型与测评研究［D］．北京：北京师范大学，2004.

其中，学科取向中包含以舒尔曼（L. S. Shulman）为代表提出的学科知识、教学法知识、课堂教学知识、学生知识、教育环境及目的知识等；而实践取向的教师知识则包含情境知识、缄默知识、教学实践知识及教学反思性知识等。[①] 众多教师知识体系的架构均从教师的外显性和内隐性知识方面概括了教师应具备的教学水平素质和能力，也为教师专业标准的制定提供了扎实的知识基础，在双语教师专业标准的建构过程中教师知识体系作为理论根基也是不可或缺的部分。

（三）全国中小学教师专业标准

通过对 2012 年中学教师专业标准基本内容的研究分析可以发现，标准主要从专业理念与师德、教育教学的态度与行为、教育修养与行为、教育知识、学科知识、学科教学知识、通识性知识等方面对中小学教师提出了全面发展的专业要求。[②] 因此，在制定双语教师专业标准时，我们应该遵循国家标准设置内容的思路，从通用性和具体性两方面把握国家标准的中心脉络，根据理想框架提出有针对性的具体实施意见，构建富有科学性的评估指标体系。

三、双语教师专业标准指标体系架构

新疆在双语教师招聘录用方面还没有统一科学的专业标准，在专门的招聘考核过程中主要强调笔试成绩，而对汉语水平的测试与相关专业理论的评定较为缺乏，对教师课堂的真实情况难以有效把握，偏低的教师招聘门槛导致双语教育质量难以有效提升，双语师资整体起点大幅度降低。教师在职业生涯规划与专业前景方面通常表现出迷茫状态，即使经过不断的学习专业知识得以增长，但专业态度、专业情意、专业技能等这些教师专业发展的重要组成部分却不能仅通过自身领悟和模仿借鉴他人经验就能获得。

近年来，双语教师培训在各高校广泛开展，高校在承接教师培训任务的同时也面临着诸多问题。例如，很多地区或高校缺少较为统一的专业培

---

① 邹斌，陈向明．教师知识概念的溯源［J］．课程．教材．教法，2005（06）：85-89.

② 中华人民共和国教育部．中学教师专业标准（试行）［DB/OL］．（2012-02-10）［2014-01-11］．https://baike. so. com/doc/5411536-5649646. html.

训教材，专业课程的设置也没有根据地区的实际发展情况进行相应调整，很多培训课程主要是以提升教师的汉语水平为目标，而教学能力与知识素养方面的训练相对较少，培训内容与后期教学之间的关联性相对较小，导致培训效果并不理想，培训课程对教师教学水平提升的积极作用相对有限。现阶段新疆的双语教师评价体系依旧沿用同其他普通教师一样的考核标准，双语教学质量评价的失真问题频繁出现，部分学校过于偏向教师汉语水平或过度倚重专业知识考核，缺少全面、统一的评价规范与相关制度。

在此笔者基于理论依据中提到的三种理论、双语教师专业标准原则及新疆中小学双语教师存在的问题，综合建立了包括专业理念、专业知识、专业技能、专业态度及专业品格等五个一级指标在内的双语教师专业标准体系（见图4-2-2）。其中，每个一级指标下含有五个二级指标，一方面用以考量教师专业发展过程中的综合素质和教育教学水平，另一方面用于建构和填充双语教师专业标准的具体框架和详细内容。

上述指标涵盖了双语教师在专业发展中应具备的普通教师胜任力的一系列评价指标和基本教师素养。而实际情境影响下，我们需要对教师专业水平和发展状况在评价时进行细化和量化考核，笔者以此为基础，拟定出符合国家相关规定的新疆中小学双语教师标准，仅供专家学者和政策决策人员参考。

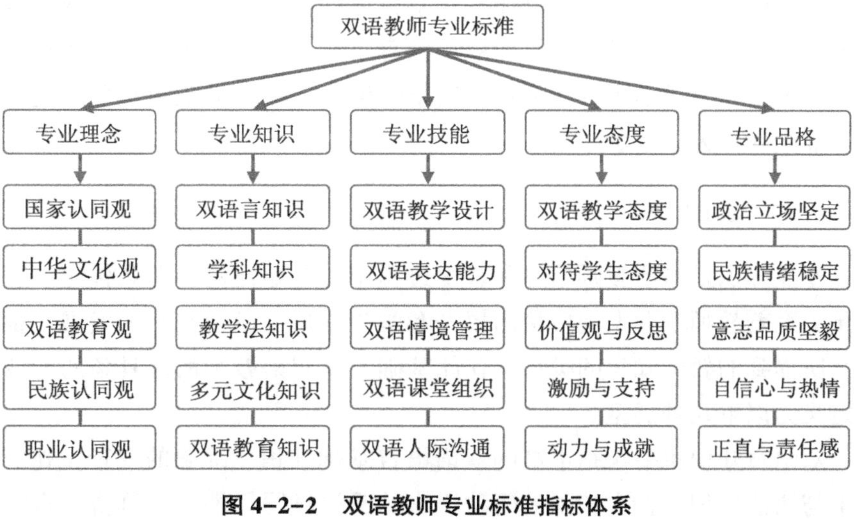

图4-2-2　双语教师专业标准指标体系

（一）专业理念

就专业理念而言，它本身具有区域性、深刻性和缜密的逻辑性，在很大程度上决定着教师在实施教学过程中的观点和思想，同时也是教师作为职业的一种本质概念与法则。笔者基于新疆双语教育发展的实际情况，将专业理念归纳为国家认同观、双语教育观、民族认同观、职业认同观等。

国家认同是个体在主观上对归属国家的认知及对国家政治、文化、族群等要素进行评价和接受的心理过程。因此，国家认同观是对国家和本国公民的身份有归属感，对中华民族和中华民族文化寄予深厚的情感，并对国家的政治使命和民族责任保持一致认同。与国家认同属于同一概念外延的则是民族认同观，它是坚持对中华民族本身民族身份和民族文化的认同和传承，对所教授非本民族学生和同事保持平等和谐相处的关系，尊重少数民族学生的生活习惯和民族风俗，始终坚持民族间语言、文化传承的平等性和丰富性。

双语教育作为教师在教学中的核心任务，明确双语教育的内涵和意义，把握双语教育的目标，认清双语教育发展任务是双语教师必备的能力和涵养。同时，教师应开发自身在双语教学中的潜能，提升学生对双语学习的主动性，对第二语言和非母语文化秉承宽容、尊重、学习的理念；坚持因材施教，处理好语言教学和学科教学的关系。

职业认同在各行业中是个体对从事行业的肯定性评价，对于双语教师来说，认真履行教师义务，热爱双语教育事业，无品行不良、违法违纪等问题，无变相体罚学生等行为；无侵犯学生合法权益的现象是理应遵从的行业准则和行为规范。

（二）专业知识

专业知识是双语教师培养和教学过程中贯穿始终的必要条件之一，它直接关系着教师专业发展质量的提升和学生素质、学业水平的发展。根据前面所提到的教师知识的类型，在此基础上将双语教师所应具备的专业知识定义为以下几种类型。

双语言知识主要包括丰富的双语语言基础知识、准确的发音、扎实的词汇与语法知识，拥有较强的两种语言的听说读写译能力，具备语言学知识，能区别两种语言之间的异同及社会文化背景，同时具备汉语言和民族语言实际运用的知识基础和理论依据。双语教育知识是根据新疆双语教育的特殊情况对双语教师提出的特殊要求，他们需要了解第二语言习得理论，掌握双语教育的基本理论知识，知晓双语教育的原理、对象的心理特点、双语教育的实践模式，并能顺利通过双语教育学知识、双语教育心理学知识的考核，了解学生如何学习双语以及学习双语时可能遇到的困难等。双语政策知识对于教师理解国家双语教育政策的目的及对双语教育改革政策的讨论提出自己的看法有着积极的作用和深刻的影响。教师要积极参与、设计、执行当地双语教育政策的计划与行动，学习新疆维吾尔自治区教师法相关规定，并通过相应考核。

对于学科知识和教学法知识双语教师则应熟悉本学科领域的基础知识以及该学科的前沿发展动态，拥有相对扎实的学科理论知识和相应学科操作性知识。熟悉学科教学内容，知道怎样将这些内容通过双语教给学生，了解该学科在少数民族发展中的应用，而且双语教师所任课程要与所学专业一致或相近，掌握本学科相关术语的双语表达方式。能够自由应用一般教学法知识，熟悉多种教学方式和手段，着重了解语言交际教学法基础知识，合理控制双语使用比例，学习双语课堂组织与管理知识、原则及一般策略，把握教案设计及教学策略选择的理论知识基础。

多元文化知识是基于新疆多元民族文化差异建立起来的知识体系，在此双语教师要深刻理解多元文化的内涵、本质及其特点，了解民族学生的文化差异、民族文化的多样性。

（三）专业技能

专业技能在双语教师领域被认为，教师在从事双语课堂教学过程中运用专业知识和态度进行理论和实际操作教学的能力，包括双语教学设计、双语表达能力、双语情景管理、双语课堂组织、双语人际沟通。

1. 双语教学设计

具备双语教学目标设计能力，制定清晰的教学目标，设计双语教学方案及教学策略的能力。

2. 双语表达能力

能够借助民、汉两种语言文字表达教学内容和自身思想感情；掌握双语切换时机的能力，合理分配两种语言；汉语和民语间的转换自如，用汉语解释民语或民语解释汉语；能用流利的民语或汉语指导学生。

3. 双语情境管理

控制课堂节奏和教学气氛，合理设置双语互动；把握情境管理模式，制定双语语言活动，提高学生学习能力；及时采取有效措施应对课堂中紧急教学状况或民族文化冲突。

4. 双语课堂组织

采用有效的教学策略以实现不同学生的学习需要，使学生在丰富多彩、富有变化的学习活动中发挥思维，获得知识；组织课堂教学，经常批判性地审视自身的教学实践，深化知识，拓展所有的专业技能、将新的发现运用到实践中。

5. 双语人际沟通

课堂内外与少数民族学生的及时沟通，为学生提供讨论、质疑、探究、合作、交流的机会；积极使用双语参与班级讨论，鼓励全体学生充分参与学习，赢得学生的信任和尊敬，形成相互激励、教学相长的师生关系；积极构建家校合作新形式，促成学校、家庭、社区三者有效协作。

（四）专业态度

态度是一个心理学名词，专业态度系指教师在教学情境中对学生和周边教学相关事物产生的偏好和反应倾向。它影响着教师职业倦怠的程度和教学动机水平的高低。基于此从双语教学态度、激励与支持、动力与成就对双语教师专业态度进行详细划分。

在具体从事双语教学时，双语教学态度指教师应正确处理双语教学与学科教学、外语教学、母语教学之间的关系，统筹兼顾，不断改进双语教学方法，从整体上提高双语教学质量与效益。坚持一切从实际出发，端正语言态度。对学生的态度则体现在富有爱心、责任心、耐心和细心，对非本民族学生保持尊重、宽容、平等对待的态度，坚持以学生为本的基本教育理念。

价值观与反思这一指标着重于树立教师正确的双语教育价值观念，及时反思教学中存在的问题，听取学生意见，强化自我批评意识。激励与支持则是教师时常进行自我激励，保持对双语教学和学生的责任感和自豪感，利用国家和社会对双语教育的支持，保持良好的心态不断进步，善于自我调节情绪，保持平和心态。动力与成就要求教师要保持对双语教育的兴趣和内驱力，提升成就动机和对双语教育美好未来的憧憬。

（五）专业品格

专业品格对于双语教师本身来说是应具有的教师基本素质，同时也是教师职业生涯中的专业回应与自处的人生模式。多民族的双语教育体制和教学方式的特殊性决定了其必须同时具备坚定的政治立场、稳定的民族情绪、坚毅的意志品质、自信心与热情及正直与责任感。

五、结　语

对于新疆中小学双语教师来说，科学的专业标准对其职业规划具有重要意义，能够有效地对教师入职前后的各个环节给予相应指导，引导教师培养科学的教学思路与教学方法，有利于提升双语教师队伍的整体文化素质，推进新疆双语教育的健康发展。严把入口关，逐渐提高双语教师队伍的入岗门槛，保证合格的师资进入双语教学队伍，减轻教育部门与教师队伍的培训压力，这对于双语教师队伍的专业化建设具有重要的实践价值，也有利于促进教师队伍整体素质的提升，对于新疆教育事业的健康发展具有重要意义。

专业标准的出台不仅能在这些方面根据双语教师的特殊性和特色性全面详细阐述其中的理念，更可以作为指南针在教师专业发展过程中给予全方位引导，提高教师专业发展的自主性，积极开展教育教学创新，完善自我评价过程，主动参与到教师培训与学习进修中；同时，专业标准的设置也有利于逐步提升教师的专业发展水平，有效完善中学教师培养培训方案，提高教师教育课程的科学性与合理性，深化教育教学方式改革，吸引更多的优秀双语教师进入双语教师队伍。

此外，该标准对于加强从事双语教育的师资队伍建设，完善教师岗位职责与考核评估机制，健全双语中小学绩效管理机制起到了导向作用，同时也为职称评定、争先创优等教师竞争机制的建立提供了科学参照依据。双语教师专业标准的落实能够有效提升政策的执行力度，促进政策效率的提升，保证双语教育政策的持续推进，这也是现阶段完善双语教师政策的现实要求。

第三节　新疆中小学少数民族汉语教师专业发展现状分析[①]

一、问题的提出

20世纪80年代以来，教师专业发展日益成为各国教育教学改革的重点之一。教师专业发展理论明确提出了教师发展的目标应当是专业化。双语教师是整个教师群体中的一个组成部分，顺应教师专业发展的趋势，提高双语师资专业素养水平是有效推进双语教学的内在要求。双语教育教学关乎新疆民族地区教育乃至经济发展，是新疆实现跨越式发展的重要策略，也是国家谋求边境安全稳定的重要手段。双语教师是实施双语教学的关键，双语教学质量的高低取决于双语师资的专业素养。随着新疆少数民族双语教育的推进，双语师资质量和水平成为新疆双语教育发展的瓶颈。学生能否学到科学的专业知识和技能及双语教学能否有效地开展都取决于教师的专业水平。双语教师的专业素质也是教师是从事双语教育教学工作的前提条件。

少数民族双语教师通常是指能够熟练运用两种语言从事所教学科教学工作的少数民族教师。在少数民族地区中小学校，汉语教学是提高民族教育教学质量、实现“民汉兼通”少数民族人才培养目标的重要工作。[②] 在新疆少数民族双语师资队伍中任教于汉语课程的教师占相当大的比例。少数民族汉语教师同时掌握民、汉两种语言，从事专门的汉语语言课程教学，对于少数民族学生双语水平能力提高具有直接作用。少数民族汉语教师的专业素质对少数民族学生其他学科双语教学有效性乃至整个双语教育都有着重要影响。少数民族汉语学科教师的专业素养主要体现在专业情意、专业知识和专业技能方面。本节主要探讨小学阶段少数民族汉语教师专业发展现状及存在的问题，以期对少数民族双语教师专业发展的相关理论与实践指导提供政策支持。

---

① 本节作者蔡文伯、杜芳，载于《民族教育研究》2013年第2期。

② 尤努斯·阿布列孜，萨达提·艾木．实现“民汉兼通”师资是关键：新疆汉语教师队伍的现状、问题和建议［J］．新疆财经学院学报，2003（04）：54-57.

二、研究方法

（一）本研究被试选择

本调查以莎车县普通小学少数民族双语教师为调查对象，选取了两所县直小学和3所乡镇小学。莎车县双语教学工作在喀什地区开展较早，各个学校的双语教学模式不统一，小学以模式1为主，即数学、汉语课程用国家通用语言文字教授，其他课程用母语教授的双语教学。截至2010年秋季，莎车县小学共有双语教师634名。其中，少数民族双语教师为629人，参加过国家级和自治区级培训的分别有2人和170人，参加地区级和县级培训的分别有189人和271人。① 由于少数民族地区普通小学多采取模式1双语教学模式，少数民族双语教师以任教汉语和数学学科的教师为主。本次调查采取随机抽样方式，共发放问卷150份，收回有效问卷127份，回收率为84.7%；被试127名小学少数民族双语教师中女教师约为男教师的3倍，教授汉语学科的少数民族双语教师为85人，约为数学双语教师的2倍。在85名少数民族汉语教师中，师范类毕业的占比为69.4%，从事双语教育教学的年限也以1—3年的居多，表4-3-1中列出被试特征变量。总体而言，少数民族汉语教师队伍呈现年轻化趋势，绝大多数汉语教师专业发展尚处于初始阶段。

表4-3-1　小学少数民族汉语教师被试特征变量

被试特征		人数（人）	百分数（%）	累计百分数（%）
性别	男	16	18.80	18.80
	女	69	81.20	100
生源	民考汉	11	12.90	12.90
	民考民	74	87.10	100
年龄	20—30岁	62	72.90	72.90
	31—40岁	22	25.90	98.80
	41—50岁	1	1.20	100

① 喀什地区中小学“双语”师资情况统计表［Z］．喀什：莎车县教育局，2011（03）．

续表

被试特征		人数（人）	百分数（%）	累计百分数（%）
师范院校	是	59	69.40	69.40
	否	26	30.60	100
最后学历	中专及以下	4	4.70	4.70
	专科	55	64.70	69.40
	本科	26	30.60	100
从事双语教育年限	1—3年	45	52.90	52.90
	4—6年	32	37.60	90.60
	7—10年	8	9.40	100
汉语水平	五级及以下	17	20.00	20.00
	六级	24	28.20	48.20
	七级	23	27.10	75.30
	八级及以上	21	24.70	100

（二）研究工具与材料的选取

本调查采用自编的少数民族双语教师专业发展水平调查问卷，分为基本信息和专业知识结构两部分，采用无记名问卷方法。按照五点分量表的同质性信度，专业水平总量表中专业情意、专业知识和专业技能维度的Cronbachα系数分别为0.819，0.812和0.782，总量表的信度系数为0.890，说明该量表具有较高的内部一致性；采用结构效度对少数民族双语教师专业水平调查量表的效度进行检验，KMO统计量为0.872，数据表明各维度在保持较高独立性的情况下，能反映所要测查的内容，说明此量表具有一定的可靠性。汉语教师专业水平调查表各因子及其与总分间相关关系矩阵（见表4-3-2）。

表4-3-2　汉语教师专业水平调查表各因子及其与总分间相关关系矩阵

维度	专业情意	专业知识	专业技能	总分
专业情意	1.000			
专业知识	0.493	1.000		

续表

维度	专业情意	专业知识	专业技能	总分
专业技能	0.517	0.517	1.000	
总分	0.876	0.729	0.829	1.000

三、少数民族汉语教师专业发展现状分析

（一）少数民族汉语教师专业发展整体评价

通过描述统计分析得出，85 名少数民族汉语教师专业发展总体水平处于中等水平，呈现不均衡性，整体趋势呈正态分布，且有显著性差异。从少数民族汉语教师的专业发展规划情况来看，只有 38.8%的教师有部分专业发展规划；17.65%的教师完全有专业发展短、中、长期规划；9.41%的汉语教师认为自己几乎没有专业发展规划。在专业发展所处阶段方面，38.82%的少数民族汉语教师处于专业发展的平稳期；认为自身专业发展处于迅速上升和停滞不前的少数民族汉语教师占比均为 12.94%。

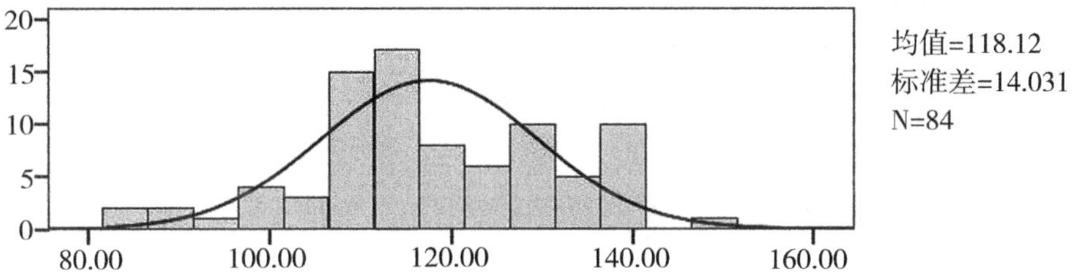

图 4-3-1 专业发展总体水平

（二）毕业于不同专业的少数民族汉语教师专业水平差异

教师入职前所学习的专业与教师入职后的教育教学工作有着紧密的联系。在莎车县普通小学被试 85 名少数民族汉语教师中，绝大多数（74 人）是“民考民”生源的教师。85 人中，有 43 名教师毕业于汉语言或汉语相关专业，有 42 名少数民族教师毕业于其他非汉语相关的专业。通过数据分析发现，汉语言或相关专业毕业的少数民族汉语教师比其他专业毕业的教师在专业知识、专业技能和专业态度及专业发展水平等方面

都较好（见表4-3-3）。其中，是否毕业于汉语言或汉语相关专业对少数民族汉语教师的专业技能水平具有显著性影响。通过与少数民族汉语教师的访谈了解到，“民考汉”生源的少数民族汉语教师和在大学汉语专业学习过的人员汉语水平略高些，其他少数民族汉语教师，尤其是“民考民”生源的少数民族汉语教师，用汉语沟通交流的能力仍是比较弱的，这无疑会影响教学质量。

表4-3-3　毕业于不同专业的少数民族汉语教师专业水平各维度的比较

维度		汉语言专业	其他专业	F	P
专业知识	M	16.255	15.142	1.388	0.242
	SD	4.462	4.2402		
专业技能	M	61.558	57.642	6.498*	0.013
	SD	6.385	7.726		
专业态度	M	42.976	42.261	0.290	0.592
	SD	6.808	5.319		
专业发展总水平	M	120.790	115.547	3.068	0.084
	SD	14.523	13.014		

注：* P<0.05；** P<0.01；*** P<0.001；M为均值，SD为标准差；下同。

（三）不同职称少数民族汉语教师的专业水平差异

职称是反映在岗少数民族汉语教师综合能力的一项重要指标。在85名被试少数民族汉语教师中，有6人为小学高级职称，36人为小学一级职称，25人无职称，呈现出结构的不合理。不同职称的少数民族汉语教师在专业知识、专业态度及专业发展总体水平方面均没有显著性差异，但在专业技能方面具有显著差异（见表4-3-4）。均值比较发现，职称为小学高级的少数民族汉语教师在专业知识、专业技能、专业态度及专业发展总体状况上都处于最高水平。

表 4-3-4 不同职称的少数民族汉语教师专业水平各维度的比较

维度		小二	小一	小高	中三	中二	F	P
专业知识	M	17.258	15.888	18.500	16.000	8.000	1.705	0.131
	SD	4.023	4.547	3.375	0.000	2.088		
专业技能	M	60.642	59.333	67.666	50.000	50.00	3.575**	0.004
	SD	8.560	5.717	5.130	0.000	14.622		
专业态度	M	43.071	41.888	47.500	44.000	38.500	0.768	0.597
	SD	6.152	6.219	4.201	0.000	3.655		
总水平	M	121.000	117.111	133.666	110.000	96.500	1.104	0.368
	SD	15.830	12.512	12.077	17.677			

（四）双语教育从业年限对少数民族汉语教师专业水平的影响

双语教育从事年限不同对双语教师专业态度及专业发展总水平有显著影响，而对专业知识和专业技能水平没有显著性影响。少数民族汉语教师专业知识和技能水平随着从教年限上升呈现上升趋势，但从教 6 年以后，专业知识和专业技能水平反而呈下降趋势；而专业态度则随着从教年限呈直线下降趋势（见表 4-3-5）。其中，从教 4—6 年的少数民族汉语教师在专业技能和专业知识方面高于其他教龄的教师，而新入职教师在专业态度方面比其他老教师更好，具有显著性差异。

表 4-3-5 从事双语教育不同年限少数民族汉语教师专业水平各维度的比较

维度		1—3 年	4—5 年	7—10 年	F	P
专业知识	M	15.822	16.063	13.625	1.033	0.360
	SD	4.196	4.593	4.340		
专业技能	M	59.422	61.188	54.500	2.835	0.20
	SD	8.109	5.783	6.164		
专业态度	M	43.756	42.250	36.714	4.424*	0.010
	SD	6.191	6.191	7.521		

续表

维度		1—3 年	4—5 年	7—10 年	F	P
总水平	M	119.000	119.500	108.500	0.203*	0.047
	SD	14.160	12.939	14.832		

（五）不同汉语水平等级的少数民族汉语教师专业水平的差异

1996 年以来，新疆开始使用并推广 HSK（中国汉语水平考试）。参与被试的 85 名少数民族汉语教师绝大多数参加了 HSK。其中，汉语等级水平五级达标人数占 17%，六级、七级及八级达标人数占比分别为 28.2%、27.1%和 24.7%，其余为五级以下。数据分析发现，在均值比较中汉语水平等级为八级的汉语教师专业发展不同维度及总体水平较高；通过方差分析得出汉语水平等级不同对汉语教师的专业态度和专业知识没有显著影响，而专业技能和专业发展总体水平呈显著性影响（见表 4-3-6）。由此可见，提升汉语水平等级有利于提高少数民族汉语教师的专业发展水平，较高的汉语水平等级有利于专业知识的学习和专业技能的提升。

表 4-3-6　不同汉语水平等级少数民族汉语教师专业发展水平的差异比较

维度		五级及以下	六级	七级	八级及以上	F	P
专业知识	M	13.588	15.958	15.783	17.048	2.105	0.105
	SD	3.675	4.298	4.687	4.237		
专业技能	M	53.353	59.833	60.261	63.762	8.133***	0.000
	SD	7.071	6.774	5.833	6.495		
专业态度	M	42.235	41.958	42.348	44.000	0.482	0.696
	SD	4.893	6.189	6.372	6.731		
总水平	M	109.177	117.750	118.391	125.810	5.105**	0.003
	SD	10.002	14.600	13.303	13.010		

（六）少数民族汉语教师专业发展动力和需求分析

参与被试的 85 名少数民族汉语教师中，绝大部分教师都认为自身存在专业发展方面的压力。其中，有40%的汉语教师认为双语教学的压力主要来自学校和家长对学生考试成绩的重视，24.8%的教师认为压力主要来自双语教学对自身素质方面的要求，还有22.4%的教师认为双语教学的压力来自社会对少数民族学生未来的教育期望。

就汉语教师专业发展自身动力而言，50.59%的教师认为竞争力和自身素质提升是汉语教师专业发展的主要动力来源，42.35%的教师认为双语教师岗位需要是教师专业提升的动力来源，4.71%的汉语教师认为是由于个人兴趣而提升专业发展水平而致。

在专业发展需求方面，有30.59%的少数民族汉语教师认为双语课堂教学技能是当前教师专业提升最需要的，有28.24%的少数民族教师认为汉语语言技能是汉语教师需要提高的，还有23.53%的汉语教师认为需要增加自身双语教育教学相关的理论知识。此外，不同年龄段的少数民族教师对专业发展需要也不同，20—30岁的年轻教师多认为提高自身双语教学课堂技能是关键。

四、新疆普通小学少数民族汉语教师专业发展建议

（一）贯彻终身学习教育理念，建立少数民族汉语教师专业发展保障机制

少数民族双语教师专业发展是一项长期的系统的工程，需要加强领导、全面规划和统一管理。政府和教育主管部门应借助行政和法律手段，在政策上对少数民族双语教师专业发展实施指导；在教育法规方面对双语教师入职的标准做出相应的规定，逐步建立和完善少数民族双语教师任职资格标准，在其职前培养和职后培训上给予经费保障；同时，提高少数民族双语教师校本培训和校外培训有效性。双语教师专业发展有一个从被动发展到主动发展的过程。[①] 对于新入职或入职不久的教师而言，专业发展更多是通过外部制度或规则来约束，随着双语教育教学的深入，在取得初步的成功后就会产生主动学习和发展的需要。这时，“外部约束”变为“内部自觉”，他们会更加认识到民族地区双语教师专业地位的重要性及专业素质要求。相关的专业发展保障机制只是教师素质最低要求，教师自身

① 于立平．双语教师专业发展的行动研究及启示［J］．教育发展研究，2004（11）：62-64.

的专业发展需要将会成为促使其提升专业发展水平的持续动力。上文的分析表明，少数民族汉语教师专业发展随着从业年限的增加，尤其是从事双语教学4—6年以后，专业水平呈下降趋势。由此看来，少数民族汉语教师需要树立终身学习的理念，以“专家型”教师为专业发展目标，结合汉语教学和科研，不断提高专业技能，充实专业知识，进而才能促使自身专业水平的提升。

（二）完善少数民族汉语教师招聘工作和职前培养，为职后专业发展奠定基础

汉语言及汉语相关专业毕业的少数民族教师在汉语教学中专业水平相对较高，尤其是专业技能方面较非专业的汉语教师具有显著差异。首先，在汉语教师选拔录用中，应提高入职教师专业与任教学科匹配程度，以便入职后专业素质水平尽快适应岗位，提升自身专业素质。其次，在新教师入职培训中，应尽可能提升少数民族汉语教师汉语水平达标率，为入职后专业发展奠定基础。对于汉语学科的双语教师而言，其汉语水平等级有更高的要求。随着双语教育的推进，HSK存在的一些弊端逐渐凸显。2002年10月，为了适应少数民族地区双语教学快速发展的需要，教育部发布了少数民族汉语教学的评价体系——中国少数民族汉语水平等级考试（MHK）。比较HSK而言，MHK涵盖了听说读写全部汉语言为基本素养的考查，能够更为客观、准确、全面地反映学生的实际汉语水平。新疆维吾尔自治区对小学汉语课教师的MHK标准规定为三级甲等以上，该标准相当于HSK7—8级。[①] 按照此标准，有将近一半的汉语教师还未达到汉语水平等级的合格要求。

（三）对少数民族汉语教师进行分层分类，并开展不同形式和内容的职后培训

新入职的青年教师迫切需要提高双语课堂教学技能，在入职或职后培训中，都应该加强课堂技能训练，使尽快熟悉并驾驭课堂。由于汉语水平等级较高的汉语教师专业技能相对较高，可让他们进行公开课示范，并完

① 新疆维吾尔自治区教育厅办公室．新疆维吾尔自治区实施中国少数民族汉语水平等级暂行办法［EB/OL］．（2010-08-18）［2013-1-11］．http://cxks. xju. edu. cn/wenjian/print. asp? articleid=233.

善校本培训中集体听、评、备课制度。对于老教师而言，尤其是从事双语教学6年以上的教师，由于所处教育和社会环境及个人等因素，专业水平有下降趋势，需要在政策或激励制度上加以引导，促使其转变专业态度，提升汉语语言能力和教学技能，并补充专业知识，从而提升专业素质。少数民族居住相对集中的地区缺少汉语言环境和汉语学习氛围，而语言作为一项技能缺少应用的机会自然会消退，如果没有外部培训或自身主动学习，汉语教师的其他知识和技能水平也会随着时间的推移而降低。因此，在汉语教师职后培训方面，应因地制宜，采取“分地区、分层次、滚动式”长效循环培训模式，即建立并逐步完善少数民族汉语教师长效培训机制，控制培训时间段，当前一轮教师培训上岗后，后一轮教师开始培训。随着时间的推移，当前一轮教师专业水平有下降趋势时，后一轮教师的培训结束，第一轮教师又可以再次接受培训。此外，在培训中，应该对不同年龄、不同职称、不同汉语水平等级等不同类别的教师，在培训形式上采取有针对性的分组集中培训，在培训内容上因人而异，同时充分发挥国家、区、县和校四级培训人力和物力的作用，以缓解教师培训部门的压力，又使培训有的放矢，从而提高培训实效性。

第四节　关于中学“汉考民”双语教师专业发展的思考[①]

一、解读“汉考民”双语教师及研究对象的选择

关于如何定义双语教师国内外学者众说风云，意见不一。姜宏德[②]认为：“所谓双语教师，通常是指那些能熟练应用两种语言进行教学的教师，特指能用一门外语教授一门非语言课程的教师。”目前，学术界普遍认为，双语教师通常是指那些能熟练运用两种语言进行教学的教师，特指能用第二语言教授学科课程的教师。在我国少数民族地区通常将双语教师定义为：“在少数民族双语教学班分别使用国家通用语言文字或少数民族语言文字进行相关课程教学的教师。”在本节中所提到的“汉考民”双语教师

① 本节作者韩琦、蔡文伯。

② 姜宏德．试论双语教师的专业素质［J］．当代教育科学，2003（23）：41-64.

是指从事此类教学的汉族教师（包含接受“特培计划”培养的汉语言高中的汉族毕业生；考取高校少数民族语言专业，后从事双语教学第一线工作的应届、历届大学毕业生；参加民语高考且从事双语教学工作的汉族考生以及具有一定少数民族语言基础的汉族双语教师）。

本节的主角L老师，是2009年X师范大学中国少数民族语言文学专业（维吾尔语方向）的毕业生。现就职于乌鲁木齐Y中学初中双语班英语教师兼任班主任。“汉考民”双语教师不仅是精通汉语和少数民族语言的“双语人”，也是新疆双语教育实现“民汉兼通”这一目标的重要群体。但截至目前，新疆范围内具有“汉考民”教师身份且志愿从事双语教育事业的毕业生在教师队伍中所占的比例很低。因此，选取L老师为“汉考民”双语教师的典型个案，充分体现了新疆双语教育政策对未来教师选择趋向和发展走势的针对性和方向性。为了更好把握故事主角的发展脉络，在其自述的过程中穿插对话部分和些许背景信息，并对L老师的专业发展给予一定的学术性评论。教育人类学作为人类学和教育学的交叉领域的学科，其核心研究内容则是少数民族教育和多元文化教育。本研究采用教育人类学口述史的个案研究方式，以期为读者理解和领悟双语教师的发展和教育选择提供全新的视角。

二、L老师的自述

在见到L老师之前，笔者虽然已经大致掌握了其基本情况，但初次见到L老师的情景还是挺出乎意料的，她透露了一种不同于常人的热情和活泼劲儿，完全看不出来是即将30岁的已婚女士。笔者猜想这也许是她长期与维吾尔族学生相处、磨合而形成的性格。整个访谈过程连贯而流利，尽管L老师在讲述过程中情绪时而激动，时而平缓，由于她比较强烈的表述能力和倾诉动机，笔者第一时间获得了完整的自述资料。

（一）专业发展机械化

我是1986年生，也算是热血“80后”吧。2005年考上大学的时候其实报的不是这个专业，当时很喜欢英语，那时候英语专业也比较火爆，一想到出来光给人补几次课就能挣个千儿八百的生活，心里那个美。结果来了之后给我调剂到这个没头没脑的专业，心里拔凉的我想哭鼻子（L老师一口东北腔让人听起来格外舒服，交流起来氛围也格外轻松）。上课一见专业课老师那更是让我咯噔一下子。不过学了两学期想着好歹是门语言，只是老想着毕业以后回家肯定是没戏了。我毕业的时候学这个专业的人还不是很多，慢慢学着我发现它不光是语言性的东西，更是一种民族文化交流和融合的过程，其实我们这个专业毕业的时候公安司法系统招的人很多，可我从小就想当老师，尤其是去新疆南疆支教之后看到那些维吾尔族娃娃学不好汉语很着急。更不要提像乌鲁木齐有这样三语教学的条件了。理想抱负一大堆的我一头扎进教师招聘考试里面。把2009年的招聘信息翻出来全看了一遍儿，压根儿没提到我们这种人是怎么个招聘法。不是招学汉语的维吾尔族老师，就是招各学科的维吾尔族双语教师（笔者查阅后发现，新疆维吾尔自治区目前的确没有专门针对“汉考民”教师的相关招聘政策）。我这还想着，怎么着也得有个自我实现的机会，让我发挥一下特长。我还是硬着头皮报了个民汉合校汉语教师的岗位，上去考试一看四年没学汉语果然是什么都忘了，根本没法儿和汉语言专业的人拼啊。结果可想而知，没考上那是必然的。可也不能在这里干坐着吧，只能自己找单位先干着。后来看到Y中学在招代课老师，来了校长说我们学校维吾尔族老师都是超编的，更不可能给我什么双语班的汉语课上，问我英语水平是不是还行，先去给双语班教英语，因为英语教师职位一直空缺着。但是，什么时候能拿到编制校长也没给我明确的说法。我想，暂时没有工作也不能闲着，就接受了。后来笔者问她，这样做岂不是失去了实现自身价值的机会？还有什么价值可言？只能先填饱肚子再说了。

（二）专业发展功利化

现在的学校、老师和家长把教育投入所得的收益看得比什么都重要，我们也只能硬着头皮随大流了。但说到成绩和结果，我觉得没什么比搞双语教育的更需要结果了。少数民族家长希望娃娃以后成为双语人才，老师们整天上课，根本没时间想学生能不能接受，以后娃娃能不能成为双语人才。刚来没当班主任的时候还跟几个双语班的班主任交流过，她们说双语政策文件几乎一年一发，推进速度很快。我们学校不能跟自治区示范学校比（L老师所在的Y中学是一个县里的民汉合校，双语班开办时间不久，成绩离乌鲁木齐的一流学校还有很大差距）。双语教育搞不好，撤掉了双语班，学校就要损失生源、经费、名誉。就拿我来说，我在双语班教英语，一个星期只有两节课，双语班对英语不怎么重视，至少平时就是随便上上，不用考试。学生不愿听，英语课还时常被语文老师占用，说是双语都上不过来，外语就先搁着吧。当时听这话我真的很生气，可无奈就算我教好了又不会给双语班带来什么好影响，更不会让学校和班主任得到什么好处。若有若无的课上不上也就那么回事（说到这里 L 老师长叹一口气，似乎有很多无奈）。后来为了尽快入编评职称，我申请当班主任，心想着这课是不是也可以正常进行了。所以几次主课老师来要课我都没给。校长找我谈话，意思就是你一个当班主任的，双语教学压力那么大你也知道，自己班的成绩不好教学搞不上去，你这个班主任脸上也不光彩。我一听，还是得让步。

（三）专业发展程序化

来这个学校已是第五个年头了，当了三年班主任，我对学生还是非常有感情的。但是，毕竟我不是学英语专业出身，水平本来不是很高，跟学校提出过想要出去进修，回来再继续工作。可是校长觉得我这样的要求会影响教学工作。第一，我不是正式在编教师，学校不可能花钱送我出去培训，除非我自己辞职不干了重新上学去。第二，别看双语班那么多老师，能教英语的一个也没有。学校又不希望失去一个能教英语还会说维吾尔语的汉族老师。学校还是挺希望留住我们这样条件的人（笔者很想知道，是不是 L 老师在从事具体教学工作的时候遇到什么层层阻碍而使自己的潜能不能发挥，导致她有想进修的想法。看她说得起劲儿，就顺势问了这个问题）。关于这一点，你知道双语班的学生从初一才开始接触英语，现在的汉语班都是从小学三年级就开始上英语课了。可一上来我们双语班的英语教材和汉语班的都是一样的。哪有什么从 ABC 开始的，这些维吾尔族的孩子虽说学英语的天赋好，但是没有系统学习就不可能有好成绩。汉语班的教材要求一个学期一本，我们要求一学年一本，可即使是这样还是会出现根本上不完，上完了听不懂，听不懂就更拿不出成绩。有一次，一学年结束了我在班里做了一个口语测试，有的孩子连 26 个字母都说不全，当时我那个挫败感啊！经常想着我自己干脆做一套自己的课件，直接用维吾尔语给他们讲，多加入一些简单的会话、游戏，可是根本行不通。每年来听课的领导说不管他们听得懂听不懂，都是要拿汉语讲的。有些小孩儿的汉语水平不是很高，先用维吾尔语把汉语意思给他解释明白，再转化成英语。

其实直接拿维吾尔语讲不是更简洁易懂嘛！就这样，耽误了学生。我自己也完全束手无策。根本不知道怎么办好，只能完全跟着汉语班的方式和方法照本宣科了。没人愿意考虑双语班学外语的特殊情况，我想的那套方法也就更没地方去说了。

三、“汉考民”双语教师专业发展的策略

（一）设置专项培养模块

新疆维吾尔自治区教育厅2007年6月4日印发了《关于实施南疆四地州农村中小学双语教师特培计划的通知》[①]；2007年9月，第一批“特培生”进入高校，“特培计划”正式开始实施。尽管如此，直至目前仍然没有一套切实可行的方案提出对汉族双语教师进行全方位的培养。在此，建议在已有的“特培计划”中增加“汉考民”双语教师专项培养模块。由高校少数民族教师组织教学，建立以汉族教师为主体的行政教学班，以少数民族语言文化、历史及学生发展特色为切入点，深入了解少数民族人文风俗及学生特点，开设相关课程，在拥有专业知识和扎实汉语功底的基础上融入特色文化，同时充分考虑到毕业生将在少数民族聚居区地区工作的实际，模块应设置丰富多彩的适宜族际交流的多元文化课程，鼓励其融入少数民族生活和文化圈。使其充分感受到政府及相关部门的关照和重视，增加自身专业发展的充实感和存在感，成为“民汉兼通”的双语教师。

（二）推行少数民族语言等级考试

为使少数民族双语教师具备一定的汉语水平，更好地顺应双语教学的发展潮流，国家和新疆有关部门根据实际情况建立了少数民族双语师资培训的科学评价体系。形成了从HSK（中国汉语水平考试）到MHK（少数民族汉语水平考试）的逐渐转变。而针对“汉考民”教师的少数民族语言等级考试政策却还未出台，这使“汉考民”双语教师时常处于无标准、无认可、无认证的尴尬境地。汉族双语教师应获得一定的少数民族语言水平

① 中共新疆维吾尔自治区委员会组织部、自治区教育厅、自治区人事厅．关于实施南疆四地州农村中小学双语教师特培计划的通知［EB/OL］．（2007-06-01)［2015-1-11］. http://www.pkulaw.cn/fulltext_form.aspx? Db = lar&EncodingName = gb2312target% 3D _ blank&Gid = 17297977 &Search_Mode&keyword.

资格认证已成为新疆双语教育进一步发展的关键和瓶颈。因此，相关部门应设计出与MHK相对应、符合新疆少数民族特点及当地文化特色的等级考试试题，建立长久有效的科学评价体系，全面考查汉族双语教师在“听、说、读、写”方面的技能是否符合全面发展的要求，适当提高双语教师入岗门槛，同时要制定完善的等级达标条件以及相应的奖惩机制，让更多的“汉考民”教师参与其中并从中受益，使其成为真正具备双语教学能力的优秀骨干人才。

（三）保障“汉考民”毕业生优先从业

国内有中央民族大学、西北民族大学、新疆大学、石河子大学、新疆师范大学等多所高校招收维吾尔语言文学及哈萨克语言文学相关专业，已有应届历届毕业生数千名，大部分毕业生进入司法或政府等部门从事少数民族文化、民俗或历史及新闻传播的相关工作和研究，成为双语教学一线工作的教师少之又少。因此，建立“汉考民”双语教师从业优惠政策，按照地区经济状况、教育条件等级及毕业生基本情况等几方面对其进行关照性分配和调整，同时给予不同程度的物质及精神奖励，确立一套科学有效的优惠政策体系。使这一年轻的群体认识到担任双语教师也可达到自我实现，建立完满的教师幸福感，从而积极投身到双语教师的队伍中来。

（四）建立“民汉互助”长效机制

自双语教育大力推行以来，各高校中对中小学及学前双语教师的短期培训班也迅速展开，学校建立了“一帮一”模式，即由一名汉族教师或学生帮助参加培训的少数民族教师提高汉语听、说、读、写水平，让其在短时间内有一个长足的进步，而汉族双语教师却没有因此享受到“一帮一”的良好待遇。在此情况下，也应让汉族双语教师定时定点参加类似的短期集中培训，与少数民族教师共同参与，建立互帮互助学习小组，不仅使双方的第二教学语言水平得以提高，更有利于促进各民族间文化习俗的交流，增进民族情感，促进民族融合，使“汉考民”教师感受到融入少数民族文化的满足感。

（五）融入民族心理与文化至校本培训

针对新疆南北疆文化差异大、民族成分分布不均的特点，各校在对汉族教师进行双语教学校本培训时，应注意将当地文化及风土人情融入其中。各地区的民族心理也因为当地的民族结构、经济发展、社会现状及教育水平的参差不齐，而表现得各有不同。因此，在校本培训过程中，我们要将众多因素考虑其中，将当地文化及民族心理充分与教学技能、态度、方法及课堂管理策略等相结合，从而实现“汉考民”双语教师对学生能传达、能关爱，对学校能融入、能满意，对少数民族生活环境能适应、能热爱的三赢局面。

当今越来越多的“汉考民”双语教师进入少数民族双语教育行业，这一群体新鲜而独特的教育理念应在双语课堂教学中释放其独有的创造性、独立性和自主性，为双语教学提供更广阔的发展空间，为培养少数民族人才注入新的血液和思想，也为双语教师带来持久的喜悦和幸福。双语教师在全方位的专业发展过程中，只有不断领悟和体验其存在的真谛，并对文化的多重了解融入生动活泼的教学中去，才更利于实现民族文化、民族心理和双语教育的结合。

第五章　双语教育的行为与特征

双语教育的发展既要符合教育事业发展的一般规律，也要遵循自身演化的基本特征，在长期的双语教育实践中，新疆双语教育已经逐渐演变出具有鲜明地域、文化、民族特征的发展行为与模式，对新疆各项事业的建设有着广泛的影响。

近年来，新疆双语教育取得了显著成绩，教育规模不断扩大，办学条件明显改善，教师素质稳步提升，双语教育体系逐步完善。笔者深入新疆少数民族地区进行了广泛的实地调研活动，客观考察了新疆民族地区中小学校的发展情况，对双语学生的学习策略、学习适应性、学习困境、学习行为及学习态度等方面进行了较为全面的评价，系统分析了新疆双语教育发展的行为与特征。在实践研究的过程中发现新疆双语教育的发展在教师的教学质量、学生的学习能力及师资队伍的建设等方面都存在着历史性与现实性的问题。这些问题产生的原因一方面来源于经济、文化、历史及地理等客观因素的影响，另一方面也与少数民族地区学校、教师、学生等情况有关，尤其在新疆南疆地区双语学校受师资条件、教学设施等方面的影响，难以提供充足的、高质的双语教育教学，极大阻碍着当地双语教育事业的健康发展。

总体来看，新疆双语教育的发展已经从追求数量和规模转向注重质量和结构的方向进行转化，这也反映了新疆双语教育发展行为与特征的历史演变过程，也意味着双语教育的发展要立足于新疆经济社会发展的现实情况，以少数民族地区教育发展的现实需求为出发点，循序推进双语教育事业的发展。

第一节　新疆兵团中小学双语教育质量调查及对策[①]

近年来，新疆双语教育取得显著成绩，教育规模不断扩大，办学条件明显改善，教师素质稳步提升，双语教育体系逐步完善，但同时也面临诸多困难和问题。其中，双语教育质量成为广大人民群众最关注的问题之一，也是当前和今后双语教育工作的重中之重。《新疆维吾尔自治区人民政府贯彻国务院〈关于深化改革加快发展民族教育决定的意见〉》将提高教育质量和办学效益列入少数民族教育发展目标[②]；《新疆维吾尔自治区少数民族学前和中小学双语教学发展规划（2010—2020 年）》（简称《规划》）将不断提升双语教育质量作为推进少数民族学前和中小学双语教育工作必须遵循的基本原则[③]；2012 年新疆维吾尔自治区出台了《关于进一步提高中小学双语教育质量的意见》，指出了双语教育中存在的问题并提出了对策[④]；2015 年《国务院发布〈关于加快发展民族教育的决定〉》再次强调提高少数民族人才培养质量的重要性[⑤]。新疆双语教育从追求数量和规模向注重质量转变，少数民族双语教育质量日益成为各级政府部门关注的焦点，新疆兵团中小学双语教育质量如何？怎样提高双语教育质量？基于上述问题，本节采取问卷调查和访谈的形式对新疆兵团中小学双语教育质量进行了调查研究。

---

① 本节作者蔡文伯、孙芳，载于《兵团教育学院学报》2016 年第 4 期。

② 新疆维吾尔自治区人民政府. 贯彻国务院关于深化改革加快发展民族教育决定的意见[EB/OL].（2003 - 05 - 15）[2016 - 01 - 11]. http://www.chinalawedu.com/falvfagui/fg22598/148925.shtml.

③ 新疆维吾尔自治区教育厅．少数民族学前和中小学双语教育发展规划（2010—2020 年）[EB/OL].（2013 - 05 - 29）[2016 - 01 - 11]. http://www.xjedu.gov.cn/xjjyt/jyzt/xqjywlxz/xqsyzc/2013/60171.htm.

④ 新疆维吾尔自治区．关于进一步提高中小学双语教育质量的意见［EB/OL］.（2012-03-26）[2016-01-11]. https://hk.lexiscn.com/law/law-chinese-1-1795470.html.

⑤ 国务院．国务院发布关于加快发展民族教育的决定［EB/OL］.（2015-08-11）[2016-01-11]. https://baike.so.com/doc/24576046-25447448.html.

一、研究方法

本节结合问卷、访谈、观察等方法，对喀什地区第三师中小学双语教师和学生进行了深入调查研究。问卷分为教师问卷和学生问卷。教师问卷主要包括教师汉语水平、双语教材、满意度、双语质量的影响因素、双语态度和双语政策六个方面。共发放教师问卷 270 份，回收 240 份，有效问卷 191 份，问卷有效率为 70.7%。对问卷进行编码和数据录入，用 EXCEL 和 SPSS 进行了多种分析。所调查教师基本信息如下（见表 5-1-1）。

表 5-1-1　双语教师基本信息调查表（N=191）

调查项目	分类情况	人数	百分比%
性别分布	男性	49	25.70
	女性	142	74.30
民族分布	汉族	1	0.50
	维吾尔族	189	99.00
	哈萨克族	1	0.50
教龄分布	0—10 年	122	63.90
	11—20 年	39	20.40
	21—30 年	30	15.70
学历分布	研究生	1	0.53
	本科	99	51.83
	大专	91	47.64
职务分布	主任	2	1.05
	普通教师	82	42.93
	班主任	107	56.02

学生问卷主要涉及双语态度、学习效果、汉语水平、教师教学水平和满意度五个方面。共发放 1550 份，回收 1523 份，有效问卷 1325 份，有效率 85.5%。并对 8 名双语教师、6 名校长及教务主任和部分学生进行了访谈。

二、双语教育质量的现状分析

（一）学生质量现状分析

1. 学生汉语水平

目前，中小学双语教育采取模式 1 和模式 2，两种教学模式都要求部分课程或除民语课以外的所有课程使用汉语授课，这就要求学生必须熟练掌握汉语，才能在此基础上学好其他课程。而调查结果显示学生的汉语水平普遍偏低。其中，11. 4%的学生表示听不懂汉语，19. 5%的学生基本不使用或从不使用汉语与他人交流，15. 2%的学生看不懂汉语编写的资料或课外读物，16. 2%的学生不能熟练地使用汉语进行写作，22. 3%的学生认为双语课程的考试非常难（见图 5-1-1）。学生汉语水平不高直接影响数学、物理、化学、生物等双语课程的教学效果和教育质量。

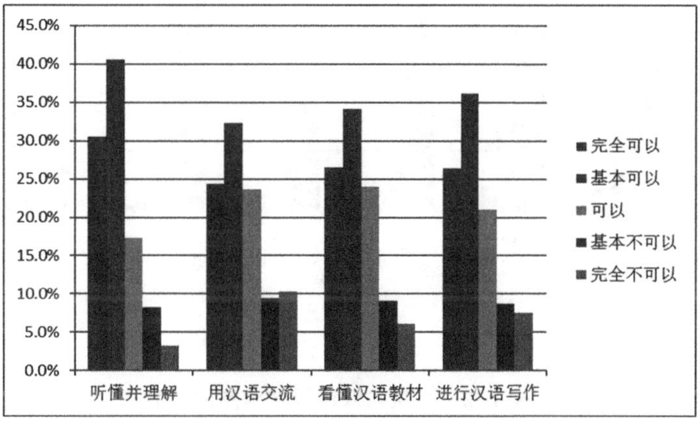

图 5-1-1　学生汉语水平

2. 学生学习成绩

图木舒克市 S 小学六年级统考成绩显示，学生汉语成绩相对较好，但合格率仍不到 50%。数学合格率仅为 14. 4%，平均分仅有 54. 44 分，尚未达到及格水平（见表 5-1-2）。S 小学校长表示，他们学校学生成绩每年都排前 3 名。可见，兵团中小学学生成绩并不乐观。学生汉语课程学习效果直接关系到其他双语课程教学，因此提高汉语课程教学质量依然是重中之重。

表 5-1-2　2015 年图木舒克市 S 小学六年级统考成绩

学科	最高分	最低分	优秀率	合格率	平均分
数学	132	5	2. 1%	14. 4%	54. 44
汉语	132	0	10. 2%	46. 5%	79. 71

3. 学生满意度

学生满意度是衡量教育质量的重要参照。调查结果显示，学生对当前双语教学效果、双语课程、双语教师的教学能力都比较满意，但对双语教师的汉语水平的满意度略低。其中，7. 3%的学生表示基本不满意或非常不满意，另有 9. 0%的学生对双语教材不满意（见图 5-1-2）。教师和教材是双语教学质量的重要保证。

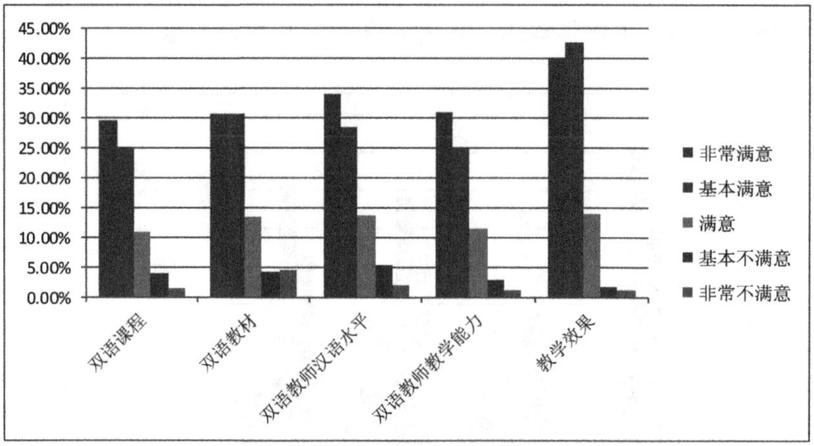

图 5-1-2　学生对双语教学满意度调查

（二）教学质量现状分析

1. 教师教学能力

调查显示，学生对教师教学水平认可度偏低。其中，9. 6%的学生认为双语教师不能熟练使用维吾尔语和汉语两种语言进行教学，14. 5%的学生表示双语教师在教课过程中极少或从不使用讨论、座谈、实际操作或游戏的方法，15. 8%的学生表示双语教师在教课过程中极少或从不使用图片、实物、图表、模型等直观教具，有 6. 9%的学生认为双语教师不能用汉语流利、准确地讲解教学内容。在听课过程中发现，部分少数民族双语教师汉语发音不标准，表达不够流利，教学方式主要以讲解、问答、反复朗读、背诵为主，较少采用灵活多变的教学方法，很难激发学生的学习兴趣。教师教学水平直接影响双语教学质量，与七年级学生对话中发现，只有个别学生能够用汉语简单交流。显然，传统教学方法对提高学生汉语水平的作用有限。

2. 教师双语水平

《规划》规定："新聘任的母语非汉语的少数民族双语教师应当达到中国少数民族汉语水平等级考试（MHK）相应标准，高中、初中和小学汉语课程教师应当分别达到四级乙等、三级甲等；非汉语课程教师应当分别达到三级甲等、三级乙等；幼儿园教师应当达到三级乙等。"调查发现，191份教师问卷中仅有58名教师参加过MHK考试并达到要求，其余大部分教师仍保留HSK考试等级，有8名教师尚未参加过任何汉语水平等级考试。因此，还需采取有效措施促进民族教师汉语水平的提高。

《规划》提出，对母语为汉语的双语教育岗位教师，进行少数民族语言培训。调研中未发现任何组织、单位或学校对汉族教师进行长期的少数民族语言培训，只有针对少数民族教师的汉语培训。中小学普遍存在少数民族教师汉语水平不高，上课时习惯性使用本民族语言授课，汉语所占比例较小。而汉族教师只用汉语教学，不能同时使用两种语言进行双语教学，访谈中所有汉族教师反映没有接受过少数民族语言的培训，不会说少数民族的语言，教学中出现抽象的词语没办法解释，尤其是低年级学生正处于学习字词的阶段，如果不能用两种语言教学，会增加学生学习难度，极易造成学生对汉语产生抵触、放弃心理。一位双语学校校长认为，双语教师应该懂两种语言，而且两种语言都应该很精通。汉族教师带双语班，只教汉语不教少数民族语，称不上是双语教师。受访的汉族教师都一致认为，双语教师应该熟练掌握汉语和少数民族语言，能同时使用两种语言教学，仅用汉语授课不算是双语教师。可见，双语教育政策制定中存在概念界定不清的问题，这造成双语教师培训中忽视了少数民族语言培训的重要性。

3. 教师双语认知

教师对双语教育的认知与理解直接影响双语政策实施和质量提升。在问卷调查与访谈中发现，有些教师对双语政策的认知出现偏差和模糊。问卷结果显示，11.5%的教师基本不了解或完全不了解国家和新疆维吾尔自治区的双语政策。18.4%的教师不了解学校是否有双语教学的专门文件。访谈中部分教师认为，双语教育就是用汉语教学，甚至个别领导也认为双语教育就是纯汉语教学。这种认知偏差忽视了少数民族语言学习与传承的重要性。双语教师中还存在政策理解不清的现象。一位小学双语教师说："学校一些老师不知道双语班、普通班、模式1、模式2具体是怎么回事。"教师不能真正理解双语教育就不能有效运用新的教育观念促进双语教育质量提升。因此，加大双语政策宣传力度，促进教师形成正确的认知对双语教育发展至关重要。

4. 教师工作压力

社会各界对新疆双语教育抱有很大希望，对教师提出较高要求。学生成绩偏低、双语质量不高，因而对教师提出更高、更多要求。造成教师事务繁多，疲于应对各项指标、考核、评估、学习、检查等，导致教师工作效率下降、离职人数增多、产生职业倦怠等消极影响。一位教务主任指出双语教学的问题在于学生成绩差、教学任务重、上级要求高、考核检查多、教师压力大，教师的注意力主要集中在保住饭碗、完成任务、应对检查等自身发展上，对钻研教学方法、关注学生成长等方面无暇顾及。

对工作的满意度下降是过度工作压力"最简单、最明显的心理影响后果"。调研结果表明，除培训效果和教学模式外，兵团中小学教师对双语教学的满意度并不乐观。其中，有24.6%的教师对双语教学效果基本不满意或非常不满意，表明双语教学尚未达到教师的理想水平。20.9%的教师对学校开设的双语课程表示不满，仍不能完全接纳双语课程安排。虽然新疆双语教学经过十几年发展，教材方面的问题依然存在，26.1%的教师对双语教材不满意。此外，22.6%的教师对考核评价方式表示不满，认为目前单一的考试不能评定学生的实际汉语水平和综合实践能力（见图5-1-3）。

工作量繁重是造成教师压力过大的直接因素。本次调研的学校几乎都存在教师缺员现象。其中，双语教师缺乏最严重，造成教师工作量加重，部分双语教师长期兼任多门学科教学工作，周课时量远远超出国家规定课时数。除教师教学工作量以外，双语教师还要承担政治学习、参加行政会议、应对各种检查、参加教师培训、比赛、考核、值班等大量非教学工

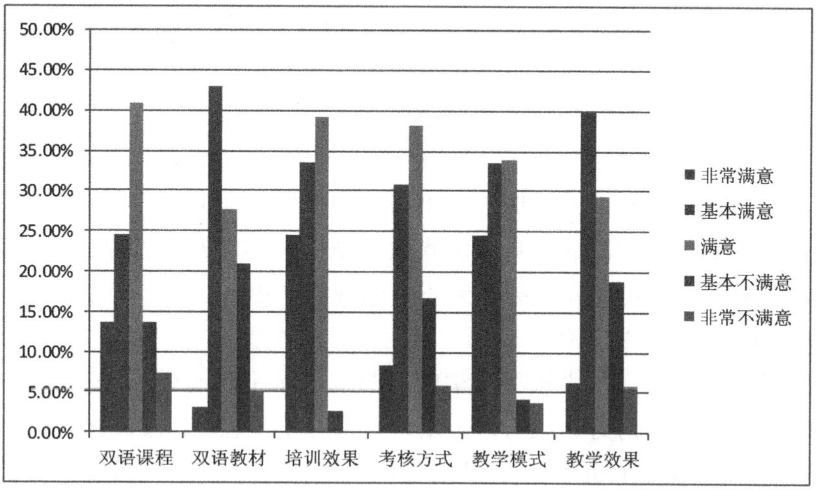

图 5-1-3　教师对双语教学满意度调查表

作。一位双语老师说："老师的杂活特别多，铲草、种树、拾棉花、比赛、应对检查，还要写各种辅助材料、心得体会等。"多数双语教师是维吾尔语教师短期培训而来，还不能很好地胜任双语课程，现有汉语水平还需要不断学习提高。但超额代课和繁重的非教学工作大量挤占教师的精力和时间，消耗了教师的工作热情和耐心，使教师产生严重的职业倦怠，阻碍专业水平提高，最终影响双语教育质量。

三、影响双语教育质量的原因分析

（一）师资质量偏低

1. 教师学科结构不合理

双语教师学科结构问题显著。兵团中小学教师普遍存在兼任和专业不对口现象。调查显示，有 6.8%的教师兼任多门学科教学工作，41.9%的教师任教科目与所学专业不对口。中小学双语课程需要教师具备深厚的专业知识和较高的汉语水平，教师兼任和跨学科教学不仅阻碍高素质双语教师队伍建设，也不利于双语教学质量的提升，直接影响学生的全面发展。

2. 民汉教师比例悬殊

兵团中小学普遍存在民汉教师比例严重失调的问题，部分团场中小学甚至没有汉族教师，即便民汉合校的A小学，汉族教师仅占11.3%，B中学汉族教师占20.3%。就整体而言，截至2014年1月，喀什地区中小学共有教职工2.8万人，汉族教职工0.3万人。具有多年双语教学经验的L校长表示，我们学校汉族老师不到三分之一，怎么推动双语？如果民汉师资比能达到1∶1，甚至是1∶3、1∶5、1∶10，汉语肯定没问题。汉族教师发音标准，汉语水平高，工作生活中与民族教师互帮互助，有利于民族教师汉语水平和教学方法的提高。民族教师帮助汉族教师掌握基本的少数民族语言，对提高双语教育效果具有不可忽视的作用。

3. 教师培训效果欠佳

教师培训是提高双语教师教学能力与双语水平的有效途径。为此，国家投入大量物力、财力和人力，但培训效果并不理想。L校长说："我们每年派出去培训的老师也不少，但是培训没有考核，效果不理想。我们有60%—70%的老师参加过培训，但是能达到标准的只有20%左右。"汉语培训大多需要双语教师离家一年或者两年到外地学习，而大部分教师都需要照顾家庭，尤其是孩子尚小的女教师。此外，参加双语培训的少数民族教师仅在上课时学习汉语，课余时间仍使用本民族语言交流，缺少汉语学习环境，培训效果受到影响。事倍功半的双语培训不仅造成国家资源的浪费，还造成在校任课教师紧缺、工作量加重。因此，完善双语学习环境、转变思想观念、解决家庭和学校矛盾迫在眉睫。

4. 教师短缺，编制紧张

由于学校位于偏远地区，经济落后，条件艰苦，难以吸引外地优秀人才，几乎每所学校都存在教师短缺现象，民汉兼通的双语教师极其匮乏。加之外出培训、辞职、学习的教师较多，双语教师紧缺更为严重。此外，编制紧张尤其是结构性缺编尤为突出。一位双语学校校长说："老师严重缺编，双语老师缺编更厉害。到现在能给我配70%的双语老师，我就不发愁了。编制不增加，师资问题就难以解决。"编制紧张导致学校无法招聘足够的双语教师。而年龄在50岁左右的少数民族教师汉语水平较低，不能完全胜任双语教学工作，但尚未达到退休年限，学校无法全部转岗或辞退，造成聘任年轻教师困难和教师结构性缺编等问题。这类教师所占比例较大，仅L小学的60后和70后教师就占全校教师的77.4%。教师是教育的基础，教师数量尚且不足，教学质量可想而知。

（二）教育质量有待提升

严格的考核选拔标准是高质量教师的保障。在教师数量不足的情况下，对教师的考核选拔标准被迫降低，大量不合格的教师承担双语教学工作，导致双语教育质量不高。一位教务主任指出教师的工作压力主要是因为能力不够造成的。能力偏低的教师在完成双语任务上存在困难，在执行双语政策中力不从心，从而降低双语教育质量。

政策目标过高，推行速度过快，双语教育只求数量，严重影响双语教育质量。部分学校在不具备条件的情况下被迫实施双语教育，政策目标很难完成，对高年级没有汉语基础的学生难度更大。

（三）教材辅助资料不足

教材是决定双语教学成功的关键因素之一，教辅资料不足、教材内容偏难、与考试联系不大等问题阻碍双语教学发展。目前，大部分双语课程使用人教版教材，对少数民族学生而言难度较大，没有相应的辅导资料，学习效果并不理想。一位双语教师说："教材内容难，跟考试没啥关系。考试卷子如果是国家统一试卷，学生根本不理解。老师要自己上网找资料，中考复习的时候全靠老师找资料，学校提供免费复印。"少数民族学生的汉语水平与汉族学生相比差距较大，但与汉族学生使用同等难度的教材、试卷和练习册，又会影响他们的自信心、积极性，进而影响少数民族学生双语水平的提高。

四、提高双语教育质量的对策

（一）提高双语教师素质，加强师资队伍建设

教师的职业修养和教学能力是提高教学质量的基础。联合国教科文组织曾对外语教学提出过这样一个公式：教学质量=[学生(1分)+教材(2分)+环境(4分)+教法(3分)]×教师。教师素质的分值越大，乘积越大，教学质量越高，教学质量的高低与教师素质成正比。① 首先，提高双语教师素质对发展兵团中小学双语教育至关重要，双语教师首先应注重教学方

① 王振本，梁威．新疆少数民族双语教学与研究［M］．北京：民族出版社，2001.

法创新。由于一些双语教师专业素质不高，教学方法单一，仍然采用比较传统的照本宣科式教学，教学效果可想而知。双语教师应认真钻研教材，熟悉学生的生理和心理特点，不断改进教学方法，针对学生汉语水平，因材施教。其次，要努力提高教师汉语水平。民族教师普遍存在汉语发音不准，表达模糊的现象，只有教师努力学习标准汉语普通话，才能保证学生学到“原汁原味”的汉语。教师高水平的汉语能力还能取得学生的信任，调动学生学习汉语的积极性，激起学生强烈的参与意识，对汉语产生浓厚的兴趣。最后，要强化教师培训。双语教师培训是发展双语教育的根本大计，双语教学质量的提高最终取决于双语教师教学能力的提高。强化双语教师培训力度，需要统筹各级师范院校教育、在职培训、校本培训和脱产学习等共同提升教师素质，加强双语教师专业知识、教育原理与技能的掌握。建立健全双语教师培训体系和考核激励制度，努力使双语教师的知识结构和能力结构始终处于不断更新发展之中，逐步达到岗位职责的要求。

（二）加强教师校本培训，倡导双语教育研究

双语教师校本培训是指在教育行政部门和有关业务部门的规划与指导下，在双语教育专家学者与国内外优秀双语教师的直接参与下，以双语教师任职学校为基本培训单位，以提高双语教师教育教学能力为主旨，把培训、教育教学与科研活动紧密结合起来的双语教师在职继续教育形式。[①] 双语教师校本培训具有针对性和灵活性的特点，能够满足双语教师的不同需求，解决教学中的问题，将教学实践与教育理论紧密结合起来，全面促进双语教师综合素养的提高。同时，双语教师校本培训鼓励双语教师成为研究者，通过科研活动提高教学质量和双语教师自身素质，促使双语教师自我反思。著名教育心理学家波斯纳（G. J. Posner）认为：“经验+反思=教师成长。”他还强调：“没有反思的经验是狭隘的经验，至多只能形成肤浅的知识。”[②] 可见，反思对双语教师成长的重要性。新疆各地差异显著，统一的教学模式很难适应各学校的需要，因此，新疆维吾尔自治区党委提出“因地制宜、分类指导、分区规划、分步实施”的推进原则。但是，真正理解双语教学，根据本地实际，落实到位者极少。双语教师拥有丰富的

---

① 王莉颖．双语教育理论与实践：中外双语教育比较研究［M］．上海：上海教育出版社，2008.

② 皮连生．学与教的心理学［M］．上海：华东师范大学出版社，1997.

经验，熟悉本校实际情况、学生特点和教学中存在的问题，开展科研活动有助于提高专业水平和教学能力，实现由经验型向专家型的过渡，并能为教研机构和管理工作者提供一线资料和决策依据，促进双语教育更加科学、合理、规范。

（三）加快双语教材建设，完善教辅配套设施

双语教育教材作为双语教育内容的重要载体与中介，是双语教育目标的具体化，既直接关系到双语教育的质量与成败，也直接关系到双语双元文化人才培养的标准与规格。[①] 邓小平指出，抓教育“关键是教材，教材要反映出现代科学文化的先进水平”。然而，我国双语教材建设滞后、紧缺等问题已成为双语教育发展的一大瓶颈。所谓“兵马未动，粮草先行”，当前双语教育发展最重要的“粮草”就是充足适用、科学合理的教材和配套资料。因此，必须加快双语教材和教辅设施建设，为双语教学顺利进行创造条件。首先，提供多样化、多版本、多形式的双语教材是推动双语教学发展刻不容缓的重任。新疆各地差异显著，汉语水平参差不齐，确保教材丰富、多样，可以满足各学校择优选择难易适中，符合本地实际情况的双语教材，使不同程度的学生获得最佳发展。同时，让学生接触大量教辅资料和课外读物能够促进学生熟练掌握汉语。其次，双语教材要确保科学性和实用性并举，趣味性和知识性并重，简单易懂，联系实际。教材中的图片、举例、练习等应结合民族文化特色，有助于学生理解、掌握，激发学生的学习兴趣，从而提高学生学习积极性和学习效率。

（四）建立教学激励机制，完善考核评价体系

双语教学评价是双语教学过程中的一个不可或缺的重要环节。它能起到诊断、矫正、反馈、导向、调节、鉴别与激励的功能。因而能够保证双语教学过程的正确性与有效性。[②] 目前，我国双语教育评价方法单一、评价标准混乱、缺乏激励机制等诸多问题严重阻碍双语教育的发展。因此，构建双语教育考核评价体系十分必要。首先，要改变传统单一的评价方式，确定多元化考核评价体系。摒弃唯分数论的不合理评价方式，将形成

① 王莉颖．双语教育理论与实践：中外双语教育比较研究［M］．上海：上海教育出版社，2008.

② 方晓华．少数民族双语教育的理论与实践［M］．北京：学苑出版社，2010.

性评价、发展性评价和终结性评价结合起来，关注学生综合能力的培养，科学、合理的评价双语教学质量。转变过去单一的他人评价，评价主体由单纯的教育行政部门转变为学校领导、研究者、同行教师、教师本人、学生、外部评价者等。[①] 评价主体多元化有助于教师和学生的自我反思、自我完善和自我修正。其次，要建立健全双语教学激励制度。我国双语教育还处于初步探索阶段，需要双语教师不断提高自身综合素质并积极进行双语教学研究。因此，在完善考核评价体系的同时应注重双语教学激励制度的建设，从经费、进修、晋升等方面鼓励双语教师积极开展教学方法、教学设计、教学模式、课堂组织、课程评价等双语教育研究，从而推动双语教育逐步完善。

第二节　新疆“内初班”学生学习策略的发展特点[②]

一、问题的提出

学习策略是指学习者在学习活动中有效学习的程序、规则、方法、技巧及调控方式，它既可是内隐的规则系统，也可是外显的操作程序与步骤。[③] 作为影响学业成绩的一个重要因素，学习策略问题自 20 世纪 70 年代以来已经成为教育心理学、学习心理学的一个重要研究领域。在我国当前的民族教育实践中，普遍存在民族地区学生学业成绩较为低的问题，造成这个问题的原因很多，但也与民族地区学生是否主动采用合适的学习策略不无关系。一般而言，学生是否有策略意识、能否在学习过程中主动采用适合自己学习特点的学习策略是会不会学习的标志，更在相当程度上影响着学生学习效率和学习质量。

纵观国内外学习策略的研究现状，目前国内外对学习策略的研究主要

① 温萍．论“第四代评价理论”对我国本科教学评估的启示［J］．中国成人教育，2010（17）：135-136.

② 本节作者王存爱、蔡文伯，载于《兵团教育学院学报》2017 年第 2 期。

③ 刘电芝．学科学习策略与学科发展：理论与实践［M］．长春：吉林人民出版社，2006.

集中在对学习策略理论内涵的辨析①和结构的探讨②、学习策略测量工具的编制③、学习策略前因（如家庭人文因素）④ 和后果（如学业成绩）⑤ 等影响因素、学习策略培训⑥、不同学段学习策略调查的研究⑦等方面。纵观已有研究，对民族学生学习策略进行全面、系统、深入的探讨尚显匮乏，特别是针对新疆区内初中班（简称“内初班”）学生这个特殊群体的学习策略研究更是少之又少。而新疆“内初班”既是我国少数民族教育一种特有的办学模式，更是推进新疆教育扶贫工作的关键所在。因此，研究新疆“内初班”学生学习策略的发展特点，能够为“内初班”教师更好地了解其影响因素，进而为策略性教学提供理论基础。

二、研究方法

（一）研究对象

本研究以石河子市 S 中学初一至初三 3 个年级 14 个班的“内初班”学生作为调查对象，发放问卷共计 700 份，剔除回答不完整或有明显反映倾向问题的无效问卷后，回收有效问卷 601 份，有效问卷回收率 85.9%。

（二）研究工具

本研究采用周永垒博士编制的《初中生学习策略问卷》⑧，由认知策略、元认知策略和目标管理规划策略 3 个分量表构成。分量表又分为 12 个

① 齐聪，陈旭远，于超．我国学习策略研究十年述评（2003—2012）［J］．鸡西大学学报，2014（03）：16-20.

② 张荣华，刘电芝．高效学习：学习策略的生成和掌握［J］．课程·教材·教法，2012（04）：21-26.

③ 曹立人，陈艳．高中生学习策略调查研究［J］．心理科学，2006（04）：954-956.

④ 冯海英．家庭人文因素对中学生学习策略的影响分析［J］．教育研究与实验，2009（07）：20-22.

⑤ Dansereau，D. F. Cooperative Learning Strategies［A］．Weinstein，C. E.，et al. Learning and Study Strategies：Issues in Assessment，Instruction and Evaluation［C］．New York：Academic Press，1988：103-120.

⑥ 刘春华．论西方学习策略培训研究［J］．西昌学院学报：社会科学版，2012（03）：122-124.

⑦ 潘颖秋，刘善循，龚志宇．北京地区中学生学习策略水平的调查研究［J］．心理科学，2000（06）：694-698.

⑧ 周永垒．学习困难生的学习策略研究［D］．沈阳：辽宁师师范大学，2004.

维度，共计56个题项。问卷为自陈式量表，反应方式采用里克特式。问卷采用克隆巴赫α系数（Cronbach's alpha）检验，量表总信度系数为0.856。认知策略、元认知策略和目标管理规划策略问卷的内部一致性系数分别为0.872、0.789和0.735。

（三）问卷的施测和数据处理

以班级为单位进行团体施测。在施测时，研究者向被试者宣读统一的指导语和注意事项，以保证所有被试者都能理解问卷的内容和作答要求，测量过程中若有不理解的项目被试者可随时向主试者个别询问，所有测量一次性完成。每次测试历时约40分钟。采用SPSS17.0统计软件对数据进行分析。

三、结果与分析

（一）不同年级“内初班”学生学习策略的特点

统计数据显示，不同年级“内初班”学生学习策略存在极其显著差异。其中，元认知策略、目标管理策略存在极其显著差异；认知策略存在显著差异。不同年级策略得分初一学生最高，初二学生次之，初三学生最低（见表5-2-1）。

表5-2-1　不同年级“内初班”学生学习策略的状况

变量名称/年级	初一（n=186）		初二（n=226）		初三（n=189）		F	P
	M	SD	M	SD	M	SD		
认知策略	63.16	11.92	60.96	11.98	59.61	13.01	3.97*	0.019
元认知策略	46.53	11.62	45.52	10.74	42.03	13.20	7.58**	0.001
目标管理规划策略	46.56	8.34	44.60	8.40	41.88	9.14	13.98***	0.000
总策略	156.25	28.72	151.08	27.45	143.53	31.09	9.14***	0.000

注：* P<0.05；** P<0.01；*** P<0.001；下同。

进一步LSD多重比较发现，在认知策略和元认知策略上，初一与初二年级学生策略得分显著高于初三年级，初一与初二学生策略得分不存在显著差异；在目标管理策略上，初一学生策略得分显著高于初二、初三年级学生，初二年级学生策略得分显著高于初三年级学生。

以“内初班”学生年级为横坐标，以各年级学生在各学习策略上的平均分为纵坐标，可以绘制出“内初班”学生学习策略应用的年龄走势图(见图5-2-1至图5-2-3)。

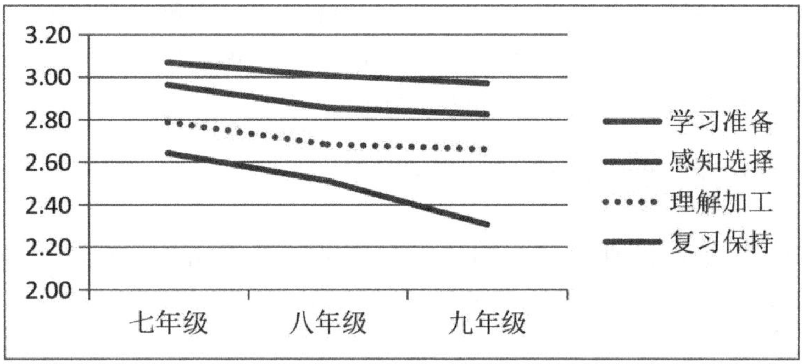

图5-2-1 认知策略的年级发展趋势

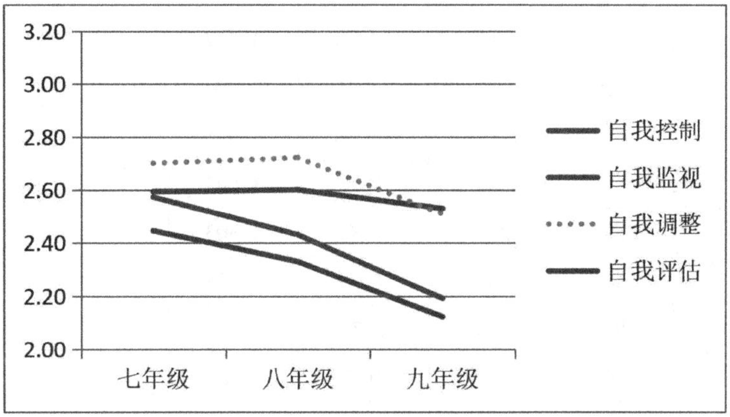

图5-2-2 元认知策略的年级发展趋势

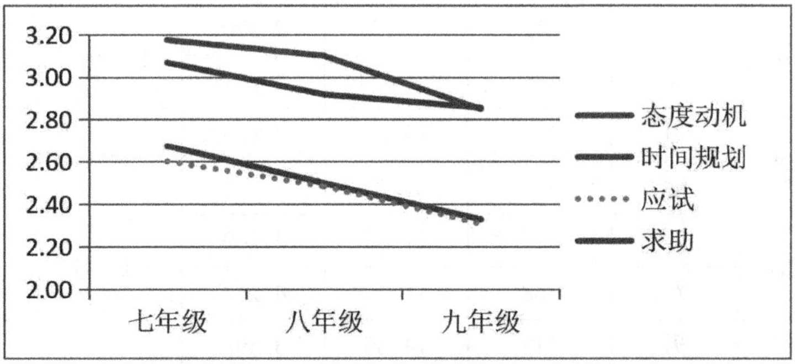

图5-2-3 目标管理策略的年级发展趋势

从3个图中可以看出，“内初班”学生学习策略的使用情况随着年级的升高有明显的下降的趋势。具体而言，在认知策略方面，学习准备、感知选择、理解加工下降趋势趋于和缓，而复习保持策略九年级学生使用下降明显；在元认知策略方面，自我控制、自我评估策略下降明显；在目标管理策略方面，求助和态度动机策略一直维持在很高的水平；时间规划和应试策略接近直线下降，下降趋势明显。

（二）不同性别“内初班”学生学习策略的特点

本研究对不同性别的“内初班”学生的学习策略使用情况进行了考察（见表5-2-2）。

表5-2-2　不同性别“内初班”学生学习策略的状况

变量名称	性别	N	M	SD	T	P
学习准备	男	213	14.73	3.337	-1.934	0.054
	女	388	15.25	3.046		
感知选择	男	213	16.66	3.945	-2.883**	0.004
	女	388	17.59	3.693		
理解加工	男	213	18.62	4.303	-1.306	0.192
	女	388	19.13	4.678		
复习保持	男	213	9.77	3.220	-1.058	0.290
	女	388	10.05	3.056		
自我控制	男	213	9.13	3.636	-2.372*	0.018
	女	388	9.86	3.569		
自我监视	男	213	7.22	2.270	-4.170***	0.000
	女	388	8.02	2.237		
自我调整	男	213	15.28	3.863	-2.723**	0.007
	女	388	16.23	4.212		
自我评估	男	213	11.05	4.269	-1.947	0.052
	女	388	11.76	4.264		
态度动机	男	213	14.66	3.598	-3.133**	0.002
	女	388	15.53	3.076		

续表

变量名称	性别	N	M	SD	T	P
时间规划	男	213	6.94	2.658	−3.880***	0.000
	女	388	7.80	2.591		
应试	男	213	9.93	2.828	0.498	0.619
	女	388	9.81	2.817		
求助	男	213	11.20	2.784	−3.953***	0.000
	女	388	12.10	2.455		

由表5−2−2可知，“内初班”女生在学习策略12个分维度（应试策略除外）平均分均高于男生。其中，“内初班”男女生在自我监视、时间规划、求助策略维度上存在极其显著差异（$P<0.001$）；在感知选择、自我调整、态度动机策略维度上存在非常显著差异（$P<0.01$）；在自我控制策略维度上存在显著差异（$P<0.05$）。但在学习准备、理解加工、复习保持、自我评估四个维度上“内初班”男女生无差异；男生在应试策略上得分高于女生，但不具有统计学意义。

（三）不同成绩组“内初班”学生学习策略的特点

收集被试者2016—2017年度第一学期期中考试语文、数学、英语三大主科考试成绩，在各年级组内部将其转化为标准分数，并以此为依据划分高分组和低分组。首先将成绩在各自的年级中由高分到低分进行排列，将前27%的人归为一组，定义为“高分组”，这部分同学即我们通称的学优生；将后27%的人归为一组，定义为“低分组”，这部分同学即我们俗称的学差生，然后比较两组学生在学习策略上的差异。

为了考察不同成绩组“内初班”学生在学习策略方面是否存在显著差异，做一元方差分析。其结果见表5−2−3。

表5−2−3 不同成绩组“内初班”学生学习策略方差分析

变量名称		平方和	df	均方	F	P
认知策略	组间	1782.716	1	1782.716	11.434**	0.001
	组内	50206.346	322	155.920		
	总数	51989.062	323			

续表

变量名称		平方和	df	均方	F	P
元认知策略	组间	6453. 444	1	6453. 444	47. 812***	0. 000
	组内	43461. 802	322	134. 975		
	总数	49915. 247	323			
目标管理规划策略	组间	2341. 485	1	2341. 485	30. 662***	0. 000
	组内	24589. 068	322	76. 364		
	总数	26930. 552	323			
总策略	组间	29222. 003	1	29222. 003	34. 505***	0. 000
	组内	272700. 031	322	846. 895		
	总数	301922. 034	323			

通过单因素方差分析发现，不同的“内初班”学生的学习策略的发展存在极其显著的差异（P<0. 001）。为了进一步考察差异的来源，对学习策略的优差生差异做独立样本 T 检验。其结果见表 5-2-4。

表 5-2-4　不同成绩组“内初班”学生学习策略的差异

变量名称		高分组（N=162）	低分组（N=162）	T	P
认知策略	学习准备	3. 09±0. 63	2. 96±0. 68	1. 772	0. 077
	感知选择	2. 96±0. 58	2. 73±0. 68	3. 224***	0. 001
	理解加工	2. 84±0. 65	2. 59±0. 66	3. 504***	0. 001
	复习保持	2. 59±0. 77	2. 37±0. 79	2. 625***	0. 009
		2. 88±0. 54	2. 67±0. 59	3. 381***	0. 001
元认知策略	自我控制	2. 74±0. 82	2. 11±0. 93	6. 456***	0. 000
	自我监视	2. 72±0. 70	2. 34±0. 76	4. 689***	0. 000
	自我调整	2. 88±0. 65	2. 41±0. 70	6. 323***	0. 000
	自我评估	2. 56±0. 82	2. 07±0. 89	5. 132***	0. 000
		2. 73±0. 61	2. 24±0. 68	6. 915***	0. 000

续表

变量名称		高分组（N=162）	低分组（N=162）	T	P
目标管理规划策略	态度动机	3. 2±0. 58	2. 89±0. 73	4. 234***	0. 000
	时间规划	2. 71±0. 90	2. 3±0. 85	4. 285***	0. 000
	应试	2. 63±0. 70	2. 28±0. 70	4. 398***	0. 000
	求助	3. 07±0. 57	2. 76±0. 71	4. 236***	0. 000
		2. 93±0. 51	2. 60±0. 58	5. 537***	0. 000
总策略		2. 85±0. 51	2. 51±0. 53	5. 874***	0. 000

从表 5-2-4 可以看出，高分组与低分组的学习策略在认知策略、元认知策略、目标管理规划策略、总策略量表都存在极其显著差异。其中，元认知策略差异最大（T=6. 915），目标管理策略次之（T=5. 537），认知策略差异最低（T=3. 381）。二者在目标管理规划策略得分最高，认知策略居中，元认知策略得分最低。在 12 个子因素中，除学习准备无显著差异，复习保持策略存在显著差异，其余 10 个策略均存在极其显著差异。

表 5-2-5　各维度学习策略均分

学习策略	高分组	低分组
学习准备	3. 09	2. 96
感知选择	2. 96	2. 73
理解加工	2. 84	2. 59
复习保持	2. 59	2. 37
自我控制	2. 74	2. 11
自我监视	2. 72	2. 34
自我调整	2. 88	2. 41
自我评估	2. 56	2. 07
态度动机	3. 20	2. 89
时间规划	2. 71	2. 30
应试	2. 63	2. 28
求助	3. 07	2. 76

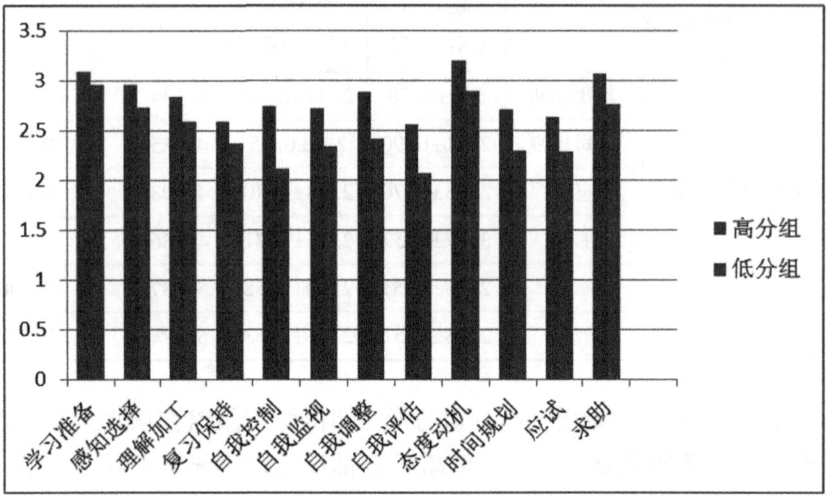

图 5-2-4　不同成绩组“内初班”学生学习策略对比图

由表 5-2-4、表 5-2-5 和图 5-2-4 可知，“内初班”不同成绩组学生学习策略得分差异最大的四个策略分别自我控制（T=6.456）、自我调整（T=6.323）、自我评估（T=5.132）、自我监视（T=4.689）；差异最小的四个策略分别为学习准备（T=1.772）、复习保持（T=2.625）、感知选择（3.224）、理解加工（T=3.504）。

四、讨　论

（一）“内初班”学生学习策略的发展呈折线下降走势

本研究发现，“内初班”学生学习策略的使用随年级增高而下降，初一学生得分最高，在初三时达到最低水平，这一结论与周国韬（1997）①、潘颖秋（2000）② 的研究结论一致，即出现了高年级学生学习策略使用反而下降的现象。根据课堂观察和事后访谈，我们认为原因如下：

（1）“内初班”学生大多来自边远牧区，他们来“内初班”之前的生

① 周国韬，张平，李丽萍，刘晓明．初中生在方程学习中学习能力感、学习策略与学业成就关系的研究［J］．心理科学，1997（04）：324-328.

② 潘颖秋，刘善循，龚志宇．北京地区中学生学习策略水平的调查研究［J］．心理科学，2000（06）：694-698.

活环境和学习环境，与“内初班”所在的环境有很大的差异。初一学生由小学步入初中，对学校环境和学习内容感觉很新鲜。他们怀揣希望，对于通过选拔性考试进入更好学习环境的他们自信满满，极欲表现，学习态度和动机水平都较高，上课能够集中注意力去听讲，课堂效率较高；遇到学习困难能及时地向老师和同学请教。

（2）本研究出现初一和初二年级学生学习策略无显著差异，因为初一学生有可能存在高估自己的现象。从表5-2-1“内初班”学生在理解加工策略方面不存在显著差异可以看出，这不符合认识发展规律。可能的原因是由于初二学生学习科目增多，学习难度增强使得学生在初一阶段因外在力量而形成的尚未成熟的策略学习能力得不到有效迁移，加之教师更强调对知识的学习，对于学习策略关注比较少，这些无疑会抹平学生因思维能力发展而提升的策略得分，出现初一和初二年级无显著差异。

（3）通过课堂观察，初三学生学习任务重，学习已进入全面总复习阶段，学习方式必定与初一、初二年级有很大不同。加之临近毕业，来自父母、老师和外界的压力也越来越大，相当一部分“内初班”学生这时候更为想家，学习兴趣因此减退，学习焦虑程度有所增高，学习动机水平下降，有的学生甚至会怀疑自己的学习能力，自我效能感降低，以上种种因素都会导致学生出现厌学等不良学业情绪。已有研究证明学生学习兴趣、学习动机、自我效能感对学习策略有正向影响作用。[①] 这样必然导致初三学生的学习策略使用水平的急剧下降；另外，初三学生每天几乎所有时段的学习都有教师辅导，自主学习时间几乎全被占尽，学生没有足够的时间去反思自己的学习，自我评估下降明显；初三求助动机下降明显，随着个体自尊水平的发展，初三学生内心更倾向于自己解决问题，但是出现问题却不愿意去主动求助。临近中考，学生成绩两极分化严重，遇到问题更不会主动求助。本研究中初三学生自我调整、态度动机、时间规划、求助策略与初一初二学生差异显著正好验证了这一点。因此，“内初班”教师在日常授课时要注重对学生个体思维水平、独立思考意识和对知识理解能力

① 周永垒，韩玉昌，张侃．学习困难生学习动机对学习策略的影响［J］．中国临床心理学杂志，2005（02）：200-202．杨海波，刘电芝，杨荣坤．学习兴趣、自我效能感、学习策略与成绩的关系：基于Kolb学习风格的初中数学学习研究［J］．教育科学研究，2015（10）：52-57．胡桂英，许百华．中学生学习自我效能感、学习策略与学业成就的关系［J］．浙江大学学报：理学版，2003（04）：477-480．张婕．初中生英语学习自我效能感、学业情绪与学习成绩的相关研究［D］．贵阳：贵州师范大学，2014．

的培养，不能只一味地对学生实施灌输式教学，这对于“内初班”学生的进一步的发展是相当不利的。

（二）“内初班”学生学习策略的使用在性别上呈现出明显的差异性特点

“内初班”女生在学习策略总量表及各分量表的得分均显著高于男生，说明“内初班”女生学习策略应用水平高于男生。特别是在自我监视、时间规划和求助策略上女生对这些策略的使用明显高于男生。这与司继伟（1999）女生的策略使用高于男生这一研究结果一致。① 结合事后对“内初班”教师和学生的访谈结果来看，我们认为可能的原因有：

（1）男女性别差异，女生的生理发育、自我意识发展都比男生早，在学习过程中她们更善于把控和反思自己的学习，学习自觉性和主动性都较强。例如，女生在课堂中注意力更为集中，课堂表现更为积极，听课效果也更好；女生家庭作业完成速度和质量好于男生。

（2）新疆边远牧区家庭子女多且存在严重的重男轻女的思想，“内初班”女生更珍惜进入教育资源比家乡更好的学习教育机会，表现出更强的自我教育能力和自我控制能力，她们一般都具有较高的学习自觉性、主动性，学习动机强，学习态度积极，学习更有毅力，遇到困难会想各种办法解决，例如查阅工具书或者向学习更好的同学或者老师请教。

（3）从我们对男女性格的刻板印象来讲，女生一般比男生更为文静，在课堂上更善于跟教师的交流沟通，学习比男生更为用功；男生则天生好动。因此，“内初班”教师在注重对全体学生进行学习策略教学的同时，要重视对男生群体学习策略的提高，培养他们良好的学习态度，提高其学习动机水平，要求他们对知识进行及时的复习巩固，并能较灵活使用一些辅助手段帮助学习。

（三）学习策略是影响学业成绩的重要因素，优差生学习策略的差异主要体现在元认知策略的差异上

本研究发现，不同成绩组的“内初班”学生学习策略存在显著差异。高分组学生学习策略得分显著高于低分组学生，这一结果也再次验证了前

① 司继伟．小学儿童估算能力研究［D］．重庆：西南师范大学，2002.

人的结论，学生学业成绩与学习策略使用水平有密切的关系，学习策略是影响学生学习成绩的重要因素。学习过程中更多地使用学习策略更易于良好学业成绩的取得；反之，学习过程中缺乏策略意识，较少地运用学习策略的学生较难取得较好的学业成绩。可以认为，学习策略的高低是造成成绩分化的一个重要原因。

本研究中高分组和低分组学习策略最大的差异在于元认知策略，元认知策略主要用于评价、管理、监控认知策略的使用①，是策略中的策略。这与学生的学习实际也是相符的。在教育活动中我们很容易发现，那些自控能力强的学生往往更可能根据自己的学习计划，合理有序地开展自己的学习活动，遇到问题能灵活地调整自己的学习计划，始终让学习活动朝着自己既定的学习目标发展。只有灵活熟练掌握元认知策略的学生才可能成为自主的学习者。可见，学生掌握元认知策略对提高学习成绩极为关键。

两点启示：一方面，“内初班”教师要重视学习策略的重要作用，在日常教学过程中，要特别重视对学生元认知策略的教授和培训。首先，通过我们长期的课堂观察，发现部分“内初班”教师还是采用满堂灌的传统教学方法，教师自身没有策略意识，更遑论对学生进行策略性指导与教学；元认知策略具有内隐性特点，它反映学生内部思维的过程，不易被观察到从而容易被忽略。因此，教师首先要树立策略教学意识，特别是元认知策略教学意识，注意提高自己的策略教学能力。其次，注重对元认知策略的培训。元认知策略是可以通过培训而得来的，元认知训练的主要内容是教会学生如何根据自己的特点、材料的特点、学习任务和要求的不同，灵活地制定相应的计划，采取合适的有效策略，并在学习活动中积极地进行监控、反馈、调节，及时修正策略和过程，以尽快和有效地达到目标。例如，引导学生每天记学习日记。正所谓好记性不如烂笔头，学习日记是记录学生每天所学的知识以及自己的心得体会。这种学习方法在国外特别流行。左边记录当天的知识，标记哪些是自己掌握的，哪些是未领会的。右边留下稍许位置记录自己的理解过程或者当时的思考过程或者心得体会。记日记的过程实际就是系统梳理知识点和自己思维的过程，有利于学生加深对知识的系统理解、提高对自己思维过程的认识。此外，好的教法往往蕴含着好的学法，教师可以在教学过程中示范自己对某个问题的思维过程，潜移默化地提高学生的认知思维能力。另一方面，老师要对优差生

① 刘电芝．学习策略研究概述［J］．教育研究，2002（02）：78-82.

学习策略表现中的差异进行因材施教。针对不同学业表现的学生，教师可以有针对性地采用不同的教学方法，大部分学差生的问题是学习基础差，日常辅导中在对知识点讲授的同时，可适当灌输策略意识，帮助学差生制定适合自己的学习方案并监督其执行效果；对于学优生，要侧重引导他们对学习进行反思。

五、结　论

（一）不容忽视初三学生非智力因素的发展

“内初班”学生学习策略使用水平随年级增高呈折线下降趋势发展，在初三时低至最低水平。其中，态度动机、求助策略、时间规划策略下降趋势明显。初三学生面临着巨大的中考压力，自主学习时间被大量挤占，出现学习焦虑水平上升、学习动机水平和自我效能感下降等现象，上述非智力因素严重影响了初三学生学习策略使用水平和心理健康。因此，教师应重视初三学生非智力因素的发展，在日常教学活动中尽量淡化成绩意识，对学生多些关心和理解，关注学生的心理健康发展，降低学生焦虑水平，引导学生对考试保持平常心，给学生学习和成长提供更为宽松有利的环境。

（二）“内初班”男生学习策略水平需要提高

“内初班”女生的学习策略水平优于男生。“内初班”男生在自我控制、自我监视、时间规划、求助策略、态度动机策略水平上都显著低于女生。男生在学习过程中不如女生善于沟通，教师要有敏感心，及时发现男生群体的问题，主动走进男生群体，了解他们的所想所思，拉近与男生的心理距离，以便培养男生群体的学习态度，激发他们的学习动机，引导他们灵活地采用各种辅助性学习策略来提升策略水平。

（三）学习策略是影响“内初班”学生学业成绩的重要因素

“内初班”学优生学习策略得分显著高于学差生。学习策略与学业成绩关系密切，即学习策略是影响学生学业成绩的重要因素。[①] 因此，“内初

---

① 刘志华，郭占基．初中生的学业成就动机、学习策略与学业成绩关系研究［J］．心理科学，1993（04）：8-14+66.

班”教师要对不同学业表现的学生因材施教，针对他们学习特点采取不同的培养策略，而非一概而论；元认知策略是造成学生成绩分化的一个重要原因，要注意引导学生对学习进行反思，让每个学生都能灵活主动地掌控自己的学习，提高元认知策略水平，以此提高学生的学业成绩。

第三节　新疆石河子“内初班”学生的学习适应性①

1999 年，国家为加快新疆经济和社会发展、培养少数民族高层次建设人才，仿照西藏的做法，在发达省区、市举办新疆区外高中班。2004 年，为了进一步加快新疆人才培养的步伐，做好新疆的各项工作，尽快缩小地区教育发展水平的差距，让广大农牧区和边远地区的青少年能够享受到高质量的基础教育，新疆维吾尔自治区决定在乌鲁木齐、克拉玛依、石河子、奎屯、昌吉、哈密、库尔勒和阿克苏 8 个经济和教育条件较好的城市开办“内初班”。②

“内初班”的举办丰富了新疆的办学模式，广大农牧区学生尤其是边远贫困地区的孩子是最大的受益者。在政府高度关注民族教育的背景下，我们更应该关注“内初班”学生这样一个特殊群体。从生源质量看，“内初班”学生大都是品学兼优的青少年；从成长阶段看，这一时期的青少年可塑性强、模仿能力强，正处于身心发育和接受教育的重要时期。③在这一阶段，“内初班”学生在固有的身份及其相应的心理与文化特征的影响下，面对新的学习环境他们需要一个适应过程，尤其对学习的适应是重中之重。因此，研究“内初班”学生的学习适应性就显得尤为重要。

一、调查对象及调查工具

（一）调查对象

石河子市共 4 所“内初班”承办学校，每年固定招收 2250 名“内初

① 本节作者蔡文伯、自玉梅，载于《兵团教育学院学报》2013 年第 2 期。

② 韩炯，郭卫东．新疆区内初中班少数民族学生学习适应性调查分析［J］．现代中小学教育，2009（06）：40-44．

③ 韩炯，郭卫东．新疆区内初中班少数民族学生学习适应性调查分析［J］．现代中小学教育，2009（06）：40-44．

班”学生。其中，师范学校每年招收750人，第十中学750人，第八中学450人，第十六中学300人。本研究采取分层取样方法，分别在学校、年级、考生类型三个层次上严格按比例随机抽取被试，共抽取被试294例。施测要求当场完成，当场回收，回收率100%，有效问卷294份，有效率100%。

（二）调查工具

鉴于“内初班”学生的特殊性，研究者对华东师范大学周步长等修订的《学习适应性测验》做了部分调整，主要集中在家庭环境内容量表上，因为“内初班”学生是寄宿制管理，家庭环境内容量表中个别题项不适合“内初班”学生，本研究保留了5个相对适合的题。同时，增加了5个关于汉语情况的测题，并将这5个测题单独作为一个内容量表。经过调整的《学习适应性测验》信度Cronbach's α系数为0.673，接近0.7，信度较好；量表中各维度的KMO值的均值为0.744，总体效度较好。

二、调查结果

（一）学习适应性的总体水平

学习适应性分为5个等级，分别为优等、中上、中等、中下和差等，处于中下和差等水平被视为学习适应不良。“内初班”学生的学习适应性总体水平与全国常模相比，整体趋势与全国常模一致①（见表5-3-1）。

表5-3-1　样本等级分布与全国常模等级分布比较（N=294）

等级	样本等级分布			常模等级分布		
	人数 N	百分比（%）	累计百分比（%）	人数 N	百分比（%）	累计百分比（%）
优等	24	8.16	8.16	21	7	7
中上	62	21.09	29.25	70	24	31
中等	109	37.08	66.33	112	38	69

① 聂衍刚，郑雪，张卫．中学生学习适应性状况的研究［J］．心理发展与教育，2004（01）：23-28.

续表

等级	样本等级分布			常模等级分布		
	人数 N	百分比（%）	累计百分比（%）	人数 N	百分比（%）	累计百分比（%）
中下	81	27.55	93.88	70	24	93
差等	18	6.12	100	21	7	100
T=0.000，P=1.000						

由表 5-3-1 可知，将样本和常模做配对 T 检验，T=0.000，差异不显著，这说明“内初班”学生整体适应性水平与全国常模水平相当。“内初班”学生学习适应不良检出率达 33.67%，略高于常模不良率（31%），这部分学生需要做个别指导，以改善其适应性。

表 5-3-2　样本平均等级与常模平均等级比较

量表	样本平均等级	常模平均等级
量表Ⅰ	2.95	3
量表Ⅱ	2.97	3
量表Ⅲ	3.02	3
量表Ⅳ	2.98	3
全量表	2.98	3
T=-1.754，P=0.154		

由表 5-3-2 可知，四个分量表和全量表的平均等级均接近常模平均等级 3，经过检验 T=-1.754，差异不显著，表明“内初班”学生的学习适应性平均等级与全国常模一致。

（二）各量表上的适应不良检出率

根据 AAT 指导手册，将中下和差等两个等级，即标准分在 44 分以下（含 44 分）评定为学习适应不良。“内初班”学生在 4 个分量表和 13 个内容量表上的不良检出率如下。

表 5-3-3　学习适应不良在 4 个分量表上的检出率

分量表	检出人数	不良率（%）	排序
量表Ⅰ	100	34.01	2
量表Ⅱ	107	36.39	1
量表Ⅲ	91	30.95	3
量表Ⅳ	89	30.27	4

由表 5-3-3 可以看出，“内初班”学生的适应不良在各分量表上比较平均。其中，量表Ⅱ的不良检出率最高，其次是量表Ⅰ，接下来依次是量表Ⅲ和量表Ⅳ。其中，量表Ⅱ和量表Ⅰ的不良率均高于常模不良率 31%，这说明“内初班”学生的学习适应不良主要集中在学习技术和学习态度上。

表 5-3-4　学习适应不良在 13 个内容量表上的检出率

内容量表	不良率（%）	排序	内容量表	不良率（%）	排序
学习热情	30.61	9	汉语情况	35.04	6
学习计划	37.08	3	学校环境	22.46	13
听课方法	33.34	7	朋友关系	23.13	12
读书和笔记方法	40.14	2	独立性	36.39	4
学习技术	35.71	5	毅力	31.63	8
应试方法	30.27	10	身心健康	26.87	11
家庭环境	44.90	1			

由表 5-3-4 可以看出，“内初班”学生在各量表上的不良检出率很高，平均不良率达 32.89%。其中，家庭环境、读书和笔记方法的不良率超过了 40%。各因素的不良率由高到低地排序为家庭环境、读书和笔记方法、学习计划、独立性、学习技术、汉语情况、听课方法、毅力、学习热情、应试方法、身心健康、朋友关系、学校环境。“内初班”学生在学校环境、朋友关系和身心健康的不良率在 27%以下，明显低于平均不良率，适应状况较好。

（三）性别的差异比较

将“内初班”学生的性别作为自变量，各内容量表、分量表及全量表的得分情况作为因变量进行T检验，来分析石河子市“内初班”学生学习适应性在性别上是否存在差异（见表5-3-5）。

表5-3-5　“内初班”学生学习适应性性别差异的T检验

变量名称	性别	N	M	SD	T
学习热情	男	117	50.739	10.169	1.030
	女	177	49.512	9.885	
学习计划	男	117	51.770	10.885	2.489*
	女	177	48.830	9.215	
听课方法	男	117	52.136	10.518	3.018**
	女	177	48.588	9.409	
读书和笔记方法	男	117	52.965	10.451	4.252***
	女	177	48.040	9.208	
学习技术	男	117	49.329	9.523	-0.935
	女	177	50.444	10.306	
应试方法	男	117	50.814	10.532	1.135
	女	177	49.462	9.625	
家庭环境	男	117	51.641	9.320	2.305*
	女	177	48.915	10.308	
汉语情况	男	117	49.200	9.672	-1.116
	女	177	50.529	10.204	
学校环境	男	117	48.972	10.632	-1.435
	女	177	50.679	9.529	
朋友关系	男	117	51.117	10.112	1.560
	女	177	49.262	9.885	
独立性	男	117	51.043	10.410	1.457
	女	177	49.311	9.687	
毅力	男	117	49.463	9.702	-0.748
	女	177	50.355	10.204	

续表

变量名称	性别	N	M	SD	T
心身健康	男	117	50. 170	10. 370	0. 236
	女	177	49. 888	9. 776	
量表Ⅰ	男	117	52. 241	10. 722	3. 172**
	女	177	48. 519	9. 229	
量表Ⅱ	男	117	51. 090	10. 612	1. 523
	女	177	49. 280	9. 536	
量表Ⅲ	男	117	50. 168	11. 023	0. 234
	女	177	49. 889	9. 293	
量表Ⅳ	男	117	50. 208	9. 844	0. 289
	女	177	49. 863	10. 127	
全量表	男	117	51. 388	10. 538	1. 944
	女	177	49. 083	9. 547	

注：* P<0. 05；** P<0. 01；*** P<0. 001；下同。

由表 5-3-5 可见，在全量表上，T 值为 1. 944，P＝0. 053>0. 5，说明“内初班”学生的学习适应性在性别上不存在显著差异；在分量表上，量表Ⅰ（学习态度）的 T 值为 3. 172，P＝0. 002<0. 01，差异非常显著，男生的学习态度比女生好；在内容量表上，学习计划，家庭环境量表的得分上差异显著，在听课方法的得分上差异非常显著，在读书和笔记方法上差异极其显著。各量表的均值表明，在学习热情、学习计划、听课方法、读书和笔记方法、应试方法、家庭环境、朋友关系、独立性、心身健康方面，男生的学习适应性优于女生；在学习技术、汉语情况、学习环境、毅力方面，女生的学习适应性优于男生。

（四）年级的差异比较

将“内初班”学生的年级作为自变量，各内容量表、分量表及全量表的得分情况作为因变量进行 F 检验，来分析石河子市不同年级的“内初班”学生在学习适应性上是否存在差异（见表 5-3-6）。

表 5-3-6 石河子市不同年级"内初班"学生学习适应性的 F 检验

变量名称	平方和	df	均方	F
学习热情	391.498	2	195.749	1.970
学习计划	450.204	2	225.102	2.271
听课方法	2135.439	2	1067.719	11.438***
读书和笔记方法	58.927	2	29.464	0.293
学习技术	2091.591	2	1045.796	11.185***
应试方法	1309.724	2	654.862	6.808***
家庭环境	161.413	2	80.707	0.806
汉语情况	280.075	2	140.038	1.404
学校环境	124.390	2	62.195	0.620
朋友关系	460.436	2	230.218	2.323
独立性	13.256	2	6.628	0.066
毅力	622.750	2	311.375	3.160*
心身健康	2335.788	2	1167.894	12.604***
量表Ⅰ	762.401	2	381.200	3.887*
量表Ⅱ	1300.353	2	650.176	6.757***
量表Ⅲ	326.305	2	163.152	1.639
量表Ⅳ	217.202	2	108.601	1.087
全量表	503.386	2	251.693	2.543

由表 5-3-6 可见，在全量表上，不同年级"内初班"学生的学习适应性 $F=2.543$，$P=0.08>0.05$，意味着三个年级的学习适应性在总体上差异不显著；在分量表上，量表Ⅰ（学习态度）差异显著，量表Ⅱ（学习技术）差异极其显著；在内容量表上，毅力量表得分差异显著，在听课方法、学习技术、应试方法、身心健康四个量表上的得分差异极其显著。采用 Scheffe 法为存在差异的量表Ⅰ、Ⅱ做了多重比较检验（Post Hoc Tests），结果显示：三个年级的学习态度排序为八年级>九年级>七年级；三个年级的学习技术排序是九年级>八年级>七年级。

（五）“民考民”和“民考汉”学生的差异比较

将“内初班”学生的考生类型作为自变量，各内容量表、分量表及全量表的得分情况作为因变量进行 T 检验，来分析石河子市“内初班”“民考民”和“民考汉”学生在学习适应性上是否存在差异（见表 5-3-7）。

表 5-3-7　石河子市不同年级“内初班”学生学习适应性的 T 检验

变量名称	考生类型	N	M	STD	T
学习热情	民考民	197	51.182	9.886	2.925**
	民考汉	97	47.600	9.848	
学习计划	民考民	197	50.180	10.026	0.439
	民考汉	97	49.634	9.990	
听课方法	民考民	197	50.415	10.215	1.013
	民考汉	97	49.158	9.544	
读书和笔记方法	民考民	197	50.661	9.771	1.619
	民考汉	97	48.658	10.372	
学习技术	民考民	197	49.902	10.011	−0.240
	民考汉	97	50.200	10.026	
应试方法	民考民	197	49.639	10.076	−0.883
	民考汉	97	50.734	9.855	
家庭环境	民考民	197	50.024	9.153	0.058
	民考汉	97	49.952	11.583	
汉语情况	民考民	197	54.889	8.242	16.651***
	民考汉	97	40.071	4.226	
学校环境	民考民	197	50.282	10.424	0.688
	民考汉	97	49.428	9.103	
朋友关系	民考民	197	48.947	10.087	−2.599**
	民考汉	97	52.139	9.517	
独立性	民考民	197	50.943	9.998	2.320*
	民考汉	97	48.086	9.777	

续表

变量名称	考生类型	N	M	STD	T
毅力	民考民	197	50.259	9.823	0.632
	民考汉	97	49.475	10.381	
心身健康	民考民	197	49.594	10.035	-0.992
	民考汉	97	50.824	9.929	
量表Ⅰ	民考民	197	50.764	10.406	1.874
	民考汉	97	48.449	8.973	
量表Ⅱ	民考民	197	50.021	9.986	0.052
	民考汉	97	49.957	10.080	
量表Ⅲ	民考民	197	52.159	9.462	5.537***
	民考汉	97	45.615	9.666	
量表Ⅳ	民考民	197	50.423	10.301	1.033
	民考汉	97	49.141	9.351	
全量表	民考民	197	50.970	10.074	2.390*
	民考汉	97	48.029	9.600	

由表5-3-7可见，在全量表上，“民考民”学生和“民考汉”学生在学习适应性的差异检验 $T=2.390$，$P=0.017<0.05$，差异显著。总体上，“民考民”学生的学习适应性比“民考汉”学生好；在分量表上，量表Ⅲ（学习环境）的得分差异极其显著，“民考民”学生比“民考汉”学生更能很好地适应“内初班”的学习环境；在内容量表上，“民考民”学生和“民考汉”学生在独立性量表上差异显著，在学习热情和朋友关系量表上差异非常显著，在汉语情况量表上差异极其显著。除学习技术、应试方法、朋友关系和心身健康外，“民考民”学生的学习适应性均优于“民考汉”学生。

三、讨 论

（一）学习适应性总体水平的讨论

本研究表明，“内初班”学生学习适应性在5个等级的分布上与全国常模基本一致，平均等级也接近常模平均等级3，均符合常模分布。而韩炯、郭卫东（2009）的研究结果显示，“内初班”学生的学习适应性优于全国常模，这与本研究的研究结果不一致。原因可能是研究样本在取样上的区别，韩炯、郭卫东的研究样本分别选取乌鲁木齐市、克拉玛依市和昌吉市开办“内初班”的学校各一所，三个学校每个年级随机抽取一个班学生作为被试，共计391人。本研究采取分层抽样方法，在学校、年级和考生类型上都严格按比例进行了抽样，4所学校每个年级随机在两个班抽取“民考汉”和“民考民”学生，共抽取294人。

（二）适应不良检出率的讨论

本研究表明，“内初班”学生在各量表上的不良检出率很高，平均不良率达32.89%。从分量表上看，“内初班”学生在学习技术和学习态度上的不良率高于全国常模，说明“内初班”学生的学习适应性在这两方面存在较大的困扰。首先，在学习技术上，由于“内初班”学生多来自落后地区，在当地的教学条件和师资力量有限、家庭教育观念落后的情况下，学生未能养成良好的学习习惯和掌握多种学习技能。其次，在学习态度上，“内初班”学生的学习愿望是很强烈的，但在新的环境中一切都与小学阶段习惯了的学习环境不一样，有的同学可能在对新环境的不适应中学习态度发生了转变，有的同学可能在新环境中面对诱惑时迷失了方向，有的同学可能在新环境中无法自控而荒废了学习。

从内容量表上看，“内初班”学生主要在家庭环境、读书和笔记方法等方面存在学习适应不良。首先，“内初班”学生远离父母来到石河子学习，与父母的联系只能依靠电话和书信两种方式，联系方式的间接性影响了沟通效果，导致父母对孩子的关爱“鞭长莫及”，无法及时掌握孩子的学习和生活动态，这在“内初班”学生与其父母之间构筑起无形的隔阂，导致了“内初班”学生在家庭环境方面适应不良。其次，“内初班”学生绝大部分来自教育相对落后的地区，在当地教育设施和教育方法受限的情况下，“内初班”学生未能养成良好的学习习惯、无法掌握较多有效的学习方法。初中的课业内容和难度增加之后，在读书和笔记、学习计划、听课方法等技巧性较强的学习技术上就更加难以适应，导致部分学生出现适应不良。

（三）性别比较的分析与讨论

本研究表明，在全量表上，“内初班”学生的学习适应性在性别上不存在显著差异，说明总体上男生的学习适应性优于女生；在分量表上，量表Ⅰ（学习态度）差异非常显著，男生的学习态度明显好于女生；在内容量表上，学习计划、家庭环境、听课方法与读书和笔记方法上存在着显著差异。对比各量表均值结果可知，男生在学习热情、学习计划、听课方法、读书和笔记方法、应试方法、家庭环境、朋友关系、独立性、心身健康方面的学习适应性优于女生；女生在学习技术、汉语情况、学习环境、毅力方面的学习适应性优于男生。

虽然男女生在学习适应性总体上差异不显著，男生的学习态度显著好于女生。在13个内容量表中，男生有9个内容量表得分高于女生，可能是因为女生先于男生进入青春期，情绪管理、人际交往、情感经历、思维发展等成为女生的难题，青春期影响了“内初班”女生的学习适应性。但女生的语言天赋优于男生，所以女生的汉语水平比男生高。

（四）年级比较的分析与讨论

本研究表明，在全量表上，不同年级“内初班”学生的学习适应性在总体上差异不显著；在分量表上，量表Ⅰ（学习态度）差异显著，量表Ⅱ（学校技术）差异极其显著；在内容量表上，毅力量表得分差异显著，在听课方法、学习技术、应试方法、身心健康4个量表上的得分差异极其显著。

在学习态度分量表上的得分排序为八年级>九年级>七年级。其中，差异显著的听课方法是一种可习得的学习方式，按照常理，应该是年级越高，这种习得积累越丰富越好，但事实是在中考的压力下，对复习课失去新鲜感之后，九年级的听课方法就不及八年级了。这与学习态度分量表上的检验结果一致。

在学习技术分量表上的得分排序为九年级>八年级>七年级。其中，学习技术、应试方法都依靠经验的积累，学习经验和考试经验越丰富，学习技术和应试方法就越好，这与学习技术分量表上的检验结果一致。毅力是学习过程中比较重要的心理品质，要想取得好的学习效果就必须有好的毅力，随着学习经验的积累以及中考在即，学生会发现毅力是取得良好学习效果的重要保证，那么他们在学习上会更加坚持不懈，所以高年级的毅力要比低年级好。

在心身健康量表上的得分为七年级>八年级>九年级。许多“内初班”学生的近期梦想就是考上“新疆区外高中班”，中考是他们能否实现这个梦想的关卡，距离中考越近，心理压力就越大，那么心身健康就相应地下降。因此，随着年级的升高，心身健康程度就会有所降低。

（五）“民考民”和“民考汉”学生比较的分析与讨论

本研究表明，在全量表上，“民考民”学生和“民考汉”学生在学习适应性的差异显著；在分量表上，量表Ⅲ（学习环境）的得分差异极其显著，“民考民”学生比“民考汉”学生更能很好地适应“内初班”学习环境；在内容量表上，“民考民”学生和“民考汉”学生在独立性量表上差异显著，在学习热情、朋友关系与汉语情况量表上的得分差异显著。

总体上，“民考民”学生的学习适应性比“民考汉”学生好，在汉语情况和朋友关系上“民考汉”学生适应比“民考民”学生好，这是因为“民考汉”学生从小学就开始接触汉语，同汉族同学一起学习，到了初中他们汉语已经很流利了，也比较习惯与汉族朋友交往。与“民考汉”学生相比，“民考民”学生家庭经济条件稍差，铸就了他们从小吃苦耐劳、宽容的性格，在面对困难和逆境时，更能经得起挫折和打击；而且不花钱就可以享受更优越的教育条件，“民考民”学生自己和他们父母都倍加珍惜这难得的学习机会；汉语是“民考民”学生的弱项，他们始终认为同是少数民族但“民考汉”学生比自己优秀，在学习上“民考民”学生非常刻苦认真，他们的学习适应性就比“民考汉”学生好。

四、结 论

经过上述检验分析和讨论，可得出如下结论：

（1）石河子“内初班”学生的学习适应性与全国常模基本一致。“内初班”学生学习适应性在5个等级的分布上与全国常模基本一致，平均等级也接近常模平均等级3，均符合常模分布。

（2）石河子“内初班”学生的学习适应不良主要集中在学习技术和学习态度上。

(3) 石河子“内初班”学生的学习适应性在性别上差异不显著。在13个内容量表中，男生有9个内容量表的得分高于女生，表明男生的学习适应性在一定程度上优于女生，但尚未达到显著性差异。

(4) 石河子“内初班”学生的学习适应性在年级上差异不显著。但在量表Ⅰ、量表Ⅲ、听课方法、学习技术、应试方法、毅力、身心健康等量表上存在显著性差异。

(5) 石河子“民考民”和“民考汉”学生的学习适应性在全量表上差异显著，总体上“民考民”学生的学习适应性优于“民考汉”学生。

第四节 新疆南疆地区初中毕业生升学研究①

新疆南疆地区每年有初中毕业生闲散在家，或由于学业水平不佳，或由于高中学费、生活费而令很多学生止步于高中教育。本研究将通过群体访谈及案例研究，从质性研究的角度呈现新疆南疆九年级学生的学习生活设想。

一、我们的理想：对于机会的渴望

研究的场域是位于新疆南疆喀什地区的一所乡村九年制学校。该学校的学生及老师全部为维吾尔族，学生的家庭背景90%以上来自农民家庭，九年级中分出一个加强班、一个双语班，这两个班级的学生成绩优异，能用汉语流利沟通，学习刻苦努力，正在为即将来临的中考努力准备着。他们的目标是希望考上发达地区的高中班，因为这类高中班上学是免费的，能够解决学费、生活费的问题。

访谈是在初春的上午进行的，和煦的阳光笼罩着这个安静的小村庄，校园里生机勃勃、欢声笑语。新疆南疆地区的农村，毫无例外的都是灰土色的色调，灰土色的土房，灰土色的大地，简洁的房舍与朴实的面孔让这里的一切充满了质朴的色彩。每到一所村庄的校园，便会瞬间点亮双眼，鲜艳的教学楼，规整的操场，还有一个个跳跃的身影让人仿佛看到了即将到来的灿烂春天。笔者将19位学生约到了洒满阳光的校园一角，看着他们脸上洋溢着阳光般灿烂的笑容，愉快的交谈与讨论让笔者感受到他们执

① 本节作者刘月、蔡文伯。

着、单纯的内心。在后期的访谈资料整理过程中，通过对他们言语的归类分析，一个核心概念“理想”不断浮现在研究者的脑海。他们的理想主要涉及升学的坚定信念、对未来职业和建设家乡的美好憧憬、渴望当个幸福的人三个方面，言语中流露出他们期望通过接受教育改变自己的命运、改变家乡现状这样一个简单、朴实的愿望。

（一）理想1：强烈的学习愿望和热情

19位受访者均来自学校九年级的双语班，是学校为了提高升学率，从普通班级选拔出来的优秀学生组建的专门冲刺中考的优秀班级。起初是他们认真的学习态度吸引了研究者的注意。中午的校园里，安宁寂静，在一个班级门口，有十几个孩子手捧书本在春日的暖阳下认真习读。很自然地，话题开启于他们对学习的关注：“我们还有81天就要中考了，大家现在学习很紧张，我们早上6点半（此处为新疆时间，即北京时间8点半）上学，晚上10点半下晚自习，我们家都住在附近，但住家不方便我们都住校了……我们都想考上‘新疆区外高中班’[①]，老师也很重视我们，我们考上了他们脸上也有光……父母也很支持我们，让我们什么都不要想，好好学习，让我们一定考上高中。”

去发达地区上高中是他们最强烈的愿望，生活全部重心都在应考这一头等大事上，教室中的倒计时牌时刻提醒着他们临考的日子。学校显然将升学率作为一项重要的指标，为他们提供单独的教室，配备最好的教师。从他们的话语中，可以看出三方面的态度：学生、教师及家长，均对升学表现出积极的正面态度。学生自己的态度更多同周围环境、同学、老师、父母的态度影响有关，他们看到周围通过接受教育而改变命运的实例，从而认定考上高中，特别是“新疆区外高中班”，以此作为通向未来成功重要的途径；教师的态度来自学校的教学考评以及教师职业的荣誉等方面；这里值得关注的是家长的态度，他们对孩子能在中东部地区上高中表现得非常积极与配合：“我的姐姐在青岛上高中，她是我的榜样，她说在青岛有很好的老师，她学到很多东西，她一定能考上好大学，我的爸爸妈妈也

---

① 新疆区外高中班：其目的是使新疆少数民族学生在发达地区接受更好的高中教育，将来为祖国服务。新疆区外高中班学制四年，含预科一年。学生不分民族统一编班，使用汉语文授课。预科阶段重点补习初中的汉语文、英语和数、理、化课程，以达到初中毕业水平。教材统一使用教育部组织编写的预科教材。

要我像姐姐一样有出息……”

“新疆区外高中班”的实行不仅为来自少数民族贫困家庭的学生提供了更多的优质学习机会，更为身在新疆南疆的父母及学生打开了一扇了解外界的窗户，让他们感受到教育的重要性，他们的孩子接受了更高水平的教育，未来能从事医生、老师这些神圣的职业，教育不仅能改变孩子的命运，甚至关系到每一个家庭的未来。正是这种对于教育的期待和认同，父母选择支持孩子的学业。然而这就意味着，如果孩子去上高中，不仅家里因减少一个劳动力产生间接成本的同时，他们还需支付一定的直接成本——生活费、书本费，这对于一个多子女的农民家庭来说显然负担重重。在面对去中东部发达地区还是去县城上高中的问题上，无论是学生、老师，还是父母都一致地倾向于前者，除了中东部地区优质的教育资源充满吸引力外，还有另外一个非常重要的原因是免费。

对于出自农民多子女家庭的学生，一方面怀有强烈的升学愿望，另一方面也体恤父母生活的艰难，在这样一个两难选择中，他们把希望寄托在了考取免费“新疆区外高中班”的希望上。但招生人数非常有限，一个50人左右的班级只有2—3名学生能获得这样的机会。

按照我国现行学制，高中阶段教育分为普通高中和职业高中。前者作为基础教育的高级阶段，为未来接受高等教育做准备；后者为即将步入社会的青少年教授一门技能。2010—2020年教育规划纲要提出，到2020年普及高中阶段教育，毛入学率达到90%。高中阶段的教育作为一种普及，不应只是一种理想。

（二）理想2：学成归来，建设家乡

虽然被访者的父母多是当地的农民，但对于接受过教育的他们来说，同样憧憬着未来美好的职业，渴望接受更高水平的教育来改变自己的命运。

“你们上高中、上大学，之后想干什么？”“当医生、老师、警察、飞行员……他们都是有用的人，能帮助别人……我们同学的家长是医生家庭，条件很好，他们都能出去上学。”

从学生的言语中可以看出，他们对于未来职业的设想，一个重要的因素是受职业本身的专业性及其价值来权衡的，在他们的世界观中形成了一个观念——未来要当一个有用的人。另外一个因素，是他们通过自己的生活经验获得的，一份稳定的工作能带来稳定的生活。接受高中教育是他们

目前最迫切的需求，会对未来职业的考虑产生最直接的反映，他们的内心渴望一个有着稳定收入的家庭，从而会有一个稳定的受教育机会。

“为什么想当飞行员？”“我想在家乡建设飞机场。”“你们都很爱你们的家乡对不对？你们毕业后都想回到家乡吗？”“是的（异口同声地回答），我们想把家乡建设得更好。”

对未来职业选择的第三个因素是出于家乡的情怀。他们身处贫困地区，通过接受教育开阔了他们的眼界，知道外面世界的精彩，他们眼中的家乡虽然是美丽的但也是落后的，出于对家乡单纯的依恋，在他们的意识中保有学成归来，建设家乡的美好愿望。新疆南疆地区交通不便，发展缓慢，人才外流现象严重，相对发达地区的人力资源，新疆南疆地区长期以来因缺乏高水平、专业的人力资源而发展缓慢。他们怀有强烈的家乡情怀，多数愿意在学成后回到家乡。大力提升新疆南疆地区的人力资源建设，提供更多的受教育机会，通过积累本土人力资源来达到发展目的。

（三）理想3：对幸福的理解

他们怀揣着美好的梦想，渴望获得上高中、上大学的人生目标，期望未来做一个有理想的人。

“当个有理想的人。”“什么是有理想的人？”“当老师，幼儿园老师。”“为什么要当幼儿园老师？”“要从根上抓起，教他们怎么做人。”“做什么样的人？”“做一个好人，幸福的人。”（大家一起回答）……买买提说：“能带给别人幸福的人。”

通过教育能够实现他们的理想，而他们的理想同样也是通过教育来改变更多的人，他们相信教育具有塑造个体的强大力量。梦想当一名幼儿园教师，显然教师的职业在他们眼中是崇高的，尤其是幼儿园教师，能够对一个幼小的生命加以塑造和培养，通过正规教育培育出个体正确的世界观、价值观、人生观，从而成为一个幸福的人，并且这种幸福不是狭隘的个人意义上的幸福，而是一种博爱——能带给别人幸福的人。

二、个体与社会层面的压力

（一）个体层面

从访谈受访者流露出的想法，可以看出升学失败会让他们的内心承受着沉重的压力——学业的压力、家庭的压力，还有懂事的他们给自己所施加的压力。如果有充足的受教育机会，如果去县城读高中不会给家庭带来经济压力，也许他们的内心更加平和，也会更加快乐。改变因贫困导致辍学的现象是当今社会一直致力解决的重大问题。在落后地区，社会更加需要一个开放的受教育机会来维持社会的整体平衡，这样每个个体才不会产生过大的心理压力，从而能够构建一个平和稳定的社会环境。

（二）社会层面

初中毕业后，因未升入高中而闲散在家，他们未来的发展会带来整个社会正向或负向的双重影响。共青团中央的一项调查称，13—16 岁这个年龄段为“困惑青少年”①，具有厌学、辍学、休学、叛逆、网瘾等行为特征，是性格的养成和转型期。16 岁的青少年正处于人格的发展时期，世界观、人生观尚未成熟，脱离了学校这一有效的保护伞，闲散于社会，加之青少年正处于反叛期的特殊时期，闲散的青少年成了一个潜在的不稳定因素。毋庸置疑，学校在未成年人社会化的过程中扮演着极其重要的角色，学校这把可靠的保护伞通过各种教育活动使青少年形成正确的世界观、人生观，掌握做人的行为规范，获得自我发展的各种能力，成长为维护地方安定团结的合格居民。良好的学校教育，还可以对家庭教育起到矫正和弥补的作用，帮助青少年抵制和消除社会不良因素的影响。② 学校教育是未成年人的一种最安全、最有效的社会化方式，若脱离了这个安全的轨道，使未成年人过早地步入社会，加之社会上的各种不良的诱导，那些身心尚未成熟的未成年人极易走上迷途。

三、结　语

在群体访谈的过程中，受访者均表达了对新疆南疆高中教育的美好期待，期待高中免费政策的实现。这是由他们所面临的现实所决定的。普及 12 年免费义务教育可以极大地缓解目前新疆南疆基础教育发展薄弱、各层

① 王蓉．公共教育解释［M］．北京：中国财政经济出版社，2009.

② 蔡文伯．新疆教育与经济的实证及对策研究［M］．乌鲁木齐：新疆大学出版社，2009.

级教育发展不均衡的现象。[①] 这样做最大的受益者是新疆农村低收入家庭的孩子。

实行 12 年免费义务教育可以整体提高新疆南疆四地州地区尤其是农村家庭学生的素质。人力资本理论证实，教育回报率极大地高于物质资本的投资回报率，在欠发达地区比率会更高。若是考虑到教育的社会收益，例如能够改变国民素质、增强社会和谐及凝聚力，那么教育的回报率将更高。从长远来看，投资教育能够极大地推动教育公平，缩小社会差距。随着社会经济的发展，每一个公民在其一生中，接受教育将成为每一个公民的必然生存需求和发展需求，要不断地学习和接受更多、更高级的教育才能适应社会发展的步伐。新疆南疆经济发展落后，家庭对于九年义务教育之外的普通高级中学的基础教育和职业高级中学教育支付力薄弱。学生初中毕业后回家务农，或流入社会，基础教育终止于九年义务教育，失学的个体失去了学校教育的机会，没有一技之长和完整的文化素质极有可能会演变成为社会的负担。一个地区稳定的重要表现是需要巨大的向心力，能够吸引人们长久地居住与建设，新疆南疆当地的学生对家乡有着深深的眷恋，尤其是学业水平较高的学生对于接受高中教育表现出极大的热情，并表示愿意在学成后回到家乡建设家乡。若将他们培养成才，一定会为新疆南疆未来的经济建设积聚大量人才，更好地实现经济的繁荣发展。

第五节　新疆“内初班”少数民族学生学习行为与成绩差异的分析[②]

为了提高新疆区内基础教育质量，让广大农牧区和边远贫困地区的青少年能够享受到高质量的基础教育，新疆维吾尔自治区还比照新疆区外办学模式创立了“疆内初中班办学模式”。从 2004 年起，新疆维吾尔自治区党委决定参照新疆区外高中班的办班模式，在乌鲁木齐、克拉玛依、石河子、昌吉、奎屯、库尔勒、阿克苏和哈密 8 个城市开办区内初中班。开办

① 程方平．教育：国家安全的基础：关于“教育安全”的思考［J］．教育科学，2006（03）：1-5.

② 本节作者刘婷婷、蔡文伯。

新疆“内初班”，不但能为全国“新疆区外高中班”输送更高质量的生源，而且对未来新疆的双语教育、对推动新疆农村义务教育发展、对提高边远地区少数民族学生的素质有着深远的意义。

近年来，新疆少数民族教育成果显著。伴随着新疆经济的稳步提升，国家对少数民族的教育投入逐年增加，使得各学校的办学条件有了明显的改善，“内初班”的办学也在逐步增长。尽管如此，由于经济和文化等多种原因，区域之间、学校之间的教育差距依然存在，引起了社会的广泛关注。学生成绩的差异是客观存在的事实，本节从学生成绩差异的原因入手，寻找影响学生成绩的主要因素，以便找出相应对策，最终使学生共同提高，互相促进，实现教学过程的最优化。

一、研究方法

本节以新疆“内初班”学生为例，首先通过部分学生的访谈，随后进行较为深入的沟通和交流，最后确定6名“内初班”学生。对于材料的收集主要采取了多次的开放式访谈、现场观察等方式。同时笔者向访谈对象的老师了解相关情况，访谈对象资料如表5-5-1、表5-5-2所示。

表5-5-1 研究对象基本情况（学生）

姓名	性别	民族	年龄	生源地	学校	家庭状况
A学生	男	维吾尔族	14	克孜勒苏柯尔克孜自治州	A校	父母皆农民，三个姐姐（两个已出嫁）和一妹妹（小学）
B学生	男	塔吉克族	15			父母为牧民，奶奶同住有两个妹妹，分别5岁和3岁
C学生	男	维吾尔族	14	阿克苏地区	B校	父母经营服装店，有两个哥哥，大哥已经工作，二哥上高三
D学生	女	柯尔克孜族	15			父母皆农民，有一弟一妹，都在上小学

续表

姓名	性别	民族	年龄	生源地	学校	家庭状况
E 学生	女	回族	15	阿勒泰地区	C 校	父亲小学数学老师，母亲科员，一个姐姐在上“新疆区外高中班”
F 学生	女	哈萨克族	14			父亲为公务员，母亲是医生，有一哥哥在上“新疆区外高中班”

表 5-5-2　访谈对象列表（老师）

姓名	科目	性别	年龄	从属
任老师	英语	女	43	A 校
彭老师（班主任）	语文	女	26	
王老师（年级主任）	数学	女	34	B 校
孙老师	地理	男	37	
高老师（班主任）	语文	女	42	C 校
于老师（年级主任）	体育	男	41	

二、结果分析

（一）个人——世界上没有两片相同的叶子

1. 认知类型——知觉能力的迥异

由美国心理学家威特金（Herman A. Witkin）发现的场独立型和场依存型是两种普遍存在的认知方式。场独立型是指很容易将一个知觉目标从它的背景中隔离的能力；相反，场依存型指将一个知觉目标从它背景分离感到困难的知觉特点。场独立型的人不易受外界因素干扰，能进行独立判断。另一种则是难以摆脱其他因素的影响和干扰。笔者分别观察这六位学生在上课、自习作业的情形，发现 A 学生和 C 学生属于场依存型，A 学生、C 学生、F 学生容易接受其他信息，依赖他人、老师的鼓励和反馈，B 学生、D 学生、E 学生则属于场独立型，此类型的学生喜欢独立思考、自主学习，能容易适应教师多变的教学方式。在此以 A、B 学生为例。参照对比 A 学生 B 学生的试卷（期中）发现，A 在试卷中得分不高原因在于细节性失误导致。A 学生给人印象比较好动，丝毫不惧怕生人，个头不高的他闪烁着那双黑亮的眼睛问我是做什么的，从交流一开始就可以看得出他的调皮。B 同学个头不高，跟我交流时比较拘谨，不太爱说话，一张娃娃脸的他再加上头发有些偏黄，像个安静的小书童，他们都穿着校服。笔者发现在上课的过程中，A 学生回答问题较为积极，但是属于冲动型，对所回答问题受他人干扰性比较大，有时因听信他人错误信息而导致自己出错。相比之下，B 学生则比较安静，除非需要集体回答的情况下才会参与。A 学生上课比较活跃，有时候还起哄，比较难管。B 学生比较安静，上课也算是认真的，在学习上也比较自觉，一般不怎么让老师操心。任老师这么评价说。在写作业的过程中笔者观察到，A 学生独立安静地做作业时间不稳定，时而被他人琐事等打断，有时会与他人讨论。观察 B 学生则是一直安静地做作业，以自主学习为主。独立的思考和小组讨论学习各有利弊，但这两人的区别在于不同的认知差异，从而导致在课程上取得的成绩存在着一定的差距。

2. 语言——学习获得的初级门槛

语言，既是交际工具，也是思维工具。中国各民族语言分属五大语系，即汉藏语系、阿尔泰语系、南亚语系、印欧语系、南岛语系。[①] 汉藏语系是中国最大的语系，中国第二个大的语系是阿尔泰语系，包括三个语族，即突厥语族、蒙古语族、满-通古斯语族，共有 18 种语言。新疆有 8 种语言属于阿尔泰语系，它们是维吾尔语、哈萨克语、柯尔克孜语、乌兹别克语、塔塔尔语（属于突厥语族）、蒙古语、达斡尔语（属于蒙古语族）、锡伯语。

汉语属汉藏语系。汉字是一种意音文字，表意同时也表音。哈萨克语，属阿尔泰语系中的突厥语族，与其他属突厥语族的民族语言相当接近。塔吉克语属于印欧语系伊朗语族。这些少数民族同学在沟通上基本没有大的障碍，经过一年多的学习，能够会使用汉语和少数民族语交流。

新疆“内初班”少数民族学生，大多数来自偏远的农牧区，在此之前都使用各自的母语，而且有很大一部分同学没有汉语基础，从小上的是民语学校，汉语词汇贫乏，再加上对于不会的不熟的羞于表达，使得他们在

① 李经纬．新疆各民族语言与文字简况［J］．新疆大学学报：哲学社会科学版，1980（02）：115-126.

使用语言方面出现不适应。彭老师回忆起她带初一新生时的情景：刚开始学生都不习惯使用汉语，课上的就比较慢，我们老师一直鼓励他们多说、多练，不管对错，你要先学会表达，慢慢就会好起来。我现在早读时间都给他们安排朗读，就是这样过来的。通过熟读背诵，学生脑子里就有了印象。课文朗读训练、日记做摘抄，错别字和语序混乱要反复纠正。对新手教师彭老师来说，的确是不小的重负，但是可以看到在彭老师的带领下，该班的语文成绩是优于其他班级的。F 学生：这次我的作文跑题了，可能是我理解不对吧，还有我的病句上也错得太多。F 学生想把自己的想法表达为汉语时往往表达不准确，有时候就是很多词不达意。高老师认为阅读量的积累在一定程度上可以帮助学生提高汉语水平，但是学生看课外书的时间不多，看的课外书也是很有限的，由此导致有些学生的汉语水平没有达到理想的状态。少数民族学生还不能彻底理解和全面掌握汉语和汉语文化，他们只是暂时放弃本族语言思维和交往习惯来适应汉语教学。

王老师也提到让各科老师帮助学生克服使用母语表达的习惯，努力使用汉语表达。通过反复模仿练习，让学生大胆开口说汉语，同时不断激励表扬，增强学生学习汉语的信心。

新疆“内初班”教学时间紧、任务重。有多年教学经验的高老师说，大多数学生缺乏汉语知识的积累，要在短时间内让这些学生过渡到同龄汉族学生初中水平，的确是很费心思，我带了两届学生，又是班主任又是语文老师，所以我就得下功夫让这些孩子们有收获，天天早读晚自习的都得操心，原先带汉族班的学生就不存在进度问题，但是带了“内初班”的学生，刚开始就像教小学生一样，陪他们读、写，给他们纠正语序、错别字。语文是学好其他科目的基础，但是又最难学，我只能天天盯着他们，让他们多看、多背，大量地阅读，有不懂的要赶紧问，不要留下任何问题。我也和其他老师交流，调整了心态和进度。

汉语知识的缺乏在一定程度上影响师生的沟通和情感的交流，既影响了学生对知识的理解和运用，也影响学生思维的发展，从而不利于学生成绩的提高。学校为这些学生积极创造语言环境，丰富和拓宽学生的知识面，深入了解学生，帮助学生树立信心，克服语言学习的心理障碍。冯老师说，为了让学生在课堂上能听明白、听懂，开始上课的进度、语速不宜过快。语言需要多练，所以在学校里都是汉语的宣传语、文明用语。有了这个汉语环境，再加上学生用汉语上课，慢慢地他们的汉语基础就打好了，也渐渐提高了成绩。

孙老师不仅负责新疆“内初班”，同时还兼顾汉族班，初一的时候要讲得慢，学生需要慢慢适应，到初二初三差不多就可以跟同期的汉族班保持同等进度了。笔者走访的学校，宣传栏和墙壁上多是国家通用语言文字标注的名人警句等。

3. *学习动机——学习成绩的发动机*

20 世纪 60 年代，有关动机的研究日益丰富和深入，进一步揭示出人类行为多样化的根源。动机理论表明，由于人的需要不同，就产生了不同的动机，从而导致了不同的行为，而不同的行为反过来又强化了不同的动机。如此循环往复，进一步巩固和扩大了个体之间的差异。动机研究的重要意义在于，将微观的个体差异引向了宏观的个体差异。学习动机是推动学生学习的一种内部动力。良好的学习动机能促进学生对学习的兴趣，促进学生学业成绩的提高。新疆“内初班”的少数民族初来乍到，要逐渐适应新环境、新知识，而且刚开始掌握的汉语知识十分有限。对他们而言，在学习生活中存在着很多的障碍，这给他们造成了学习上的很大困难。

通常师生在课堂交流中，或者在生活习惯、思维与行为上表现出差异，即胆怯心理。对使用少数民族语言的学生而言，在学校学习汉语文，同时还要学习以汉语为载体的各类学科。据彭老师说：初一学生刚来，还比较听话，上课专心听讲，课堂上积极回答问题，认真学习，到了初二年级，多数学生不能自主认真踏实地学习，课堂参与积极性不如刚来的时候。对于新疆“内初班”学生，一般在低年级时，对学习充满着新鲜感和好奇心，但是随着年级的增长，学习内容的加深，与学生原有知识产生了很大的差异，并且差异越来越明显，这对于尚未渡过语言关的学生来说，使之感觉到了很大的文化差异和生疏感，并逐渐对学科知识产生较强烈的抵触心理。学生对学习产生的焦虑、无助心理会越来越严重，最终会影响学生学习的动力，进而成绩会下降。

A 学生说，爸爸妈妈对他的期望比较高，加上他爸妈的学历本身并不高，将希望寄托于家中唯一的男孩身上，他说自己在家比较受宠，姐姐们都让着他，父母对他也比较疼爱。在提及小学学习经历中，他的脸上逐渐露出了笑容，似乎对小学的经历充满骄傲，语文数学都是佼佼者，但是现在，这次的期中期末成绩就差强人意了。父母只关心成绩，让我好好学，有时候他们越那样说，我越不想学。对于未来，也许考上“新疆区外高中班”以后再说吧。

经过询问得知D学生对语文很感兴趣，在学习时有很高的积极性和主动性。在课前预习和课后的作业中可以看得出D学生对语文的热爱，她现在一直保持着写日记的习惯，再进一步对其了解，得知她想成为作家。从这个例子可以看出，良好积极的学习动机必然会带来学习的热情，能充分发挥学生的主观能力性，极大地促进学业成绩的提高。其老师也提到该学生在语文课上的表现，她的作文会被当成范文来朗读。而且在此次期末的评价中使用鼓励性评语使得学生的兴趣与信心增加，进而稳步提升成绩。

4. 学习策略——学习成绩的加速剂

认知方式的不同会带来不同的学习方法和策略。在学习过程中，多数学生还是习惯于从简单到复杂，由具体到抽象的顺序学习。学习策略是指学习者在具体过程中用以加工、处理信息和有效地完成学习的系统方法。大量的国内外研究表明，良好的学习策略的使用能够有效地提高学生的学习成绩。

在各学科的教学过程中老师都认为学会听课是最主要的，但辅助性的课堂笔记也同样为学习保驾护航。不同程度的学生对待笔记的看法不一致，对于学习中下等的学生来说笔记是很重要的，没有笔记就没有办法进行复习，笔记是他们考出好成绩的重要保障，然而他们在记笔记上也是有一些差别的。A学生说：“语文笔记我都做，英语笔记很少做，有时候会借同桌的笔记，数学和物理老师要检查笔记。有时候记了也不看。”学习程度好的学生追求主动的、积极的记笔记的方式，查看B学生的各科笔记，内容不是太多，但是勾画的地方比较多，以符号型标记为主。

仅仅有笔记来取得高分是远远不够的。F学生说：“有时候光看笔记也不会，上次物理考了60多分，有时我把老师讲的都记下来，我发现好像也没有什么帮助。”做题是学生在学习过程中采取的最普遍的学习策略之一，课后练习、作业、试卷等都以习题的形式呈现。但是还是要考虑学生的接受程度，B学生则提到曾经熬夜写作业的情况，他说有时候作业太多了，每一门都有好多作业，有时候留的全是卷子。作为年级主任的王老师说：“对于这些孩子，我们老师也是没办法，有的时候看他们作业太多，我这门课今天就少留点作业，考虑的就是学生要喜欢做这个作业，要看到这个效果，而不是应对式或麻木地完成任务。我也听到有些老师反映说这些孩子哪门功课作业做得太差，这个时候就双方面开导，给学生开班会，老师和学生面对面的交流，让老师和学生都算有个清晰的了解。”

剩下需要理解记忆的科目，A 学生说除了死记硬背没别的吧，老师天天听写，有时候背会了，有时候没时间背。C 学生则是取巧，记住关键词，随后连词成句，在一定程度这种方法上对于记忆理解科目是非常适用的。C 学生此次政治、历史、地理三科成绩非常好就是证明：我先理解，然后记住几个词，最后答题大概有个方向了，所以考的还可以。

5. 勤奋——知识在于积累

知识在于积累，时间的堆积在一定程度上促进着学生的学习成绩。据了解，新疆“内初班”的学生早上按时出操，吃饭时间统一，午餐后夏天有两个小时休息时间，冬天有一个小时休息时间。晚餐后可到晚自习期间有一个小时休息时间。C 和 D 学生所在班级则是利用中午时间来观看相关汉语类节目，是学生主动向学校请示，笔者也观察到学生观看的比较认真，在观看某脱口秀其中一集时，因为演说者的故事打动了他们，有些学生眼里噙着泪。C 学生和 D 学生一天的学习生活是比较忙碌的，除了吃饭和睡觉，剩下的时间基本都在教室，有时课下 D 学生还看着单词，回宿舍了即使时间很短也要带着书看。楼管老师也提到这些孩子比较用功。正是这样年复一年日复一日的积累，使得 D 学生的成绩在这次考试中始终保持班级前 5 名。

处于青春期的 A 学生，则没有把更多的心思放在学习上，平时在教室也看不到他人影，他只是说不喜欢待在教室里。可能有些心事或者烦恼使得 A 学生暂时还没迈过青春期的坎，笔者也希望 A 学生能尽早回归学习，找回动力和自信。

（二）学校——软件和硬件的集大成者

1. 环境——学习成绩的保护层

第一，班级类型——能力差异的无形分界线。

班级是学校的基本单位，班级教学是现代最具代表性的一种教育形态。根据对几位老师的了解得知，这些学校基本上都是按照学生的类型分班，“民考民”学生和“民考汉”学生分在不同班级，冯老师说这样也是根据学生汉语能力进行分班，这样的分班不会有太大的差距。“民考民”的学生小学基本没学过汉语，因此就需要班主任早晚跟班。“民考汉”的学生有的上的是双语学校，有的则是从三年级开始接受汉语课程，相对于

“民考民”学生有较好的汉语基础，在课程进度上也是优先于“民考民”班。由此可以看出，不同的班级类型，会对学生的成绩产生一定的影响。D学生因上过双语小学而分在了“民考汉”班，该学生也提到学习很累，每天的作业要比隔壁班多些，而且每个人的竞争意识也很强。走进D学生所在的教室，每个人都在低头干自己的事，有的写作业，有的趴在桌子上小憩，基本上很安静，即使下课的时间，该教室也是较为安静的。D学生说这是我们班的规定，为了不打扰别人的学习，我们班课间很少有人打闹。F学生所在班级的学生都是“民考民”，学习的氛围、竞争的强度上稍逊于“民考汉”的班级，学生三五成群有说有笑，比严肃和安静的“民考汉”班的氛围活跃，无论上课下课，很少有安静的时候，唯一的优点则是该班较为团结，在体能方面也比“民考汉”班级略胜一筹。

第二，课堂氛围——教学成果的考验。

在学生学习的过程中，课堂氛围也是成绩取得不可忽视的因素。良好的课堂氛围是指在课堂中师生之间和学生之间，围绕教学目标展开的教与学活动，而形成的某种占优势的综合心理状态。在课堂教学中，由于少数民族学生在成长过程中受家庭、环境和民族特性的影响，性格上更为活泼自由，上课气氛活跃，学生经常喜欢回答问题，积极保护他们的表现，调节课堂气氛。课程的学习课堂氛围则需要积极的引导和营造，从而激发学生的学习兴趣，促进学生有效的学习。

人们常说兴趣是最好的老师，但A学生似乎对英语没有表现出很大的兴趣：“我觉得英语太枯燥，没有一点意思，我也不喜欢这个老师，老师话太多，一节课基本上都是她在说，我有时候就不想听，但是又不能不学。有时候一上英语课就睡觉了。”A学生在此次期末考试中英语成绩排在班里中下。F学生喜欢课堂提问，这样的课堂充满了活力，使学生由被动的学习逐步过渡到独立自主的学习。此前也提到不同的班级类型，上课的氛围也是不同的，带两个不同类型班级的王老师说：“‘民考汉’班学生比较用功，课下也没有太多的问题；但是‘民考民’班就不同，课上还得管理。”

2. 教师——方向的指引者

第一，教师的人格魅力——由内而外的知识引导。

教师是学生的模范，不仅能影响学生的言行，而且教师本身对学生的成绩也会产生直接或间接的影响。知识广博、年轻化的教师无疑会受到学生的欢迎。初见彭老师，一身职业装，高挑的身材再加上一副黑框眼镜，即使黑色职业装也掩盖不了彭老师的活力。班里的学生则是喜欢像姐姐一样的彭老师。教师对待好学生宽容、耐心甚至是偏爱对学习者也有一定的影响。人气颇高的彭老师受到 B 学生的好评："彭老师很公平，不偏心，我们班的同学回答问题，她都会提问，不会因为成绩不好就不提问谁。"物理不太好的 F 学生："老师对我们班的男生比较喜欢，要是有女生去问问题，老师就会说我上课没讲吗？或者就是回去背书去。"

教师要严于律己，为人师表，设身处地地为学生着想，时常关心学生尽量使学生积极、轻松，充满信心地学习。E 学生："高老师经常鼓励我们，上次我们班一个同学零用钱没有了，要交钱什么的就拖着，高老师知道以后，先是帮她交了钱，还说我们有什么困难一定要给老师说。"良好的师生关系，在一定程度上能促进学生学习和心身的发展。D 学生："孙老师上课很有意思，听他讲课就像在听故事，大家都爱听，有时候下课了也要让老师讲完再走。"处于青少年时期的学生心理尚不成熟，老师能时常给予学生善意的关注，友好的态度甚至把学生当作朋友，势必会增强学生的自信心，适当的表扬和恰到好处的批评，对学生的身心发展和学习成绩的提高都有很大的促进作用。

第二，教学模式与教学手段——传授知识的辅助工具。

不同的教师有着不同的教学思想、教学方法，由于这些都直接贯穿教学过程的始终，因此对学生的成绩有着直接的影响。教学模式及教学手段的使用与学生的成绩也有着密不可分的关系。单一的教学模式已不能适应现代发展的要求，僵化的教学手段、方法也很难提高学生的学业成绩。目前，还有很多学校采用"填鸭式""灌输式"教学方式。现如今如"指导—自学式"等模式的开发增加了学生课堂参与的积极性，发挥了学生的能动性。E 学生："我们班就是这样，上课的时候大家把桌子围成一个圈，大家一起学习，一起讨论。我比较喜欢这样的形式。"经观察，E 学生所在的班级课桌摆放类似于圆桌会议，班主任则表示这样也只是探索模式，目的在于希望学生能积极参与到学习中，不单单的是填鸭式，希望多变的模式能让这些学生学有所成。与采用常规教学上课的 F 学生相比，2 人的期中和期末成绩上各科上相差 5—10 分，不排除授课模式的影响。另外，教学手段也是影响教学成绩的重要因素。在走访的这些学校中都开设了多媒体教学，但是经过询问和观察，发现使用多媒体教学的频数也是不同的。相比之下，年龄稍大的任老师授课大部分是以教材为主，较少的使用多媒体，问及原因一个是不熟练，另一个则是担心在课程中会耽误学习进度，因此很少采用。孙老师则是比较喜欢和擅长采用多媒体，他认为地理需要多媒体，这样能辅助教学，调动学生的积极性，学习的效率也比较高，又能高效地完成教学任务。

学生在学校学习和生活，都会遇到与各科目相关的问题和现象，学习课程要吸引学生兴趣，通过开展活动，发散学生思维，提高学生发现问题和解决问题的能力。在实验、思考的引领下，促使学生思维的开拓，这对学生学习课程是非常有帮助的。老师将书本知识引导转换为学生熟知的生活常见物，将其具体化、形象化，这对学生理解也是大有益处。孙老师："我上课的时候，就需要把能想到的自然现象或者常见的给学生展现出来，这样运用形象描述和理论相结合，将生活实际与书本知识联系，激发学生的求知欲，对问题展开分析或讨论。在学习的过程中要多动脑筋，加深对课程的理解。

3. 宿舍生活——学习与生活的调味剂

宿舍，是这些学生聚集和放松的地方，待到晚自习结束，劳累了一天的学生回到宿舍，就好像鸟儿归巢。上次我感冒了，不太舒服，我们宿舍人帮我打开水，那天值日做卫生的同学也帮我，我们就像好朋友一样。看得出E学生的宿舍成员很有爱心，大家互相帮助不分彼此。在宿舍的时候，我学会了下军棋、五子棋等，在宿舍有时候我和我同桌一起下棋，他输了还不认输。

很多同学都是第一次住校，在这里有许多不同地方、不同姓氏的同学，在这里有他们娱乐玩耍的缩影，在这里有他们互帮互助的学习生活，在这里有他们共同维持和打扫的新天地。宿舍，记录了他们的喜怒哀乐，记录了他们夜里畅聊家乡的美味以及对亲人的思念，在这里可以释放一天疲劳的地方……

A学生不喜欢在宿舍，有时候更喜欢一个人待着。问及宿舍成员都是本班同学，关系都还不错，他每天除了学习，有时就会在操场上找个安静的地方自己待着，看似活跃的他内心还是比较敏感，对学习也有烦闷的时候，有时候老师的话语不小心触及学生敏感的心灵，都会影响学生上课的积极性。D学生说平时要是有事情大家就一起讨论，没事的话，大家一般都在学习，我们宿舍还算比较好吧，学习好的几个女生都在我们宿舍。

（三）家庭——教育的起点

家庭是个体社会化的场所。每一个孩子尚且不能自己生存时，是家庭承担养育，很多孩子的小学阶段都是和家人一起度过的。潜移默化的家庭教育如水滴积累，家长的文化程度、职业性质、期望水平、习惯爱好等各个方面的因素都在一定程度上逐渐对其产生影响。通过访谈了解学生的家庭背景、经济条件，在询问他们的父母平时的聊天内容或者对子女的期望等方面可以推断出不同的家庭背景，以此来探求不同的家庭，会有怎样的学习差异。

1. 家庭成员的文化程度与学生的学习成绩

根据笔者的调查对象可以看出，少数民族学生中独生子女的较少，基本上以两个或两个以上为主。家庭结构不同的少数民族学生，学习成绩上也是存在一定差异的。E 学生和 F 学生都有上“新疆区外高中班”的姐姐或哥哥，小学阶段相互照应，而且都有过作业辅导，如今兄弟姐妹之间也有联系，学习等方面都有所督促，因而对其学业成绩有所帮助。

2. 家庭的经济状况与学生的成绩

笔者通过询问六位学生家中拥有的电器设备，以便了解其家庭状况。家境良好的 C 学生迷恋网络：我五年级的时候家里刚买的电脑，很新奇，后来就打游戏，最后那年期末考试就考了第 15 名，我爸妈一看我的成绩下降了，所以他们就不让我再玩了。到放假的时候才能玩。现在我到这来上学了，玩的时间没那么多了。提及做生意的爸爸妈妈时说：他们在家有时候就说与买卖方面相关的事，我爸喜欢看新闻，我二哥上初中的时候就给他买手机了，我家也有电脑。我妈就想让我开个店，做生意。我爸爸有时候到外地进货，我爸爸去过的地方挺多的，像喀什、乌鲁木齐、上海那边都去过。提到二哥在乌鲁木齐市某高中复读，他对未来有自己的打算：考上“新疆区外高中班”，接着考大学，想留在大城市。先前他的爸爸带他去了一趟上海，这让他对大城市充满了向往……而相对于 B 学生，在家排行老大，在某些时间要带领弟弟妹妹，帮助父母承担必要的家务等情况下，B 学生自理能力和自学能力得到了锻炼。

3. 家庭期望与学生成绩

B 学生的父母是牧民，主要以放牧为生。父母很少有闲下来的时候，B 学生知道自己家里不富裕，一方面自己想去军营锻炼，另一方面也是想减轻家里的负担。提及父母的期望，他只是知道父母期望很高，但是没有明确的期望。E 学生的爸爸一直对她要求很高，现在住校的她说得最多也是和爸爸在一起的美好，看得出她与爸爸的关系很好。F 学生：我妈妈想让我以后在大医院上班，妈妈说她工作的医院条件不好，让我到城市里（条件）好一点的地方做个医生，我爸爸没说什么。看似有着不少烦恼的 A 学生：我爸有时候就问我考试怎样？我们村的还有一个在 X 中，所以他们都会比较每次考试的成绩，有时候就会说我怎么没别人考的高，我心里就不好受。家里就我一个男孩，他们希望我能让他们骄傲。但是，他们对我越关心，我就觉得自己对不起他们。

三、讨　论

（一）民族教育的稳步发展是学生获得良好成绩的前提

滕星对民族教育的基本概念表述为：“民族教育是指对一个有共同语言、共同地域、共同经济活动及表现于共同的民族文化特点上的共同心理素质，这四个基本特征的稳定的共同体的文化传播和培养该共同体成员适应本民族文化的社会活动。”①

新疆“内初班”的创办主要是为了加大对乡镇和村小学学生的培养，使他们能在较好的教学环境中完成学业。这也是加快新疆社会经济的发展、维护稳定的重大决策，对新疆维吾尔自治区少数民族教育事业发展有着重要的意义。在一个多民族国家大家庭中，多种民族文化并存，并共同组成多民族国家的“共同文化群体”，即形成如费孝通所说的“多元一体格局”。发展民族教育，目的是帮助少数民族提高适应现代社会的能力，以求得更好的生存与发展。

（二）安全度过语言关是学生获得良好成绩的基础

在语言顺应论（adaptation，又译为适应）的代表人物维索尔伦（Verschueren）看来，语言使用是语言发挥功能的过程，或者说，是语言使用者根据交际语境的需要不断选择语言手段，以达到交际意图的过程。这

① 滕星．民族教育概念新析［J］．民族研究，1998（02）：23-30.

里，顺应就体现为语言的使用环境和语言结构选择之间的相互适应。① 少数民族学生在接受教育的过程中，由于多种语言的学习和交流的混合，使得学生要学会适应不同的语境。人或事物与其周围环境的相互“适应”是对人类生活的方方面面的改变的一种哲学阐释，而语言是人类与其生存环境之间相互作用的一系列适应现象之一。② 少数民族学生要想取得好的学科成绩，首先要先通过语言关，在听说读写方面有所突破，逐渐的扩展到其他各个课程，加深对各个课程的理解。老师说得最多的也是让学生快速适应汉语环境，这样才有利于学生吸收知识，获得自信。

（三）教师的引导是学生获得良好成绩的主要因素

建构主义教学理论是以人本主义心理学及其教育理论为基础，重视情感、自我和人格的发展。通过对教育过程中情意和人格方面的重视，来促进知识的学习和人格的完善③，在具体的教学实践中，要求教师从整体来全面看待学生的发展。强调“以学生为中心”的自主性学习是教师“价值引导”与学生“主动建构”的统一。教师的智能结构在教师的整体结构中占有十分重要的地位，在教师的劳动中用于影响学生的主要手段就是他的知识、能力。④ 教师是课堂教学的导演，是教学的灵魂。教师并不是简单展示教学内容的操作者，而在教学的过程中向学生传递教学方法和策略。

教师需要关注学生差异，在学习方式上尊重学生差异，并设计相应的练习，进而进行适度的评价。教育平等是指公民能够自由平等分享当时、当地公共教育资源的状态。教育平等是社会平等的一个子系统，也是社会平等的基础。教育平等是相对的，它会随着时代的发展、社会的进步而变化。在对少数民族学生汉语教学中，教师发挥自身的主导作用。教师不仅要掌握本专业的知识，在对少数民族学生的汉语教学中，教师还要有多元文化的意识，了解少数民族学生不同的文化背景，教师要发挥作用，必须在“促进者”与“学习者”之间的交流关系中具有某些心理品质，主要包

---

① 李捷，何自然，霍永寿．语用学十二讲［M］．上海：华东师范大学出版社，2011.

② Verschueren，J. Understanding Pragmatics［M］．Beijing：Foreign Language Teaching and Research Press，2000.

③ 杨韶刚．人本主义心理学与教育［M］．哈尔滨：黑龙江教育出版社，2003.

④ 方俊明，王嘉毅，琳达·西格鸥．当代中国少数民族双语教学理论与实践［M］．西安：陕西人民教育出版社，2001.

括真诚、接受和理解。[①] 教师只有在充分尊重、理解的基础上，进而创造平等、自由、合作、愉快的课堂，加强教师与学生、学生与学生之间的沟通和交流。同时，教师也要勇于迎接新的教育理论和实践技术的挑战，不断提升自身的素质，充分发挥教师的主导作用，并与学生的自主性学习形成良好的互动，对学生有着系统的、明确目的指导。

（四）学生个体的努力是获得良好成绩的根本

俗话说："师傅领进门，修行在个人。"同样的教师，同样的教法，不同的学生，则有不同的成绩。即使拥有名师、先进的教学模式和手段，但学生自身不付出，也是很难取得好的学习效果。学生个人在学习时应采取积极的应对方式。首先，从自身"学"的角度制定适合自己的学习计划，提高自我意识。学生需不断挑战自我，超越自我，用自己的毅力、决心和有计划的行动攻克各种障碍。学习是学生最为重要的事情，但并不是唯一的事情，还需处理好学习之外各项琐事。在保证学习高效率进行的同时，须使学习与其他各种活动保持协调，确保健康、有规律的学习生活。"冰冻三尺，非一日之寒。"其次，学习并非短期内就能取得成效，须经过长时间的不懈努力才能有所收获，勤奋是必不可少的，学生需要保持持之以恒的学习态度，坚持学习。最后，在学习方法和策略上，因人而异，最重要的是在他人学习方法的启示中总结出最适合自己的方法。再加上老师的帮助，相信学生能克服重重困难，取得理想的成绩。

新疆"内初班"少数民族学生不仅要适应汉语学习环境，同时还要适应学习的课程，这对"内初班"少数民族学生是不小的挑战。加上少小离家，父母不在身边，所有事情要靠自己，对其自主性和自控力也是一种考验。学生都要以学业为主，需要学生与老师、学校积极配合，方能产生良好的效果。

（五）家庭的支持是学生取得良好学习成绩强有力的后盾

不同的家庭给孩子带来的家庭教育也是不同的。父母与子女相处的过程中，会对子女的人生观、学习观等方面产生重要的影响。家长不能仅仅只站在分数的角度去评价和衡量子女学习的好坏。倘若只注重分数，不仅

---

① 张天宝．走向交往实践的主体性教育［M］．北京：教育科学出版社，2005.

损害学生学习的积极性，同时也容易使学生失去自信，引发一些心理问题，进而也会对学习产生副作用。和谐的家庭不仅传递了美德，同时对其成长也是非常有利的。因此，需要家每一个家庭成员都为此做出努力，传递积极和谐的力量。

由于不同的经济条件，给孩子提供了不同的学习条件，不论是物质的资助还是精神的支持，家长们都不会吝啬对孩子的培养，但更多的孩子希望自己的父母不那么看重成绩，更注重的是孩子的成长以及与孩子的沟通和指导。家长的期望值还需量力而行，加重学生的心理负担反而会适得其反，会给学生带来一系列的心理问题。

第六节　学习态度对少数民族学生学习成绩的影响①

一、引　言

双语教育是一种特殊的教育形式，其特殊性表现为使用两种语言作为教学媒介语。② 新疆是一个少数民族聚集的区域，少数民族教育事业的发展尤为重要。自 2004 年新疆维吾尔自治区党委、人民政府颁布《关于大力推进少数民族双语教学的决定》以来，新疆的双语教育事业获得了快速且有效的发展。新疆倡导双语教育首先是为了对“人”的培养，高度关注人的发展、人的完善和人的幸福。提升人文素养，培养情感态度，使认知、情感、意志得到充分全面的发展。其次，双语教育体现出多民族之间的“文化性”，双语教育承担着促进本民族文化和他文化共同进步发展的重任的同时，又肩负着培养具有跨文化意识和能力的人才的神圣使命。对于双语教育来说，传承和接纳是特点也是目标。最后，实行双语教育政策，在提高少数民族汉语水平的基础上，推进素质教育对少数民族教育，培养民汉兼通的少数民族人才，使少数民族更好地融入社会。因此，双语教育是提高民族教育教学质量的有效途径与传递各少数民族优秀传统文化

---

① 本节作者蔡文伯、王雨疏。

② 钟启泉．现代课程论［M］．上海：上海教育出版社，1989.

的必要手段。①

学习态度是指学习者对学习较为持久的肯定或否定的行为倾向或内部反应的准备状态。它通常可以从学生对待学习的注意状况、情绪和意志状态等方面加以判定和说明。在教育、教学活动中，影响学习成绩的因素有很多，但作为在校生的主导活动，学习态度是学生态度体系的核心内容。学习态度对学生的学习行为具有导向和激励作用，对学生学习质量、学习成绩与学生发展的促进有着密切的联系，学习态度已经成为学校教育的重要研究领域。② 从学习态度的结构来看，包括三个方面：（1）认知性成分，包括对学习的认识、对知识的价值判断等；（2）情感性成分，包括对学习情绪体验及求知欲的体现等；（3）行为性成分，主要包括学习、考试等各种行为表现。基于以上结构，我们在调查中尽可能地涉及构成学习态度的诸多因素。学习成绩作为衡量学生行为的重要指标，在很大程度上反映了学生的学习状态和学习结果，探究学习态度与学习成绩的关系及学习态度对学习成绩的影响，为新疆双语教育提供科学依据。

二、研究方法

（一）被试

本研究选取新疆喀什地区第三师的 7 所双语中小学，采取整群分层抽样的抽样方法，抽取四至九年级共 1550 名学生进行问卷调查。共回收问卷 1523 份，有效问卷 1325 份，问卷有效回收率为 85. 48%。具体情况见表 5-6-1。

表 5-6-1　被试的基本情况（N=1325）

特征	类别	人数	比例（%）
性别	男	554	41. 80
	女	771	51. 20

① 滕星．中国少数民族双语教育研究的对象、特点、内容与方法［J］．民族教育研究，1996（02）：44-53.

② 成媛，赵静．生态移民区中学生学业自我效能感与学习满意度的关系：学习态度的中介作用［J］．中国特殊教育，2015（07）：80-85.

续表

特征	类别	人数	比例（%）
是否为班干部	是	230	17.40
	否	1095	82.60
居住地	农村	869	65.60
	城市	209	15.80
	城镇	247	18.60
年级	四年级	48	3.60
	五年级	71	5.40
	六年级	178	13.40
	七年级	504	38.00
	八年级	328	24.80
	九年级	196	14.80
民族	维吾尔族	1322	99.80
	汉族	1	0.06
	回族	1	0.06
	柯尔克孜族	1	0.06

（二）研究工具

1. 学习态度量表

本研究所采用陶德清的《中小学生学习态度自陈量表》，此量表将中小学生的学习态度操作化为10个因子，分属3个维度，共50道题。该表的10个因子具体包括：XI——对学生目的、学习意义的认识（第1、第11、第21、第31、第41题）；X2——学习中的情感体验（第2、第12、第22、第32、第42题）；X3——求知欲表现（第3、第13、第23、第33、第43题）；X4——学习主动性表现（第4、第14、第24、第34、第44题）；X5——学习计划性表现（第5、第15、第25、第35、第45题）；X6——对学习成绩的认识（第6、第16、第26、第36、第46题）；X7——复习考试中的行为表现（第7、第17、第27、第37、第47题）；X8——学习中排除困难的行为表现（第8、第18、第28、第38、第48题）；X9——学习中抗干扰的行为表现（第9、第19、第29、第39、第49题）；X10——学习方法的掌握（第10、第20、第30、第40、第50题）。其中，X2、X3属于情感体验维度，X4、X5、X7、X8、X9、X10属于行为倾向维度，XI、X6属于认知水平维度。每个因子由5道小题组成，每道小题的答案项按频率从低到高有5个选项，分别为“经常是这样”“有时是这样”“说不上是不是这样”“很少是这样”“完全不是这样”，赋分值为2到-2分，整套量表完成后得分在-100到100之间，得分越大，学习态度越积极。该量表的专家效度r=0.71；量表测查结果与班主任老师对每个被试学习态度的评价的相关系数r=0.58；量表测查结果与被试学习成绩的相关系数r=0.70；量表的项目分析结果表明，相关系数（r）在0.50—0.8之间。同时，经过信度检验，项目分析结果表明量表具有相当高的稳定性。

对人口学变量的界定包括性别、是否为班干部、居住地、年级和民族。采用自述的形式对人口学变量进行回答。其中，居住地分为城市、城镇及农村，具体界定为家庭生活在市里的学生居住地为城市，本次调研城市为喀什市。在团场居住的学生居住地为城镇。家在连队的学生居住地为农村。

2. 学习成绩

采用被试上学期期末语文和数学两科的考试成绩，这里语文成绩特别强调为汉语成绩。初一年级学生则采用六年级升学考试成绩。

3. 数据统计

本研究数据管理与分析处理采用SPSS17.0软件。

（三）研究程序

从7所学校中整群分层抽样选取1550名学生作为研究对象，以团体施测的形式对其进行问卷测量，研究者亲自担任主试，统一指导语。回答问卷时间为45分钟，可提前交卷。个别汉语水平较差的班级可由双语老师进行简单翻译。剔除不可靠答案以及无效问卷后，获得1325份有效问卷。

三、研究结果

（一）描述性统计

本研究以情感体验维度总均分、行为倾向维度总均分、认知水平维度总均分及学习态度总分进行描述性统计（见表5-6-2）。

表 5-6-2　学习态度量表描述性统计

变量名称	N	极小值	极大值	M	SD
情感体验维度	1325	-1.40	2.00	0.620	0.709
行为倾向维度	1325	-1.03	2.00	0.602	0.528
认知水平维度	1325	-1.00	2.00	0.815	0.506
学习态度总分	1325	-37.00	96.00	32.409	24.810

由表 5-6-2 可以看出，学习态度总分均值为 32.409，处于中等偏上水平，说明研究对象总体上来说具有较好的学习态度。极小值为-37.00，极大值为 96.00，两极分化比较严重，应更加注重关于水平较低的学生学习态度的培养。学习态度各维度之间差异不是很大，得分最高的为认知水平维度，均值为 0.815，属于中等偏上水平。说明在教师教育方面，学生有良好的认知水平，教学内容符合学生发展特点，学生可以很好地理解教学内容。在情感体验维度及行为认知维度上，得分均在中等偏上，说明学生在学习态度的培养上，还有发展空间。

（二）差异性分析

1. 学习态度在性别、是否为班干部变量上的差异性分析

使用 SPSS. 17.0 对研究对象的学习态度总均分及各个维度，在性别、是否为班干部两个人口学变量上进行独立样本 T 检验。以探讨学习态度在性别及是否为班干部上是否存在显著差异。其结果见表 5-6-3、表 5-6-4。

表 5-6-3　学习态度在性别变量上的独立样本 T 检验

变量名称	性别	N	M	SD	P
情感体验维度	男	554	3.496	0.675	0.000
	女	771	3.697	0.724	
行为倾向维度	男	554	3.502	0.495	0.000
	女	771	3.662	0.545	
认知水平维度	男	554	3.710	0.488	0.000
	女	771	3.878	0.511	

续表

变量名称	性别	N	M	SD	P
学习态度总均分	男	554	0. 549	0. 462	0. 000
	女	771	0. 720	0. 508	

由表 5-6-3 可知，在性别维度上，情感体验维度、行为倾向维度、认知水平维度、学习态度总均分均有显著差异。在四个维度中方差齐性检验表明，方差均为齐性，P=0. 00<0. 01，说明在双侧差异极其显著。从标准差上可得知，各维度女生标准差均大于男生，说明女生学习态度优于男生。

表 5-6-4　学习态度在是否为班干部变量上的独立样本 T 检验

变量名称	是否为班干部	N	M	SD	P
情感体验维度	是	230	3. 722	0. 760	0. 010
	否	1095	3. 590	0. 698	
行为倾向维度	是	230	3. 695	0. 564	0. 002
	否	1095	3. 574	0. 521	
认知水平维度	是	230	3. 900	0. 468	0. 002
	否	1095	3. 788	0. 514	
学习态度总均分	是	230	0. 748	0. 515	0. 001
	否	1095	0. 627	0. 490	

由表 5-6-4 可知，在是否为班干部维度上，情感体验维度、行为倾向维度、认知水平维度及学习态度总均分均有显著差异。经方差齐性检验表明，各维度中方差均为齐性。其中，在情感体验维度上，P=0. 01，说明差异极其显著；在行为倾向维度上，P=0. 002<0. 01，说明在双侧差异极其显著；在认知水平维度上，P=0. 002<0. 01，说明在双侧差异极其显著；在学习态度总均分上，P=0. 001<0. 01，说明在双侧差异极其显著。从标准差中可看出，除认知水平维度为非班干部学生优于班干部学生以外，其余在情感体验维度、行为倾向维度及学习态度总均分上，班干部学生均优于非班干部学生。

2. 学习态度在居住地、年级变量上的差异性分析

使用 SPSS. 17. 0 对研究对象的学习态度总分及各个维度，在居住地、年级两个人口学变量上进行单因素方差分析，并进行事后检验。其中，居住地分为农村、城市和城镇，年级分为四到九年级。其结果见表 5-6-5 至表 5-6-8。

表 5-6-5 学习态度在居住地变量上的单因素方差分析

变量名称		均方	F	P
学习态度总均分	组间	2. 470	10. 172***	0. 000
	组内	0. 243		
情感体验维度	组间	4. 435	8. 883***	0. 000
	组内	0. 499		
行为倾向维度	组间	2. 540	9. 149***	0. 000
	组内	0. 278		
认知水平维度	组间	3. 161	12. 443***	0. 000
	组内	0. 254		

注：* P<0. 05；** P<0. 01；*** P<0. 001；下同。

表 5-6-6 学习态度在居住地变量上的多重比较

因变量	(I) 居住地	(J) 居住地	均值差（I-J）	标准误	P
学习态度总均分	农村	城市	-0. 164***	0. 038	0. 000
		城镇	-0. 078 *	0. 036	0. 029
	城市	城镇	0. 086	0. 046	0. 063
情感体验维度	农村	城市	-0. 203***	0. 054	0. 000
		城镇	-0. 138**	0. 051	0. 007
	城市	城镇	0. 065	0. 066	0. 328
行为倾向维度	农村	城市	-0. 173***	0. 041	0. 000
		城镇	-0. 024	0. 038	0. 524
	城市	城镇	0. 149**	0. 050	0. 003

续表

因变量	(I) 居住地	(J) 居住地	均值差（I-J）	标准误	P
认知水平维度	农村	城市	-0.102**	0.039	0.009
		城镇	-0.171***	0.036	0.000
	城市	城镇	-0.069	0.047	0.148

由表5-6-5、表5-6-6可知，经单因素方差分析得出，学习态度总均分、情感体验维度、行为倾向维度及认知水平维度在居住地不同变量上存在显著性差异。经事后分析发现，在学习态度总均分上，农村与城市之间有显著性差异，城市高于农村，农村与城镇之间有显著性差异，城镇高于农村，城市与城镇之间没有显著性差异。在情感体验维度上，城市与城镇生源地学生得分均显著高于农村，城市与城镇之间差异性不显著。在行为倾向维度上，农村与城市之间有显著性差异，城市高于农村，城市与城镇之间有显著性差异，城市高于城镇，农村与城镇之间差异性不显著。在认知水平维度上，也表现为城市与城镇生源学生得分显著高于农村，而城市与城镇之间不存在显著差异。综上所述，学习态度在居住地上差异显著，城市学生学习态度优于城镇、农村学生，农村学生学习态度有待增强。

表5-6-7　学习态度在年级变量上的单因素方差分析

变量名称		均方	F	P
学习态度总均分	组间	3.845	16.531***	0.000
	组内	0.233		
情感体验维度	组间	5.592	11.508***	0.000
	组内	0.486		
行为倾向维度	组间	5.104	19.422***	0.000
	组内	0.263		
认知水平维度	组间	2.506	10.026***	0.000
	组内	0.250		

表 5-6-8　学习态度在年级变量上的多重比较

因变量	(I) 居住地	(J) 居住地	均值差（I-J）	标准误	P
学习态度总均分	四年级	五年级	0.259**	0.090	0.004
		六年级	-0.206**	0.078	0.009
		七年级	0.119	0.073	0.104
		八年级	0.101	0.075	0.174
		九年级	-0.026	0.078	0.741
	五年级	六年级	-0.465***	0.068	0.000
		七年级	-0.141*	0.061	0.021
		八年级	-0.158*	0.063	0.012
		九年级	-0.285***	0.067	0.000
	六年级	七年级	0.324***	0.042	0.000
		八年级	0.307***	0.045	0.000
		九年级	0.180***	0.050	0.000
	七年级	八年级	-0.017	0.034	0.616
		九年级	-0.144***	0.041	0.000
	八年级	九年级	-0.127*	0.044	0.004
情感体验维度	四年级	五年级	0.188	0.130	0.149
		六年级	-0.229*	0.113	0.044
		七年级	0.193	0.105	0.067
		八年级	0.084	0.108	0.435
		九年级	-0.057	0.112	0.610
	五年级	六年级	-0.419***	0.098	0.000
		七年级	0.005	0.088	0.955
		八年级	-0.104	0.091	0.255
		九年级	-0.245*	0.097	0.011
	六年级	七年级	0.422***	0.061	0.000
		八年级	0.313***	0.065	0.000
		九年级	0.172*	0.072	0.018

续表

因变量	（I）居住地	（J）居住地	均值差（I-J）	标准误	P
	七年级	八年级	0.313***	0.065	0.000
		九年级	0.172*	0.072	0.018
	八年级	九年级	−0.141*	0.063	0.025
行为倾向维度	四年级	五年级	0.292**	0.096	0.002
		六年级	−0.210*	0.083	0.012
		七年级	0.176*	0.077	0.023
		八年级	0.175*	0.079	0.028
		九年级	0.044	0.083	0.596
	五年级	六年级	−0.501***	0.072	0.000
		七年级	−0.115	0.065	0.076
		八年级	−0.117	0.067	0.082
		九年级	−0.248**	0.071	0.001
	六年级	七年级	0.386***	0.045	0.000
		八年级	0.384***	0.048	0.000
		九年级	0.254***	0.053	0.000
	七年级	八年级	−0.002	0.036	0.967
		九年级	−0.132**	0.043	0.002
	八年级	九年级	−0.131**	0.046	0.005
认知水平维度	四年级	五年级	0.239*	0.093	0.011
		六年级	−0.196*	0.081	0.016
		七年级	−0.123	0.076	0.104
		八年级	−0.104	0.077	0.178
		九年级	−0.209**	0.081	0.009
	五年级	六年级	−0.435***	0.070	0.000
		七年级	−0.362***	0.063	0.000
		八年级	−0.343***	0.065	0.000
		九年级	−0.449***	0.069	0.000

续表

因变量	(I) 居住地	(J) 居住地	均值差（I-J）	标准误	P
	六年级	七年级	0.073	0.044	0.093
		八年级	0.092*	0.047	0.048
		九年级	-0.013	0.052	0.799
	七年级	八年级	0.019	0.035	0.594
		九年级	-0.086*	0.042	0.040
	八年级	九年级	-0.105**	0.045	0.002

由表5-6-7、表5-6-8可知，经单因素方差分析可知，学习态度总均分、情感体验维度、行为倾向维度、认知水平维度在年级不同变量上均有显著性差异。经事后分析发现，在学习态度总均分上，五年级与四、六、七、八、九年级之间有显著性差异，五年级均低于其他年级；六年级与四、五、七、八、九年级之间有显著性差异，六年级均高于其他年级；九年级与七、八年级之间存在显著性差异，九年级高于七、八年级。综上所述，在学习态度总均分上，六年级得分最高，五年级学生学习态度情况较差。

在情感体验维度上，六年级得分显著高于其他年级；七年级与八、九年级之间有显著性差异，七年级均高于其他年级；九年级与五、八年级之间也存在显著性差异，九年级高于其他年级。可以得知，在情感体验维度上，六年级学生得分最高，其次是七年级学生。说明毕业年级与新入学年级在情感体验上更为突出。

在行为倾向维度上，五年级得分显著低于其他年级；六年级与五、七、八、九年级之间有显著性差异，六年级均高于其他年级；七年级与四、八、九年级之间有显著性差异，七年级均低于其他年级；八年级与四、九年级之间也存在显著性差异，九年级高于其他年级。可见，六、九年级学生行为倾向维度得分较高，七、五年级学生行为倾向维度得分较低。

在认知水平维度上，五年级得分也显著低于其他年级；六年级与四、五、八年级之间有显著性差异，六年级均高于其他年级；九年级与四、七、八年级之间与存在显著性差异，九年级高于其他年级。在认知水平上九年级学生得分最高，四年级学生得分最低。由此可以看出，认知水平的发展随年龄的增强不断增高，而五年级学生得分较低的原因可能为学习压力小，知识不连贯。

3. 学习态度在成绩变量上的差异性分析

使用 SPSS. 17. 0 对研究对象的学习态度总分及各个维度在学习成绩变量上进行单因素方差分析，探讨不同成绩等级的学生在学习态度上是否存在差异。其中，成绩包括语文成绩（汉语成绩）和数学成绩，学习成绩分为高分组、中分组和低分组。其结果见表 5-6-9、表 5-6-12。

表 5-6-9　学习态度在语文成绩上的单因素方差分析

变量名称		均方	F	P
学习态度总均分	组间	23. 758	112. 690***	0. 000
	组内	0. 211		
情感体验维度	组间	27. 525	59. 208***	0. 000
	组内	0. 465		
行为倾向维度	组间	27. 931	116. 665***	0. 000
	组内	0. 239		
认知水平维度	组间	12. 648	52. 874***	0. 000
	组内	0. 239		

表 5-6-10　学习态度在语文成绩上的多重比较

因变量	(I) 成绩 1	(J) 成绩 1	均值差（I-J）	标准误	P
学习态度总均分	低分组	中分组	-0. 207***	0. 031	0. 000
		高分组	-0. 512***	0. 034	0. 000
	中分组	高分组	-0. 304***	0. 031	0. 000
情感体验维度	低分组	中分组	-0. 216***	0. 045	0. 000
		高分组	-0. 549***	0. 051	0. 000
	中分组	高分组	-0. 334***	0. 045	0. 000
行为倾向维度	低分组	中分组	-0. 220***	0. 033	0. 000
		高分组	-0. 554***	0. 037	0. 000
	中分组	高分组	-0. 334***	0. 033	0. 000

续表

因变量	(I) 成绩 1	(J) 成绩 1	均值差（I-J）	标准误	P
认知水平维度	低分组	中分组	-0.186***	0.033	0.000
		高分组	-0.376***	0.037	0.000
	中分组	高分组	-0.191***	0.033	0.000

由表5-6-9、5-6-10经单因素方差分析可知，学习态度总均分、情感体验维度、行为倾向维度及认知水平维度在语文成绩上均有显著性差异。经事后分析发现，学习态度总均分在高分组与低分组之间有显著性差异，高分组高于低分组，高分组与中分组之间有显著性差异，高分组高于中分组，中分组与低分组之间有显著性差异，中分组高于低分组。情感体验、行为倾向与认知水平维度在各得分组之间存在显著性差异，均表现为高分组得分显著高于中分组与低分组，中分组得分显著高于低分组。综上所述，在语文成绩上，学习态度及各维度之间，高分组学生>中分组学生>低分组学生。

表5-6-11　学习态度在数学成绩上的单因素方差分析

变量名称		均方	F	P
学习态度总均分	组间	12.470	54.672***	0.000
	组内	0.228		
情感体验维度	组间	12.744	26.134***	0.000
	组内	0.488		
行为倾向维度	组间	14.506	55.821***	0.000
	组内	0.260		
认知水平维度	组间	7.931	32.180***	0.000
	组内	0.246		

表 5-6-12　学习态度在数学成绩上的多重比较

因变量	(I)成绩 2	(J)成绩 2	均值差（I-J）	标准误	P
学习态度总均分	低分组	中分组	-0.113***	0.032	0.000
		高分组	-0.357***	0.035	0.000
	中分组	高分组	-0.244***	0.032	0.000
情感体验维度	低分组	中分组	-0.151**	0.047	0.001
		高分组	-0.369***	0.052	0.000
	中分组	高分组	-0.218***	0.046	0.000
行为倾向维度	低分组	中分组	-0.109**	0.034	0.001
		高分组	-0.381***	0.038	0.000
	中分组	高分组	-0.278***	0.034	0.000
认知水平维度	低分组	中分组	-0.093**	0.033	0.005
		高分组	-0.285***	0.037	0.000
	中分组	高分组	-0.193***	0.033	0.000

由表 5-6-11、5-6-12 可得，在数学成绩方面，学习态度总均分、情感体验维度、行为倾向维度、认知水平维度在数学成绩上有显著性差异。经事后分析可知，高分组在学习态度总均分与各维度上的得分均显著高于中分组与低分组，中分组高于低分组。可以得出结论在数学成绩上，学习态度及各维度之间，仍然表现出高分组学生优于中分组学生，中分组学生优于低分组学生的现象。

（三）学习态度与学习成绩的相关分析

本研究通过测定研究对象的学习态度与学习之间的 Pearson 相关系数探讨二者之间的关系。其结果见表 5-6-13。

表 5-6-13　学习态度与学习成绩的相关分析

项目	学习态度	情感体验	行为倾向	认知水平
语文成绩	Pearson 相关性	0.379***	0.284***	0.384***
	显著性（双侧）	0.000	0.000	0.000

续表

项目	学习态度	情感体验	行为倾向	认知水平
数学成绩	Pearson 相关性	0.269***	0.194***	0.269***
	显著性（双侧）	0.000	0.000	0.000

从表 5-6-13 可知，语文成绩和数学成绩与学习态度及其各维度之间均存在显著相关性。语文成绩与学习态度呈显著正相关，r=0.379，P=0.000<0.01；语文成绩与情感体验、行为倾向、认知水平三维度也在 0.001 水平上呈显著正相关，数学成绩与学习态度也呈显著正相关，r=0.269，P=0.000<0.01；并且与情感体验、行为倾向、认知水平三维度也在 0.001 水平上呈显著正相关。

（四）学习态度与学习成绩的回归分析

为探讨学习态度及其维度对学习成绩的影响程度，我们以学习态度及其维度作为自变量，以学习成绩作为因变量，进行逐步多元回归分析。其结果见表 5-6-14、表 5-6-15。

表 5-6-14　学习态度与语文成绩的回归分析

模型	变量	R^2	R^2 adj	F	常数	B	P	共线性统计量
1	行为倾向	0.147	0.147	228.352***	0.089	0.532	0.000	—
2	行为倾向	0.151	0.149	117.097***	-0.094	0.474	0.000	0.645
	认知水平					0.103	0.000	

从表 5-6-14 中可以看出，以语文成绩作为因变量时，仅有学习态度的行为倾向与认知水平两维度逐步纳入回归方程中，模型 1 与模型 2 调整后的 R^2 分别为 0.147 与 0.149，分别解释了模型方差变异的 14.7%与 14.9%。根据模型 1 可以建立回归方程：语文成绩=0.089+0.532×行为倾向维度；根据模型 2 可以建立回归方程：语文成绩=-0.094+0.474×行为倾向维度+0.103×认知水平维度。

表 5-6-15　学习态度与数学成绩的回归分析

模型	变量	R^2	R^2 adj	F	常数	B	P	共线性统计量
1	学习态度	0. 072	0. 072	102. 888***	1. 748	0. 404	0. 000	—
2	学习态度	0. 076	0. 075	54. 352***	2. 091	0. 740	0. 000	0. 287
	情感体验					−0. 121	0. 000	

表 5-6-15 中显示，以数学成绩作为因变量时，学习态度与情感体验两维度分别纳入回归方程中，模型 1 与模型 2 调整后 R^2 分别为 0. 072 与 0. 075，说明模型的解释力度相对较小；根据模型 1 可以建立回归方程：数学成绩=1. 748+0. 404×学习态度总均分；根据模型 2 可以建立回归方程：数学成绩=2. 091+0. 74×学习态度总均分−0. 121×情感体验维度。

四、讨论与结论

（一）少数民族学生学习态度处于中等水平

从总体上看，少数民族学生学习态度情况中等偏上，均值约为 32. 409 分。在各维度上认知水平维度均值约为 0. 815 分，情感体验维度均值为 0. 62 分，行为倾向维度均值为 0. 602 分，成绩中等略微偏上。由此可见，少数民族学生的学习态度处于中等略微偏上，少数民族学生的学习态度仍有很大上升空间。认知水平维度成绩最高，说明少数民族学生对于知识的掌握、概念的理解都比较清晰，教学目标比较符合学生年龄发展的特点，对学生发展起着良好的作用，也对教育教学起着良好的监督作用。在情感体验维度上，学生得分处于中等水平，对于双语学校来说，应加强学生情感上的关怀，使学生体验到感情上的关怀，提高学生学习兴趣。使家庭和学校共同关爱学生的成长。在行为倾向维度上，纠正学生的不良行为，激励和鼓舞学生的积极行为，从而达到约束学生行为，改善学习态度的效果。

（二）少数民族学生的学习态度在性别和是否为班干部上存在显著性差异

本研究发现，少数民族学生在学习态度上，女生在各个维度显著高于男生。这一结论与周炀茗等人的研究结果一致。[①] 分析原因可能是，调查对象为四至九年级学生，在这个年龄段的孩子正处于童年期到青春期的过渡和转换，表现出比较贪玩，更加注重同伴关系，男生尤为明显。除此之外，我们的调查对象均为双语教育的少数民族学生，大多数男生家里有相应的农活需要打理，而女生把更多的精力放在了学习上，致使学习态度优于男生。研究发现，在是否为班干部这一人口学变量上，作为班干部的学生在学习态度上显著高于非班干部的学生。首先，班干部学生成绩普遍较好，对学习产生足够的信心，对学习也有着更大的兴趣；其次，班干部学生作为学生的榜样，有着更高的自觉性，学习态度端正；最后，班干部学生有着较强的责任心，对同学有着激励的作用，促使班干部学生学习态度优于非班干部学生。针对上述情况，可以建议教师采用男女生互助形式，或一对一帮助小组等，培养学生积极的学习态度，从而提高学习成绩。

（三）少数民族学生的学习态度在居住地、年级上存在显著性差异

研究结果显示，少数民族学生学习态度在城市、城镇、农村层面上依次减弱。分析原因可能是城市学校的硬件设备、师资力量、课程开设都优于农村学校，使得学生学习兴趣增强，树立了良好的学习态度。学习态度在年级上差异的具体情况在前文已经详细描述，这里不再赘述。总体来看，学习态度较好的年级为六年级和九年级，而水平较低的年级为五年级、七年级和八年级。探寻原因可能为，六年级与九年级都处在毕业班，对于升学的压力来说，这两个年级的学生学习主动性应更强，为了提高成绩，学习态度方面也随之增强。在学校方面，教师及领导也会格外注重毕业班的培养，给予他们更多的帮助和关爱，也开设了有助于提高成绩的相应辅导课程。对于七年级来讲，刚从小学生升为初中生，对新的学校生活充满好奇心和新鲜感，对新的老师和同学也是如此，对于他们而言，感兴

① 周炀茗．7-9年级中学生学习态度的差异比较［J］．课程教育研究：新教师教学，2013（03）：118-119.

趣的事物有很多，相对于学习而言融入集体、感受新生活显得更为重要。对于五年级和八年级的学生来说，既没有升学压力，又对生活习以为常，学习态度也表现平平。这里特别要指出的是，在认知水平维度上，并不符合上述规律，它是根据年龄的增长而递增。认知水平需要思维的发展、知识的叠加及经验的累计，在认知水平维度上九年级表现出最优。综上所述，面对不同区域、不同年级的学生来说，应增设符合地域特点的特色课程，引起学生学习兴趣，端正学习态度。对不同年级学生提出不同的学习任务和要求，从而提高学习自信心。

通过单因素方差分析可以得知，在语文成绩、数学成绩的分组上，均存在显著性差异。其中，在语文成绩上的差异更加明显。分析原因可能为，在双语教育体制下，少数民族学生对汉语文的学习是在民语言学习的基础上进行的，对汉语文学习的学习兴趣、动机、态度相对于其他科目来说对成绩的影响更为显著。由于学习态度的不同，导致学习成绩的高低等级也有所不同。本研究发现，少数民族学习态度与学习成绩有很大相关，并均为显著正相关。其中，行为倾向维度影响最大。说明四至九年级的学生行为习惯还没有完全养成，学校教师可以从行为方面入手，对学生学习态度进行纠正，培养一个良好的学习生活习惯。从情感体验维度上来看，让学生在一个安全、能够受到欣赏的环境中学习，能够体验到自尊、自信，对学生的学习态度起到良好的作用。对于认知水平维度来说，在双语教育上应当注意学生年龄发展特点，针对不同年龄去选择合适的教学材料和方法，超出学生认知水平的问题，学生无法理解，也不能够达到教育的目的。总体来看，学习态度端正的学生，更容易获得好的成绩，而学习态度不端正的学生，容易产生厌学、丧失自信心等问题。学习成绩的影响因素很多，从回归分析可知，学习态度是影响学习成绩的重要因素之一，改善学生的学习态度在教育教学工作中应能取得重大进展，也是培养学生正确的人生观、价值观的重要基础。由于新疆的地域特点，双语教育对中小学生来说十分重要，目的是提高少数民族学生的国家通用语言文字水平，使少数民族学生能够更好地适应社会，在未来的学习生活中能赢得更好的机遇，更好地成为社会有用人才。

第六章　双语教育的质量与水平

双语教育质量与水平的提升既是各级政府、学校和人民群众关注的重点教育问题，也是当前和今后双语教育工作的重中之重，直接影响着高素质少数民族人才的培养。

新疆双语教育的发展仍然存在着诸多问题，新疆南北疆教育发展水平还存在着一定差距，双语教育政策在实施过程中面临着师资质量偏低、学生汉语基础薄弱、激励机制不健全、信息化教学不完善等问题，严重制约着新疆双语教育质量与水平的提升。针对这些问题，笔者在对新疆南北疆义务教育发展水平分析的基础上，重点对少数农村地区中小学校的双语教育质量进行了实地调查，深入剖析了现阶段新疆双语教育质量与水平的发展情况，对影响双语教育质量提升的诸多影响因素进行了归纳总结。认为新疆双语教育的发展受到家庭、学校、个人等诸多因素的影响，强调要加速提升双语教师素质，加强师资队伍建设，加快双语教材建设，不断完善教辅配套设施，同时要建立教学激励机制，完善考核评价体系，从政策层面促进双语教育质量的提高，为新疆教育事业的稳定发展提供良好的双语教育环境。

提升新疆地区双语教育质量，让更多的少数民族学生接受更好的教育，有利于促进少数民族文化水平和自身素质的提升，进一步促进教育公平和教育资源的均衡配置，对民族地区经济的快速发展和社会进步、各民族的和谐团结、国家的安全稳定、各民族共同发展和富裕具有深远影响和重大意义。

第一节　新疆南北疆义务教育发展水平差异分析[①]

一、研究指标的选择与研究目的

受到历史与自然条件的影响，新疆北疆和南疆不仅在经济发展水平上存在着差距，在社会发展层面也表现出区域差异，特别是在教育发展水平方面。中央召开对口支援新疆工作会议之后，国家和新疆维吾尔自治区政府加大了对新疆南疆地区教育资源的投入力度。《国家中长期教育改革和发展规划纲要（2010—2020年）》明确提出，率先在县（区）域内实现城乡均衡发展，逐步在更大范围内推进。努力缩小区域差距。加大对革命老区、民族地区、边疆地区、贫困地区义务教育的转移支付力度。由于新疆县域内教育人口较少，很多教育资源主要集中于县城，乡村学校极少。因此，新疆在县域内教育资源相对均衡，新疆南北疆教育资源反差较大。总体表现在新疆北疆教育整体发展水平高于新疆南疆[②]，若这一状况不改变，长期势必影响新疆南疆教育和人才的集聚效应，进而影响新疆南疆经济和社会发展。因此，及时了解和掌握新疆南北疆区域教育资源配置状况和义务教育发展水平，对于政府制定相应的扶持政策有一定的现实意义。

衡量义务教育发展状况的指标一般集中在投入和产出两个维度，投入指标一般包括教育经费、师资和办学条件等；产出指标一般包括学业成绩、入学率和升学率等。从理论上讲，衡量教育水平理想的指标是教育效果的指标。但由于教育收益的迟效性和长期性及归因的复杂性，教育效果的指标难于直接测算，研究者通常采取对教育过程和投入因素的测算，来替代对教育效果的直接测算。[③] 因此，本节集中选取了义务教育阶段专任教师生师比、教师学历合格率、生均校舍面积、生均图书册数、生机比及教育经费的相关数据来表征教育的发展状态。

本节将根据上述情况中提供的数据，一是计算各平均值，考察新疆北

---

① 本节作者蔡文伯、李晶晶。

② 沈有禄．各地小学存量资产配置差异分析：以学校固定资产为例［J］．上海教育科研，2010（11）：15-18.

③ 梁文艳，杜育红．省际间义务教育不均衡问题的实证研究：基于生均经费的分析指标［J］．教育科学，2008（08）：11-16.

疆与南疆地区之间的整体差异变化，即讨论新疆南北疆之间的整体差异是扩大还是缩小的问题；二是通过计算差异系数的方法来衡量相对差异变动，即讨论新疆南北疆地区内部的义务教育不均衡性是相对严重还是相对缓和的问题。

二、新疆南北疆义务教育发展差异的实证分析

（一）义务教育师资水平指标分析

1. 新疆南北疆小学专任教师生师比差异变化

从新疆南疆和北疆地区之间的整体差异来看，新疆南北疆地区生师比均呈现出下降的趋势，但新疆北疆地区生师比明显低于新疆南疆地区，且新疆南北疆之间的生师比差异还在继续扩大，反映出近年新疆北疆小学教师资源显著优于新疆南疆地区（见图 6-1-1）。

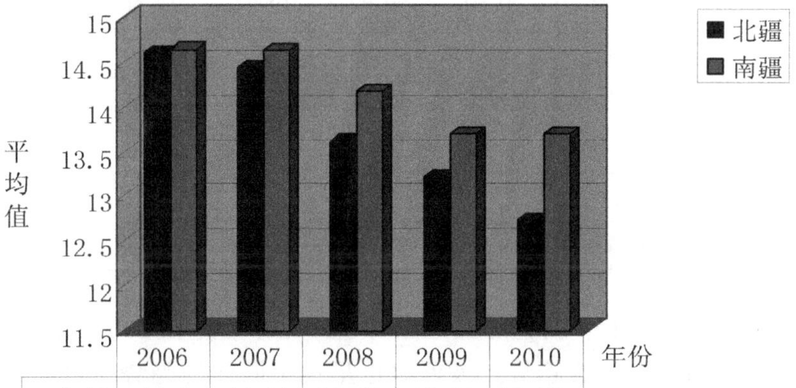

	2006	2007	2008	2009	2010
北疆	14.6	14.44	13.61	13.21	12.73
南疆	14.64	14.62	14.18	13.69	13.7

图 6-1-1　2006—2010 年新疆南北疆地区小学专任教师生师比平均值变化

从图 6-1-1 可以清晰地看出，从 2007 年后，新疆北疆生师比开始明显地持续降低，从 2007 年的 14.44 : 1 下降为 2010 年的 12.73 : 1。虽然新疆南疆地区生师比也有所减少，但是在 2010 年的最低点也为 13.7 : 1，这个生师比数值与 2008 年新疆北疆地区的水平相近。这反映了新疆南北疆地区小学教师生师比差异的变化情况。

从表 6-1-1 可以看出，新疆北疆小学专任教师生师比差异系数随着时序变化在不断拉大，2009 年趋于稳定。这说明新疆北疆地区内部生师比相对差异在扩大，各地州市之间存在较明显的教师资源差异。新疆南疆地区也存在着教师资源差异，但小学专任教师生师比差异随着时序变化在逐步缩小，基本保持稳定。

表 6-1-1　2006—2010 年新疆南北疆小学专任教师生师比的极差率、标准差、差异系数

地区	参数名称	2006 年	2007 年	2008 年	2009 年	2010 年
新疆北疆地区	最大值	21.51	22.00	22.18	21.43	20.72
	最小值	8.96	8.68	9.17	9.09	9.32
	极差	12.55	13.32	13.01	12.34	11.40
	极差率	2.40	2.53	2.42	2.36	2.22
	标准差	4.15	4.25	4.40	4.24	4.24
	差异系数	0.28	0.29	0.32	0.33	0.33
新疆南疆地区	最大值	20.69	20.93	19.91	17.66	17.37
	最小值	7.99	7.66	8.97	8.50	8.41
	极差	12.70	13.27	10.94	9.16	8.96
	极差率	2.59	2.73	2.22	2.08	2.07
	标准差	4.68	4.71	3.96	3.64	3.67
	差异系数	0.32	0.32	0.28	0.27	0.27

从极端情况来看，新疆北疆地区的生师比标准差在 2006—2010 年呈现出先增长后略缩小的趋势。极差率也呈现出同样的趋势，可见新疆北疆地区教师资源差距并没有明显缩小，且极差也没有明显缩小。相比之下，新疆南疆地区的教师资源均衡状态明显趋缓。从标准差来看，在 2006—2010 年分别为 4.68、4.71、3.96、3.64、3.67，反映出新疆南疆地区教师资源分布不均衡的水平在逐年趋缓。极差率在 2006—2010 年也依次缩小，说明新疆南疆地州市之间的极差在逐步缩小。新疆南疆地区的标准差和极差率自 2008 年都低于新疆北疆地区，说明新疆南疆地区地州市之间小学专任教师资源配置相对均衡，但这是在低水平教师资源的前提下实现的。

2. 新疆南北疆初中专任教师生师比差异变化

从新疆南北疆地区之间的整体差异变化来看，新疆北疆地区初中生师比值处于逐渐降低的状态，新疆南疆地区初中生师比每年都略高于新疆北疆地区，但近几年其比值也处于逐年降低的趋势，并且在2010年新疆南北疆地区初中专任教师生师比值基本持平，表现出新疆南北疆地区之间的初中专任教师资源差距在缩小（见图6-1-2）。

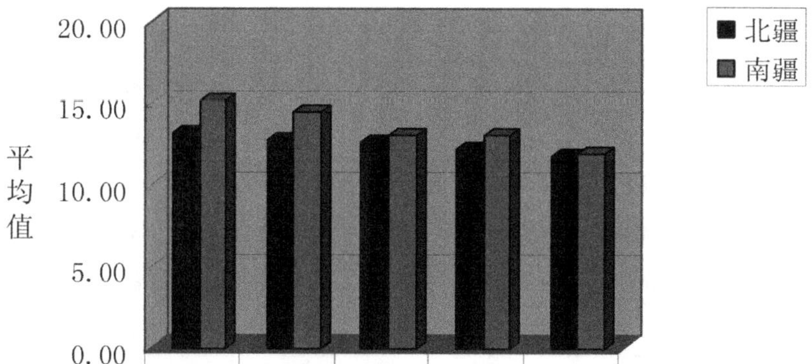

	2006	2007	2008	2009	2010
■ 北疆	13.14	12.69	12.64	12.16	11.75
■ 南疆	15.17	14.38	12.96	13.01	11.89

图6-1-2 2006—2010年新疆南北疆地区初中专任教师生师比平均值变化

从表6-1-2反映的趋势看，新疆北疆地区初中专任教师生师比差异系数随着时序变化呈现递减趋势，自2008年保持在0.19—0.2的水平。新疆北疆地区内部地州市之间的初中专任教师生师比相对差异有所缩小。新疆南疆地区初中专任教师生师比差异系数随时序变化表现出降低的趋势，与新疆北疆地区差异系数相比较小，表明新疆南疆地区内部地州市之间初中专任教师生师比相对差异较小，教师资源配置相对新疆北疆地区内部较为均衡。

表 6-1-2 2006—2010 年新疆南北疆初中专任教师生师比的极差率、标准差、差异系数

地区	参数名称	2006 年	2007 年	2008 年	2009 年	2010 年
新疆北疆地区	最大值	19.9	19.14	17.05	16.33	15.21
	最小值	8.96	9.62	9.14	8.17	7.93
	极差	12.55	9.52	7.91	8.16	7.28
	极差率	2.40	1.99	1.87	2.00	1.92
	标准差	4.15	2.97	2.46	2.47	2.25
	差异系数	0.23	0.23	0.19	0.2	0.19
新疆南疆地区	最大值	20.69	20.93	15.7	14.90	14.59
	最小值	7.99	7.66	8.11	10.07	8.69
	极差	12.7	13.27	7.59	4.83	5.90
	极差率	2.59	2.73	1.94	1.48	1.68
	标准差	4.68	4.71	2.75	1.78	1.85
	差异系数	0.21	0.2	0.21	0.14	0.16

新疆北疆地区初中专任教师生师比的标准差从 2006—2010 年逐年缩小，表明新疆北疆地区内部地州市的初中教师资源差距在不断缩小。在 2006 年教师资源最充足的地州市与教师资源最紧张的地州市的生师比极差率为 2.40，2010 年为 1.92，说明新疆北疆地区极差在缩小。新疆南疆地区的初中专任教师生师比标准差从 2006—2010 年同样在逐年减小，自 2008 年减少幅度大于新疆北疆地区，反映出新疆南疆内部地州市的初中教师资源差距不断缩小。在 2006 年年初中生师比极差率为 2.59，到 2010 年生师比极差率为 1.68，极差在不断缩小。可见，新疆南疆内部地州市的初中专任教师资源差距缩小速度比新疆北疆地区较快。

3. 新疆南北疆小学专任教师合格率差异分析

从新疆南疆和北疆地区之间的整体差异来看，新疆北疆地区小学专任教师合格率呈现出逐年增长的趋势，新疆南疆地区专任教师合格率平均水平低于新疆北疆地区，在 2009 年增长较快，新疆南北疆之间的小学专任教师合格率差异趋于缩小的趋势，但也反映出近年新疆北疆小学专任教师合格率仍高于南疆地区（见图 6-1-3）。

从图 6-1-3 可看出，自 2006 年以来，新疆北疆小学专任教师合格率

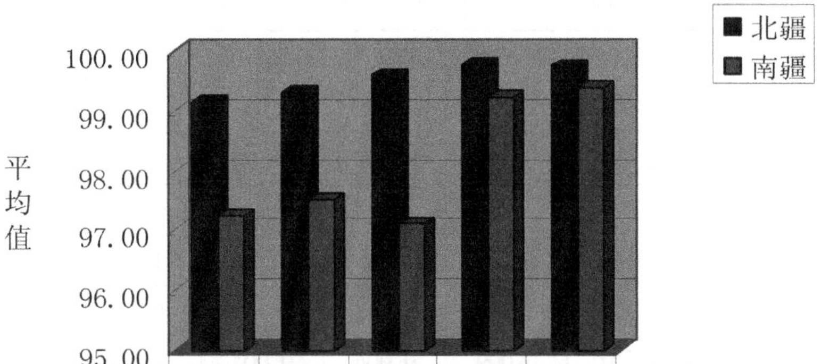

	2006	2007	2008	2009	2010
■北疆	99.13	99.32	99.60	99.76	99.75
■南疆	97.24	97.52	97.11	99.21	99.37

图 6-1-3　2006—2010 年新疆南北疆地区小学专任教师合格率平均值变化

稳步地持续升高，从 2006 年的 99.13%提高到 2010 年的 99.75%。新疆南疆地区小学专任教师合格率总体有所提升，合格率提升速度最快的 2009 年达到了 99.21%，在 2010 年达到 99.37%，这个合格率的平均值与 2007 年新疆北疆地区的水平相近。这反映出新疆南北疆地区小学教学质量的差异正呈现缩小的趋势。

从表 6-1-3 可以看出，新疆北疆小学专任教师合格率差异系数随着时序变化在不断减小，这说明新疆北疆地区内部教师合格率相对差异在缩小。新疆南疆地区小学专任教师合格率差异系数随着时序变化也呈现出缩小的趋势，但是在 2006—2010 年新疆南疆地区的差异系数均比新疆北疆地区的高，反映出新疆南疆地区小学专任教师合格率相对差异大于新疆北疆地区。

从小学专任教师合格率极差来看，新疆北疆地区小学专任教师合格率的极差率在 2006—2010 年为 1.01，说明新疆北疆各地州市之间小学教学质量差异保持稳定。新疆南疆地区极差率在 2006—2010 年呈现缩小的趋势，说明新疆南疆地州市之间的极差在缩小，但是近几年的极差率仍然大于新疆北疆地区，相比较而言，新疆北疆地区内部各地州市之间的小学专任教师合格率情况较新疆南疆地区的均衡。

表 6-1-3　2006—2010 年新疆南北疆小学专任教师合格率的极差率、标准差、差异系数

地区	参数名称	2006 年	2007 年	2008 年	2009 年	2010 年
新疆北疆地区	最大值	100	100	100	100	100
	最小值	99.10	99.00	98.93	99.04	99.11
	极差	0.90	1.00	1.07	0.96	0.89
	极差率	1.01	1.01	1.01	1.01	1.01
	标准差	0.85	0.62	0.40	0.32	0.28
	差异系数	0.009	0.006	0.004	0.003	0.003
新疆南疆地区	最大值	99.86	99.86	99.97	100	100
	最小值	90.26	90.63	90.63	96.59	97.28
	极差	9.60	9.23	9.34	3.41	2.72
	极差率	1.11	1.10	1.10	1.03	1.03
	标准差	3.41	3.30	3.31	1.19	0.95
	差异系数	0. 035	0.034	0.034	0.012	0.010

4. 新疆南北疆初中专任教师合格率差异分析

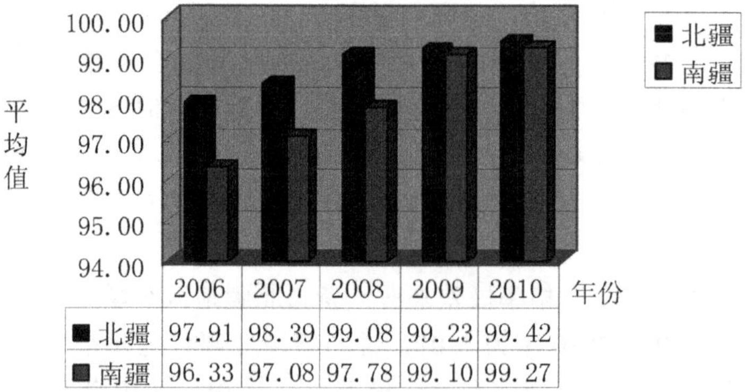

图 6-1-4　2006—2010 年新疆南北疆地区初中专任教师合格率平均值变化

从图 6-1-4 可看出，新疆南北疆地区的初中专任教师合格率呈现出逐年升高的趋势。新疆北疆地区在 2006 年平均值为 97.91%，在 2010 年提高到 99.42%；新疆南疆地区的初中专任教师合格率从 2006 年的 96.33%，

提高到 2010 年的 99.27%。新疆南疆与北疆地区之间的初中专任教师合格率差距在逐步缩小。

表 6-1-4　2006—2010 年新疆南北疆初中专任教师合格率的极差率、标准差、差异系数

地区	参数名称	2006 年	2007 年	2008 年	2009 年	2010 年
新疆北疆地区	最大值	99.34	99.35	99.70	99.87	99.92
	最小值	96.94	97.02	98.53	97.03	97.07
	极差	2.40	2.33	1.17	2.84	2.85
	极差率	1.02	1.02	1.01	1.03	1.03
	标准差	0.73	0.70	0.47	0.86	0.91
	差异系数	0.01	0.01	0.00	0.01	0.01
新疆南疆地区	最大值	98.17	98.86	99.47	100	100
	最小值	93.97	94.12	94.12	97.98	98.21
	极差	4.20	4.74	5.35	2.02	1.79
	极差率	1.04	1.05	1.06	1.02	1.02
	标准差	1.41	1.61	1.85	1.03	0.66
	差异系数	0.01	0.02	0.02	0.01	0.01

从表 6-1-4 可以看出，新疆北疆地区初中专任教师合格率差异系数随着时序变化保持在 0.005—0.01 之间，这说明新疆北疆地区内部各地州市之间初中教师合格率相对差异较平稳。新疆南疆地区初中专任教师合格率差异系数随着时序变化呈现出先增大后缩小的趋势，2010 年新疆南北疆地区差异系数相等。

从初中专任教师合格率极差来看，新疆南北疆地区极差率 2006—2010 年都保持在 1.02—1.03，说明新疆南北疆地州市之间的极差没有明显的变化。总体来说，新疆南北疆地区初中教学质量绝对差异与相对差异基本保持稳定。

（二）义务教育办学条件指标分析

从新疆南疆与北疆地区之间的整体差异变化来看，新疆南北疆地区小学生均校舍面积均呈现逐年增长的趋势，但是新疆北疆增长趋势明显快于南疆地区，新疆南疆与北疆地区之间仍然存在差距。从图 6-1-5 可

以看出，2006—2010 年，新疆北疆地区小学生均校舍面积在稳步扩大。2006 年平均值为 4.94 平方米/人，到 2010 年扩大到 6.58 平方米/人；新疆南疆地区的小学生均校舍面积扩大的较为缓慢，从 2006 年的 3.66 平方米/人，扩大到 2010 年的 4.23 平方米/人，还达不到新疆北疆地区 2006 年的生均校舍面积平均值。新疆南疆与北疆地区之间的生均校舍面积差距是显而易见的，并且近几年差距有所扩大。

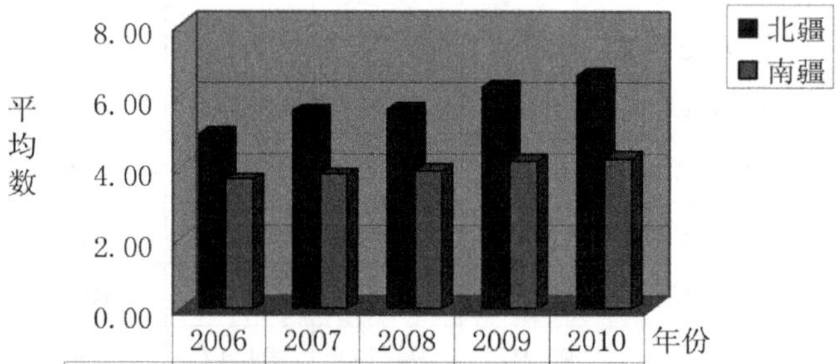

	2006	2007	2008	2009	2010
北疆	4.94	5.59	5.63	6.26	6.58
南疆	3.66	3.79	3.88	4.16	4.23

图 6-1-5　2006—2010 年新疆南北疆地区小学生均校舍面积平均值的时序变化

表 6-1-5　2006—2010 年新疆南北疆小学生均校舍面积的极差率、标准差、差异系数

地区	参数名称	2006 年	2007 年	2008 年	2009 年	2010 年
新疆北疆地区	最大值	8.79	10.52	10.88	12.41	14.10
	最小值	3.12	3.35	3.47	4.00	4.03
	极差	5.67	7.17	7.41	8.41	10.07
	极差率	2.82	3.14	3.14	3.10	3.50
	标准差	1.74	2.20	2.32	2.54	3.01
	差异系数	0.35	0.39	0.41	0.41	0.46
新疆南疆地区	最大值	5.05	5.31	5.4	5.59	5.82
	最小值	2.56	2.62	2.66	2.69	2.71
	极差	2.49	2.69	2.74	2.90	3.11
	极差率	1.97	2.03	2.03	2.08	2.15
	标准差	1.03	1.04	1.10	1.24	1.21
	差异系数	0.28	0.28	0.28	0.30	0.29

从表 6-1-5 反映的趋势看，新疆北疆地区差异系数都高于南疆地区，且新疆北疆地区小学生均校舍面积差异系数随着时序变化呈现缓慢增加的趋势；新疆南疆地区小学生均校舍面积差异系数较稳定，没有明显的变化。这说明近几年新疆北疆地区小学生均校舍面积相对差异有所扩大。

从极差率数值来看，新疆南北疆地区极差率 2006—2010 年都略有所增长，但新疆南疆地区极差率增长幅度低于北疆地区，这表明新疆南北疆地区地州市之间的极差没有缩小。相比较而言，新疆南疆地州市之间小学生均校舍面积相对均衡。

2. *初中生均校舍面积差异分析*

从新疆南北疆之间的整体差异变化来看，新疆南北疆地区初中生均校舍面积平均值的变化趋势相一致，但是新疆南疆与北疆地区之间仍然存在较大的差距。新疆北疆地区 2006 年初中生均校舍面积为 5.35 平方米/人，到 2010 年扩大为 8.47 平方米/人；新疆南疆地区初中生均校舍面积也有所扩大，但扩大幅度较小，2010 年为 5.95 平方米/人，这与新疆北疆地区 2007 年的平均水平相比还存在差距。这与新疆南疆地区“两基”的普及、义务教育阶段入学率的提高有很大的关系，也从侧面反映出新疆南疆地区要加强学校建设与改造。从图 6-1-6 可以看出，新疆南疆与北疆之间的差距是显而易见的。长期以来，新疆北疆地区的初中生均校舍面积有着相当的优势，并且新疆南北疆之间的差距有所扩大。

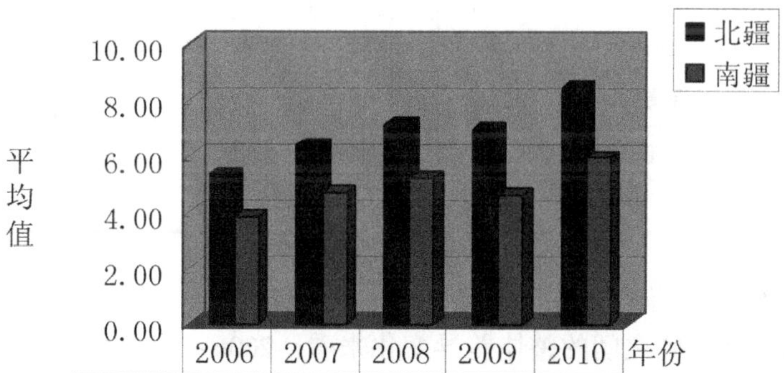

	2006	2007	2008	2009	2010
■北疆	5.35	6.39	7.13	6.95	8.47
■南疆	3.81	4.70	5.20	4.62	5.95

图 6-1-6　2006—2010 年新疆南北疆地区初中生均校舍面积平均值的时序变化

从相对差异的趋势来看，新疆南北疆地区初中生均校舍面积差异系数在2006—2010年随着时序的变化呈现波浪式变化。总体来说，新疆北疆地区差异系数略低于新疆南疆地区，不均衡状况缓于新疆南疆地区。可以看出，新疆北疆各地州市之间的初中生均校舍面积相对差异较小（见表6-1-6）。

从极差来看，新疆北疆地区初中生均校舍面积最大与最小的比值没有明显的缩小，可见新疆北疆地区的初中校舍面积极差保持稳定。新疆南疆地区初中生均校舍面积最大与最小的比值呈现逐年缩小的趋势，表明新疆南疆地区的初中校舍面积极差在逐步缩小。

表6-1-6　2006—2010年新疆南北疆初中生均校舍面积的极差、标准差、差异系数

地区	参数名称	2006年	2007年	2008年	2009年	2010年
新疆北疆地区	最大值	7.79	9.32	10.48	12.00	12.83
	最小值	3.17	4.58	4.82	4.33	5.26
	极差	4.62	4.74	5.66	7.67	7.57
	极差率	2.46	2.03	2.17	2.77	2.44
	标准差	1.55	1.72	2.16	3.61	2.78
	差异系数	0.29	0.27	0.30	0.52	0.33
新疆南疆地区	最大值	6.85	7.95	8.25	7.44	8.34
	最小值	2.68	3.24	3.77	4.79	5.02
	极差	4.17	4.71	4.48	2.65	3.32
	极差率	2.56	2.45	2.19	1.55	1.66
	标准差	1.71	1.86	1.79	2.47	1.36
	差异系数	0.45	0.39	0.34	0.53	0.23

3. 小学生均图书量差异分析

从新疆南北疆之间的整体差异变化来看，2006—2010年新疆南疆和北疆地区的小学生均图书量都有所增加，同时新疆北疆地区增长速度远远快于南疆地区。反映出新疆南北疆地区小学阶段生均图书量的差距在扩大。

从图6-1-7可以看出，新疆北疆地区小学生均图书量每年都高于南疆地区，从2008年开始新疆北疆地区小学生均图书量增长速度较快；新疆南疆地区小学生均图书量2006—2008年呈现缩小的趋势，这从一定程度上可

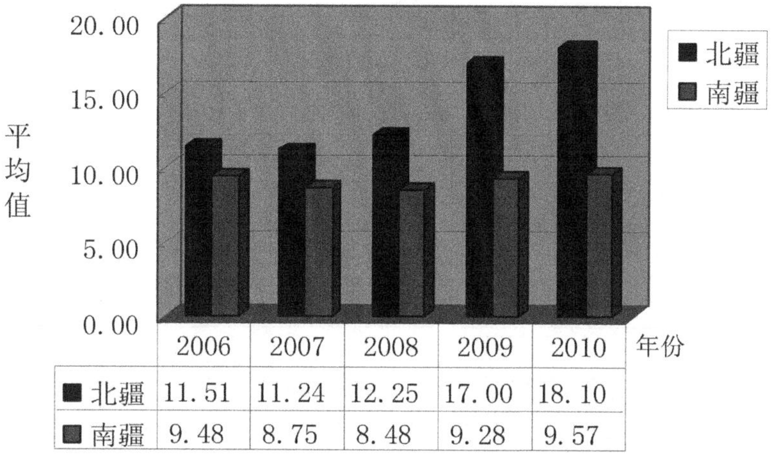

图 6-1-7　2006—2010 年新疆南北疆地区小学生均图书量平均数的时序变化

看出新疆南疆地区在取得“两基”工作显著成果的同时，一些硬件设施还不能够满足需求。从图 6-1-7 中可以清晰地看出，新疆南疆与北疆之间的差距呈扩大的趋势。

从表 6-1-7 反映的情况来看，新疆北疆地区小学生均图书量差异系数随着时序变化呈现缓慢拉大的趋势，但从 2009 年出现相对平缓的趋势，差异系数保持在 0.42—0.43；新疆南疆地区小学生均图书量差异系数在 2007 年达到峰值后保持较平稳，其差异系数连续四年稳定在 0.53—0.55 之间。相比之下，新疆北疆地区差异系数小于南疆地区，小学生均图书量在新疆北疆各地州市之间的配置相对较均衡。

表 6-1-7　2006—2010 年新疆南北疆小学生均图书量的极差率、标注差、差异系数

地区	参数名称	2006 年	2007 年	2008 年	2009 年	2010 年
新疆北疆地区	最大值	21.86	22.01	25.25	31.96	33.07
	最小值	6.58	7.02	7.21	10.99	10.97
	极差	15.28	14.99	18.04	20.97	22.10
	极差率	3.32	3.14	3.50	2.91	3.01
	标准差	4.44	4.59	6.33	7.21	7.84
	差异系数	0.39	0.41	0.52	0.42	0.43

续表

地区	参数名称	2006 年	2007 年	2008 年	2009 年	2010 年
新疆北疆地区	最大值	11. 78	12. 86	12. 09	13. 06	14. 60
	最小值	6. 08	6. 34	7. 09	8. 68	8. 91
	极差	5. 70	6. 52	5. 00	4. 38	5. 69
	极差率	1. 94	2. 03	1. 71 . 71	1. 50	1. 64
	标准差	2. 24	4. 82	4. 59	4. 89	5. 10
	差异系数	0. 24	0. 55	0. 54	0. 53	0. 53

从小学生均图书量极差来看，新疆北疆地区 2006 年小学生均图书量最充足的地州市与最缺乏的地州市的比值为 3. 32，到 2010 年极差率为 3. 01。可见，新疆北疆地州市小学生均图书量的极差有所缩小。新疆南疆地区 2006 年小学生均图书量最充足的地州市与最缺乏的地州市的比值为 1. 94，到 2010 年极差率为 1. 64。新疆南北疆地州市小学生均图书量的极差在缩小。

4. 初中生均图书量差异分析

从新疆南疆和北疆地区之间的整体差异来看，新疆北疆地区初中生均图书量在 2006—2008 年变化不明显，到 2009 年增长较快达到近几年最大值。新疆南疆地区初中生均图书量逐年增长，并且增幅较大，总体来看，新疆南北疆初中生均图书量的总体差距呈现逐步缩小的趋势（见图 6-1-8）。

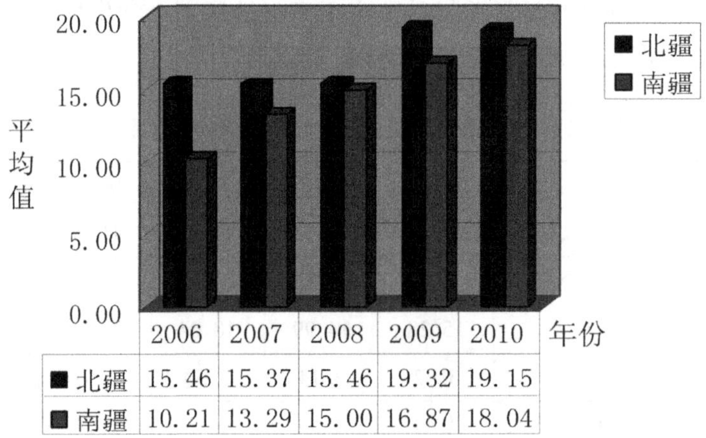

图 6-1-8　2006—2010 年新疆南北疆地区初中生均图书量平均数的时序变化

表 6-1-8 2006—2010 年新疆南北疆初中生均图书量的极差率、标准差、差异系数

地区	参数名称	2006 年	2007 年	2008 年	2009 年	2010 年
新疆北疆地区	最大值	25.47	24.66	22.61	26.19	27.16
	最小值	9.16	9.15	8.2	14.56	15.10
	极差	16.31	15.51	14.41	11.63	12.06
	极差率	2.78	2.70	2.76	1.80	1.80
	标准差	5.42	5.96	5.92	5.29	5.63
	变异系数	0.35	0.36	0.38	0.27	0.29
新疆南疆地区	最大值	13.31	15.53	17.94	18.10	20.52
	最小值	7.55	9.89	10.96	15.37	15.60
	极差	5.76	5.64	6.98	2.73	4.92
	极差率	2.31	1.57	1.64	0.99	1.32
	标准差	2.68	2.37	2.69	1.21	2.24
	变异系数	0.26	0.18	0.18	0.07	0.12

从表 6-1-8 反映的趋势来看，新疆南北疆地区初中生均图书量差异系数随着时序变化均呈现出波浪式的发展趋势，新疆南北疆地州市之间的初中生均图书量相对差异变化不稳定。相比较而言，新疆北疆地区差异系数均高于南疆地区，新疆南疆地区初中生均图书量在其各地州市之间的配置较北疆地区协调。

从初中生均图书量极差来看，新疆南北疆地区初中生均图书资源最充足的地州市与生均图书资源最欠缺的地州市的比值都呈现波浪式发展，但新疆北疆地区极差率在 2009 年趋于平缓，说明新疆北疆地区的极差趋于平缓。新疆南疆地区极差率变化较为复杂，其极差变化不稳定。

5. 小学生机比差异分析

从新疆南北疆之间的整体差异变化来看，新疆南疆地区和北疆地区的小学生机比平均值呈现逐年递减的趋势，说明新疆南北疆地区小学的信息化水平均有所提高。新疆南疆地区减幅较大，由 2006 年的 82.11 缩小为 2009 年的 33.69。从图 6-1-9 可以看出，新疆南北疆之间的平均差距呈现逐渐缩小的趋势。

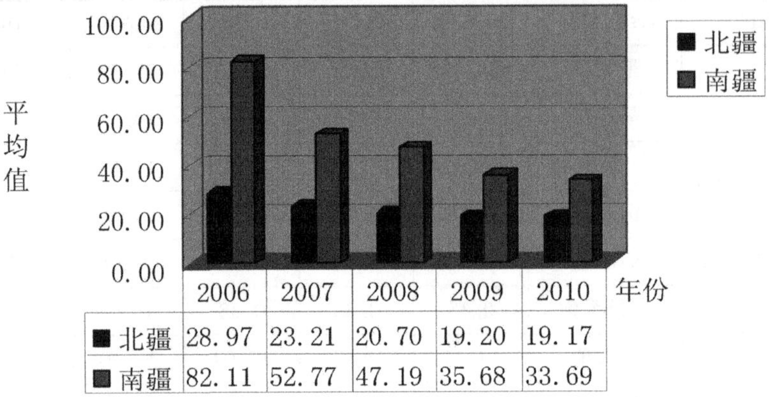

图 6-1-9　2006—2010 年新疆南北疆地区小学生机比平均值的时序变化

表 6-1-9　2006—2010 年新疆南北疆小学生机比的极差、标准差、差异系数

地区	参数名称	2006 年	2007 年	2008 年	2009 年	2010 年
新疆北疆地区	最大值	49.29	37.36	33.81	38.06	33.86
	最小值	9.29	8.04	6.37	5.53	5.27
	极差	40	29.32	27.44	32.53	28.59
	极差率	5.31	4.65	5.31	6.88	6.43
	标准差	13.63	8.91	8.16	9.81	10.22
	差异系数	0.47	0.38	0.39	0.51	0.53
新疆南疆地区	最大值	159.39	113.96	104.85	67.88	62.87
	最小值	26.04	26.14	20.87	17.92	16.52
	极差	133.35	87.82	83.98	49.96	46.35
	极差率	6.12	4.36	5.02	3.79	3.81
	标准差	53.60	42.07	39.33	27.16	25.14
	差异系数	0.65	0.80	0.83	0.76	0.75

从表 6-1-9 反映的趋势来看，新疆北疆地区小学生机比差异系数随着时序变化呈现缓慢拉大的趋势，表明新疆北疆地州市之间小学生机比的相对差异有所扩大，扩大幅度较小。新疆南疆地区小学生机比差异系数随着时序变化也呈现缓慢拉大的趋势，2009 年趋于平缓。相比之下，虽然新疆

北疆地区内部地州市的相对差异稍有扩大趋势，但近几年差异系数均低于新疆南疆地区，其不均衡状况明显缓于新疆南疆地区。可以看出，小学生机比在新疆北疆各地州市之间的配置较均衡。

从小学的生机比极差来看，新疆北疆地区小学的生机比极差率2006—2010年呈现波浪式变化，但极差率略有扩大的趋势，说明新疆北疆地区信息资源的极差略有扩大。新疆南疆地区极差率呈现逐年缩小的趋势，其极差在缩小。

从新疆南北疆之间的整体差异变化来看，新疆北疆地区初中生机比的平均值呈U型发展趋势，新疆南疆地区初中生机比的平均值在大幅度缩小，显示出新疆南疆地区信息化水平的不断普及。但是，仍可以看出新疆北疆地区生机比明显低于南疆地区生机比，说明新疆北疆地区初中信息化水平提高较快。从图6-1-10可以看出，新疆南北疆之间的平均差距呈现逐渐缩小的趋势。

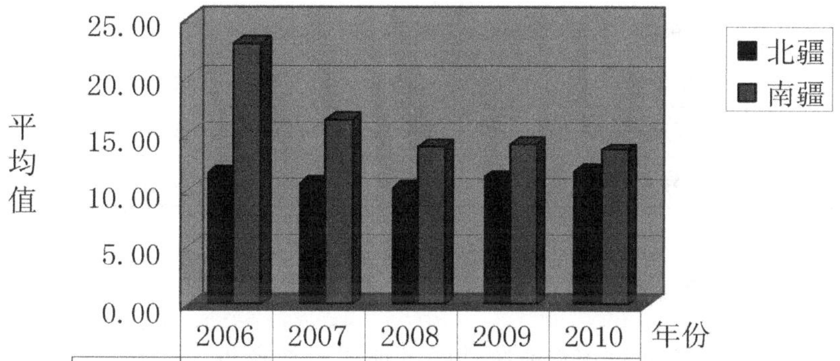

	2006	2007	2008	2009	2010
北疆	11.58	10.67	10.21	11.23	11.77
南疆	22.87	16.22	13.95	14.17	13.58

图6-1-10　2006—2010年新疆南北疆地区初中生机比平均值的时序变化

从表6-1-10反映的情况来看，新疆北疆地区初中生机比差异系数随着时序的变化发展较平缓，保持在0.28—0.29。新疆南疆地区小学生机比差异系数随着时序变化呈现先拉大后缩小的趋势。新疆北疆地区不均衡状况明显缓于南疆地区。因此，初中生机比在新疆北疆各地州市之间的配置较均衡。从初中生机比极差来看，新疆北疆地区极差率2006—2010年呈现缓慢增长的趋势，新疆南疆地区极差率2006—2010年呈现U

型的发展趋势，并且新疆北疆地区近五年的极差率都低于南疆地区。这表明新疆北疆地州市之间的极差有所缓慢拉大，但是其极差相对新疆南疆地区较小。

表 6-1-10　2006—2010 年新疆南北疆初中生机比的极差、标准差、差异系数

地区	参数名称	2006 年	2007 年	2008 年	2009 年	2010 年
新疆北疆地区	最大值	14. 61	14. 59	14. 15	14. 91	15. 50
	最小值	8. 22	7. 03	5. 48	5. 77	5. 88
	极差	6. 39	7. 56	8. 67	9. 14	9. 62
	极差率	1. 78	2. 08	2. 58	2. 58	2. 64
	标准差	2. 24	2. 70	2. 97	3. 30	3. 25
	变异系数	0. 19	0. 25	0. 29	0. 29	0. 28
新疆南疆地区	最大值	32. 92	27. 76	24. 23	20. 81	21. 50
	最小值	10. 48	9. 30	8. 76	7. 35	5. 80
	极差	22. 44	18. 46	15. 47	13. 46	15. 70
	极差率	3. 14	2. 98	2. 77	2. 83	3. 71
	标准差	8. 68	10. 31	8. 80	5. 73	6. 15
	变异系数	0. 38	0. 64	0. 63	0. 40	0. 45

（三）义务教育经费投入指标分析

根据新疆教育统计资料所统计的各地州市教育投入的数据，分析近五年新疆南北疆教育经费投入差异变化。

1. 小学教育经费投入差异分析

从新疆南北疆之间的整体差异变化来看，新疆北疆地区小学教育经费投入呈现逐年增长的发展趋势，均值由 2006 年的 2087. 73 万元增加到 2010 年的 7550. 56 万元，增加了 3. 62 倍。从图 6-1-11 可以计算出，2006—2010 年新疆北疆小学教育经费的均值增速依次为 0. 46、0. 36、0. 97、-0. 08。自 2003 年，《国家西部地区“两基”攻坚计划》颁布后，新疆维吾尔自治区印发了《新疆维吾尔自治区“两基”攻坚计划》，开始对新疆南疆地区大力扶持，新疆南疆地区小学教育经费投入增长较快，由 2006 年的 3892. 88 万元增长为 2010 年的 8084. 70 万元，增长了 2. 08 倍。可计算

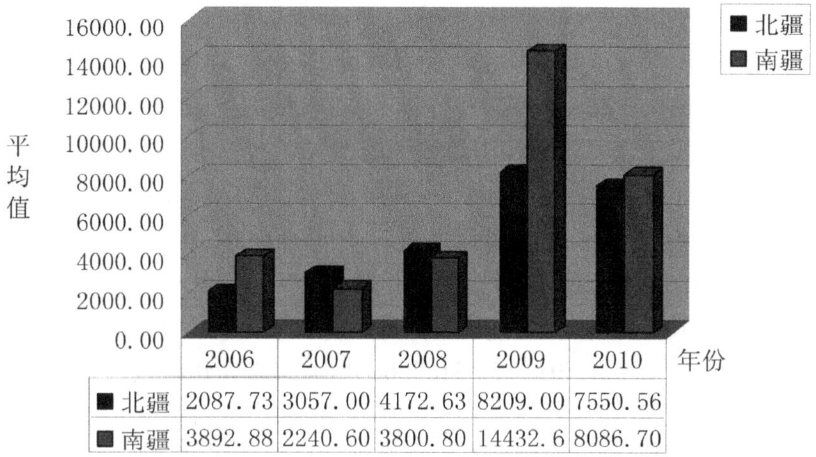

图 6-1-11　2006—2010 年新疆南北疆地区小学教育经费投入平均值的时序变化

出，2006 年到 2010 年新疆南疆小学教育经费投入均值增速依次为-0.42、0.7、2.8、-0.44，新疆南疆地区 2008 年和 2009 年增速快于北疆地区。

表 6-1-11　2006—2010 年新疆南北疆小学教育经费投入的极差、标准差、差异系数

地区	参数名称	2006 年	2007 年	2008 年	2009 年	2010 年
新疆北疆地区	最大值	8961	12467	11876	14577	20601
	最小值	45	138	60	233	530
	极差	8916	12329	11816	14344	20071
	极差率	199.13	90.34	197.93	62.56	38.87
	标准差	2946.46	4098.81	3918.12	5467.75	7405.96
	差异系数	1.41	1.34	0.94	0.67	0.98
新疆南疆地区	最大值	8410.4	4499	8575	24402	15323.8
	最小值	1149.9	358	266	4893	1852.5
	极差	72605	4141	8309	19509	13471.3
	极差率	7.31	12.57	32.24	4.99	8.27
	标准差	29115.53	2051.29	3852.17	9059.79	5187.68
	差异系数	0.75	0.92	1.01	0.63	0.64

从表 6-1-11 反映的趋势来看，新疆北疆地区小学教育经费投入的差异系数随着时序变化呈现逐渐缩小的趋势，说明新疆北疆地州市之间的小学教育经费投入相对差异在缩小。新疆南疆地区小学教育经费投入差异系数随着时序变化也在减小并趋于缓和，新疆南疆地区近几年差异系数均小于北疆地区。相比较而言新疆南疆地区的相对差异较小。

新疆北疆地区标准差由 2006 年 2946. 46 万元增加到 2010 年的 7405. 96 万元，增加了 2. 51 倍，其增速依次为 0. 39、-0. 04、0. 4、0. 35，可以看出，2006—2010 年新疆北疆地州市小学教育经费投入的绝对差异在增加，但绝对差异的增加速度呈缩小趋势。新疆南疆地区标准差由 2006 年 29115. 53 万元缩小到 2010 年的 5187. 68 万元，其变化幅度依次为-0. 93、0. 88、1. 35、-0. 43，绝对差异呈波浪式发展，变化不稳定。从极差率来看，新疆北疆地区极差率在逐步缩小，表明新疆北疆地区极差在缩小。新疆南疆地区极差率 2006 年为 7. 31，2010 年为 8. 27，极差没有明显缩小。

2. *初中教育经费投入差异分析*

从新疆南北疆地区之间的整体差异变化来看，新疆南北疆地区初中教育经费投入变化趋势一致。新疆北疆地区均值由 2006 年的 3813. 63 万元增加到 2010 年的 10536. 26 万元，增加了 2. 76 倍。从图 6-1-12 可以计算出，2006—2010 年新疆北疆地区初中教育经费的均值增速依次为 -0. 2、1. 96、1. 33、-0. 5。新疆南疆地区初中教育经费投入增长较快，由 2006 年的 5612. 44 万元增长为 2010 年的 12386. 94 万元，增加了 2. 21 倍。2006—2010 年新疆南疆地区小学教育经费投入均值增速依次为 0. 21、0. 71、1. 98、-0. 48，新疆南疆地区增速快于北疆地区。

从表 6-1-12 反映的趋势来看，新疆北疆地区小学教育经费投入的差异系数随着时序变化在 0. 89—0. 99 之间波动，差异系数没有明显缩小。新疆南疆地区小学教育经费投入差异系数随着时序变化在 0. 58—0. 74 间变化，新疆南疆地区近几年差异系数小于北疆地区。相比较而言，新疆南疆地区的相对差异较小。

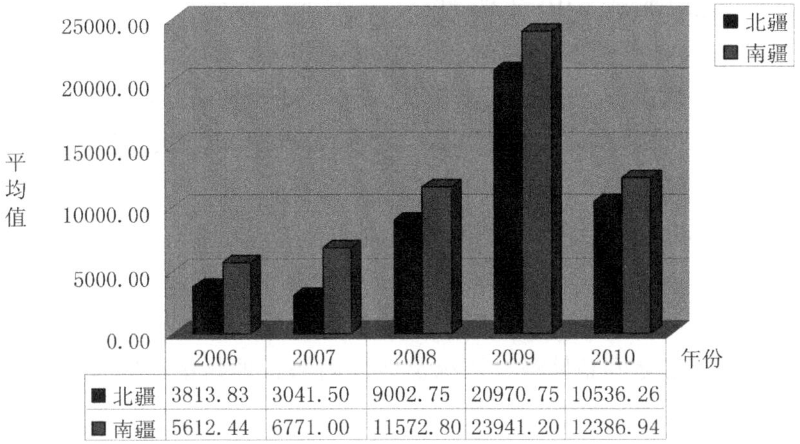

图 6-1-12　2006—2010 年新疆南北疆地区初中教育经费投入平均值的时序变化

表 6-1-12　2006—2010 年新疆南北疆初中教育经费投入的极差、标准差、差异系数

地区	参数名称	2006 年	2007 年	2008 年	2009 年	2010 年
新疆北疆地区	最大值	11194	7991	16868	35796	26491.9
	最小值	390	259	689	828	202
	极差	10804	7732	16179	34968	26289.9
	极差率	28.7	30.85	24.48	43.23	131.15
	标准差	3792.24	2717.37	6255.94	10812.41	10299.82
	差异系数	0.99	0.89	0.69	0.52	0.98
新疆南疆地区	最大值	10620.30	11426	20272	49188	22742
	最小值	2937.9	1505	4360	7141	3037
	极差	7682.4	9921	15912	42047	19705
	极差率	3.61	7.59	4.65	6.89	7.49
	标准差	3313.32	4577.97	6753.68	17793.30	8955.29
	差异系数	0.59	0.68	0.58	0.74	0.72

新疆北疆地区标准差由 2006 年 3792.24 万元增加到 2010 年的 10299.82 万元，增加了 2.72 倍，其增速依次为-0.28、1.3、0.73、-0.05。可以看出，从 2006—2010 年新疆北疆地州市小学教育经费投入的绝对差异在增

加，但绝对差异的增加速度呈缩小趋势。新疆南疆地区标准差由 2006 年 3313.32 万元增加到 2010 年的 8955.29 万元，其变化幅度依次为 0.38、0.48、1.63、-0.5，绝对差异在扩大，并且扩大速度较快。从极差率来看，新疆北疆地区极差率在逐步扩大，表明新疆北疆地区极差有所扩大。新疆南疆地区极差率 2006 年为 3.61，2010 年为 7.49，极差扩大幅度很小。

三、分析与结论

通过上述对新疆南北疆地区义务教育投入指标差异的比较，可以得出新疆南北疆地区之间整体教育资源及地区内部各地州市之间义务教育资源配置均衡性的结论。

（一）从义务教育师资差异看，新疆南北疆地区整体差距依然存在

从生师比这一指标可以了解一个国家或地区投资于教师人力资源的规模，可以考察教师资源的使用效率情况。新疆南北疆地区专任教师生师比指标的变化显示，新疆北疆地区初中和小学教师规模和资源明显优于新疆南疆地区，并且新疆南北疆地区小学教师资源差距有扩大的趋势。专任教师的学历合格率代表一名教师曾接受过正规教育的程度，是衡量教师能力和知识的标准之一，也是衡量教师队伍整体水平的一个重要标志。近几年，新疆北疆地区义务教育阶段专任教师合格率高于南疆地区，新疆南北疆地区小学和初中专任教师合格率总体水平呈现缩小的趋势。

（二）从义务教育办学条件看，新疆南北疆地区整体差距显著

新疆南北疆地区生均校舍面积指标的变化显示，新疆北疆地区无论小学还是初中生均校舍面积都明显优于新疆南疆地区，差距很明显，两地区的整体差距有所扩大。从生均图书量指标来看，新疆南北疆地区小学生均图书量的平均差距正在扩大，初中生均图书量差距正在缩小。新疆北疆地区义务教育阶段信息化水平优于南疆地区，其生机比远低于新疆南疆地区中小学生机比。

（三）新疆北疆地州市之间的义务教育资源配置差距存在扩大的趋势

在新疆北疆地区内部，长期保持着高质量义务教育水平的地州市是乌

鲁木齐市、昌吉、克拉玛依，新疆北疆地区的义务教育生师比和办学条件中的小学生均校舍面积、初中生均图书量的相对差异有拉大的趋势，并且近几年极差也在扩大，说明新疆北疆地区各地州市之间在这三方面存在着不均衡、不协调的情况，从义务教育阶段专任教师学历合格率、小学生均图书量、小学生机比差异分析看，新疆北疆内部地州市之间的差异小于南疆地区。

（四）新疆南疆地州市之间的义务教育资源配置差距保持稳定

从新疆南疆地区内部来看，义务教育资源配置较平衡的地州市有巴音郭楞蒙古自治州、克孜勒苏柯尔克孜自治州和阿拉尔市；上下浮动的地州市有喀什地区、阿克苏地区、和田地区；图木舒克市则保持在新疆南疆地区较低的水平。从近几年的情况来看，新疆南疆地区义务教育师资水平、办学条件的极差值变化幅度不大，并且生师比和小学生均校舍面积的差异系数相对新疆北疆地区来说较低，新疆南疆地州市之间的义务教育资源配置在这两方面差距保持相对较稳定。

从上述结论得知，现阶段新疆南北疆地区义务教育差异集中反映在师资水平和办学条件上。具体表现在两个方面：一方面，新疆南疆地区整体的义务教育师资水平和办学条件还落后于北疆地区；另一方面，新疆北疆地区地州市之间的义务教育发展不平衡性较南疆地区突出。相比较而言，在这两种差异中，新疆南北疆地区之间的整体义务教育差异应引起高度关注和重视。当然，新疆部分地区义务教育相对落后的问题也不容忽视。

第二节　新疆农村中小学双语教育现状调查研究[①]

随着社会需求的扩大，新疆双语教育进入了蓬勃发展期。2004 年 3 月以来颁布了一系列加强双语教育政策与文件，新疆各地区认真贯彻落实文件精神，在推进双语教育工作中取得了令人瞩目的成绩。2016 年，新建农村双语幼儿园 2523 所，少数民族学前两年双语教育普及率由 59.42%提高到 78.67%。少数民族中小学双语教育覆盖面由 33.87%提高到 72.38%，幼儿园和中小学双语教育岗位教师由 6.99 万人增加到 11.99 万人。

---

① 本节作者李玲、蔡文伯。

2017 年 8 月政府发布的《新疆维吾尔自治区教育事业发展“十三五”规划》中要求加强双语教育，2017 年秋季学期起小学和初中起始年级全面推行国家通用语言文字授课。到 2020 年，学前和义务教育阶段双语教育覆盖面达到 100%。因此，本研究以新疆南疆经济中心喀什地区农村中小学生为研究对象，通过实地调查双语教育现状，探究新疆南疆双语教育中存在的问题，并有针对性地提出意见和建议，为新疆全面推行国家通用语言文字授课政策提供理论与实践依据。

一、喀什地区中小学双语教育现状调查

（一）调研设计

2017 年 4—5 月课题组走访喀什地区疏勒县、岳普湖县、伽师县和麦盖提县 21 所中小学校，进行为期 20 天的实地调研。其中，以农村中小学为主，调查主要是以问卷与访谈为主。为保证问卷真实有效性，选择四年级至九年级学生进行调查。共发放问卷 1710 份，回收有效问卷 1693 份，有效问卷率为 99.01%。其中，疏勒县 735 份，伽师县 537 份，岳普湖县 215 份，麦盖提县 206 份。调查问卷主要内容包括个人基本信息、家庭信息、双语教育态度、行为和满意度，并实地访谈新疆维吾尔自治区双语办、地州县教育局双语办负责人、学校领导和双语教师及学生家长共 87 人。

（二）调查结果与分析

1. 被调查学生基本信息

（1）被调查学生个人情况

调查样本中 98.6%为维吾尔族，男性占 50.21%，女性占 49.79%；初中阶段学生（52.5%）略多于小学生（47.5%）；家庭属性主要以农村户口为主（79.7%），被调查学生中 62.5%从幼儿园开始学习汉语，教学模式主要是用模式 1①（79.8%）。

（2）被调查学生家庭情况

父母学历情况。调查样本中父亲小学文化水平居多（39.4%），其次

① 模式 1：理科课程使用汉语授课，其他课程使用民语授课；模式 2：所有课程使用汉语授课，开设一门母语课。

为初中（36.8%），文盲为4.1%，高中以上仅为19.6%，母亲与父亲相比学历较高，小学和中学分别为34.9和38%，文盲略低于父亲为3.7%，高中以上高于父亲为23.4%。近年来，新疆基础义务教育工作落实扎实，少数民族都能接受教育。

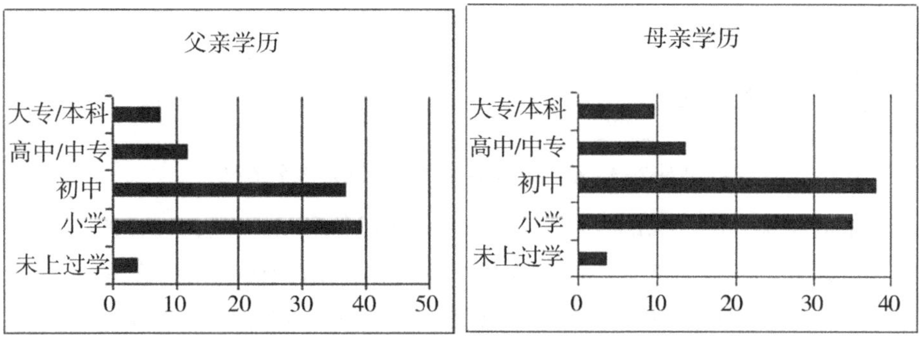

图 6-2-1　被调查双语学生父母学历情况

父母职业情况。调查样本中父亲（73.7%）和母亲（69.3%）的职业以农民为主，样本以新疆南疆地区农村为主，农村居民主要是农民。母亲在家待业的比例比父亲高5.8%，中国传统观念中女性以照顾家庭为主，尤其是农村最为典型。

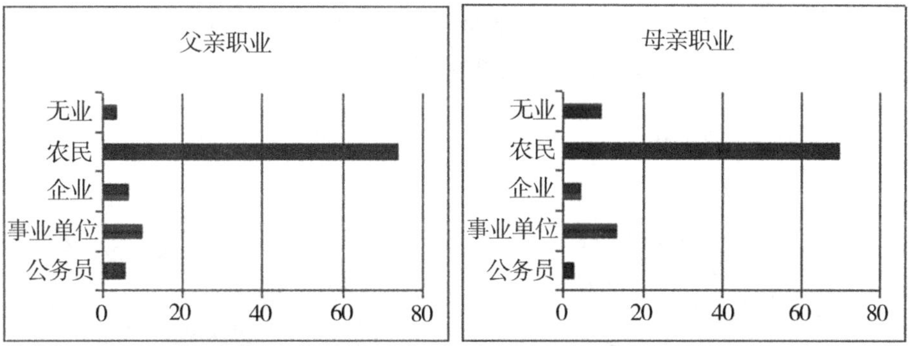

图 6-2-2　被调查双语学生父母职业情况

父母汉语水平情况。父亲总体汉语水平高于母亲。其中，“完全听不懂”和“能听懂一点”汉语的母亲比父亲高11.9%和5.4%。虽然母亲总体学历比父亲要高，但是母亲以照顾家庭为主，外出交流使用汉语的机会较少，而父亲担负挣钱和外出任务较多，汉语的使用机会较多，汉语水平比母亲较高的情况。

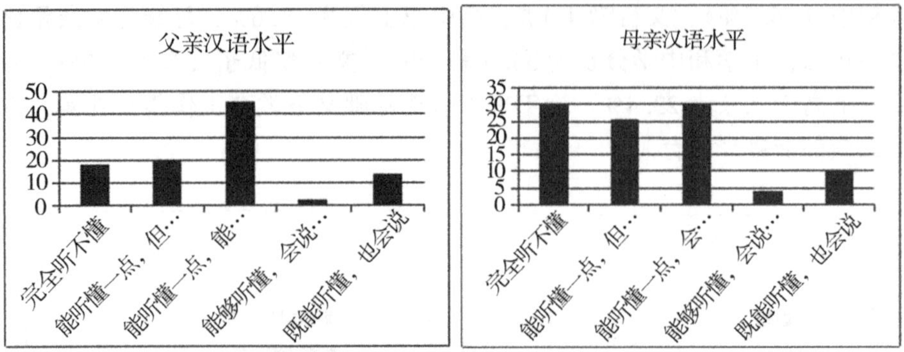

图 6-2-3　被调查双语学生父母汉语水平情况

生活状况。84.3%的少数民族学生和父母居住在一起，12%的为重组和单亲家庭，还有 2.8%是和老人生活在一起，访谈中发现，单亲家庭和与老人一起生活的学生不仅学习成绩差，学生的性格也较为孤僻，在学校生活和学习中不愿与同学、老师交流。

2. 调查结果分析

（1）汉语学习态度

通过图 6-2-4 可以看出，少数民族学生学习汉语的积极性很高，91%的学生喜欢学习汉语，他们认为学习汉语不仅能够学到知识，最重要的是还能上大学，找到好的工作。81%的学生是自愿进入双语班，不是自愿和不确定的学生有 1.1%和 0.8%，不愿意进入双语班也很喜欢学习汉语，但主要是汉语水平太低不能适应双语班的教学。

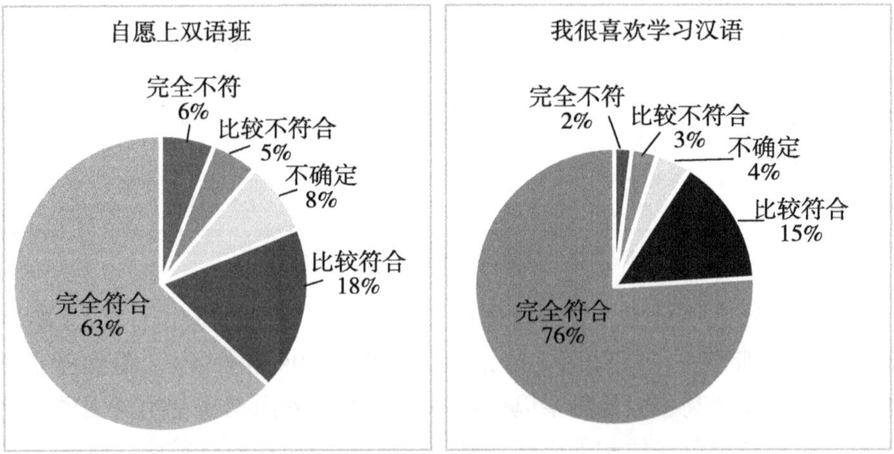

图 6-2-4　被调查双语学生汉语学习态度情况

（2）汉语学习行为

少数民族学生学习汉语的行为，主要可从学校和家庭方面进行分析。喀什维吾尔族学生的汉语水平较低，主要通过学校学习汉语。其中，学校汉语学习行为主要通过汉语学习环境、课堂和学习效果方面加以分析，具体如表 6-2-1 所示。

学习环境。65.4%和 67.9%的学生下课与教师、同学使用母语进行交流，仅有 20%左右的学生使用汉语交流。实地调研中发现，少数民族学生与老师和同学交流中基本都使用母语，学校要求在学校必须使用汉语交流，但效果不明显，在访谈中临时由一名少数民族翻译作访谈，访谈不到两分钟，被访谈老师就使用母语与其交流，在走访的学校中唯一在伽师县双语中心小学遇见少数民族学生之间使用标准汉语进行交流，该学校在编教师和特岗教师 197 人中汉族教师占 84.3%。

课堂教学。政策规定双语教学中必须使用信息化手段教学，多媒体的使用作为普及的方式，大部分学校都安装和使用了电脑和投影仪。其中，78.4%的学生上课经常使用多媒体教学，而 1.4%的学生很少接受多媒体的教学。出现这类情况，一方面是由于个别村小学没有安装，另一方面是由于教师不会使用多媒体教学。

表 6-2-1　被调查学生汉语学习行为情况（%）①

选项	变量名称	完全不符	比较不符	不确定	比较符合	完全符合
学习环境	下课与老师常使用母语交流	8.4	15.1	11.1	35.5	29.9
	平时与同学使用母语交流	7.0	13.6	11.5	33.8	34.1
课堂教学	上课经常使用多媒体教学	7.0	7.0	7.7	29.0	49.4
	课堂上与老师使用汉语交流	3.6	7.5	9.9	37.4	41.6
教学效果	数学、物理课能完全听懂	16.1	19.7	12.5	17.2	34.6
	能听懂老师教授所有课程	4.9	9.3	8.4	35.8	41.6

① 比较符合、完全符合占比之和定义为“完全能听懂”学生人数之比；完全不符、比较不符占比之和定义为“不能听懂”学生人数之比。

续表

选项	变量名称	完全不符	比较不符	不确定	比较符合	完全符合
家庭与生活	在家里使用母语与父母交流	2.7	5.9	5.3	23.3	62.9
	我经常看汉语书	3.5	8.7	10.8	35.7	41.3
	我经常看汉语电视节目	7.4	16.1	12.1	39.3	25.1

教学效果。双语教学中只有 51.8%的学生能完全听懂数学和物理课，而35.8%的学生是不能听懂的，在所有课程学习中 77.4%学生能够听懂，但学生成绩不理想，尤其是理科成绩较差，以某县普通中学 2015—2016 年第二学期教学模式采用模式 1 的成绩，七年级期末考试中汉语语文及格率为 24.9%，数学及格率为 16.2%，在月考中八年级数学及格率仅为 4.7%，九年级月考物理及格率仅为 37.3%，而母语语文成绩相对较好，及格率为 56.3%。

家庭与生活。86.2%少数民族学生主要使用母语与父母交流，现实生活中比例更高，最主要的原因就是少数民族学生家长不会汉语，在家长访谈中，几乎没有家长能够使用汉语交流。少数民族学生学习汉语愿望强烈能够主动阅读汉语书（86.2%）和观看汉语频道（64.4%）。

(3) 双语教育满意度

教材和教师。87.3%认为教材容易理解学习，但有 6.8%认为不适合，调查中都是用统一的教材，个别学校存在缺少教材现象。80.4%的学生认为双语教师教学水平很高，听课中发现教师上课认真负责，但存在教师发音不准确的情况，个别农村小学双语教师无法使用汉语教学，只能使用母语进行授课。

二、喀什地区中小学生双语教育存在的问题

（一）缺乏汉语学习环境，学生汉语基础薄弱

2016 年，喀什地区维吾尔族人口占总人口比重为 92.2%，学校双语教师 95%以上是维吾尔族，在交流时经常使用母语，有 90%的学生家长不能使用汉语交流。学校明确规定在学校必须使用汉语，但效果不佳。在访谈一位民族教师时使用的是汉语，但她转头很自然地使用母语与其他教师交

流。教师和家长的语言习惯显然会潜移默化地影响学生。由于缺乏汉语学习环境，少数民族学生走出了教室与汉语接触的机会更少，但双语教师汉语发音不准确等原因，造成学生发音也不标准。

双语教育已经从幼儿园得到普及，但学前双语教育效果不佳，虽然有62.5%的学生在幼儿园接受过双语教育，但汉语水平不高，调研中大部分学生独立完成汉语问卷，但农村学生基本不能独立完成问卷，在进行学生访谈时，绝大部分都不能使用汉语进行交流。访谈中经常出现初中教师埋怨学生在小学阶段没有学好汉语；而小学教师埋怨幼儿园阶段学生汉语水平差的现象。

（二）合格的双语师资不足，激励机制不健全

教师队伍整体超编、结构性缺编，合格双语教师不足，尤其是县级以下学校此类情况尤为严重。以疏勒县 2016 年师资情况为例，全县教师整体超编 905 人，根据双语教育教学需要增加双语教师 311 人。针对教师超编、优秀的双语教师进不来的现象，各地区都采取一定的措施，如临聘双语教师、分流不合格双语教师等，取得一定的成效，但仍然存在补充教师汉语水平不高和缺乏岗位分流的现象。

调研中通过对 228 名双语教师问卷调查发现，74.5%双语教师的考试类型为“民考民”，仅有 8.3%为“民考汉”，“民考民”双语教师汉语水平较低，在后期需要努力和培训学习汉语。双语教师中 80%为女性，大部分由于家庭的因素不愿意参加外地长期的培训，而本地缺乏汉语学习环境，培训的效果不佳，使得汉语水平很难提高。在教师集中做问卷中发现，有 10%左右的双语教师不能独立完成问卷。

（三）教学模式、教材教辅材料不统一，信息化教学不完善

双语教育模式不统一，县城学校多使用模式 2，而乡村学校主要以模式 1 为主，模式 2 仅在一年级个别班级中实施，使得接受模式 1 教育的学生汉语水平较差，甚至出现汉语和母语都没有学好的情况。教材主要是新疆专用版和人民教育出版社两种教材。存在教材两三年一换的现象，对于教师教学和学生接受是一种很大的挑战。教辅资料缺乏，没有统一的教案模式。教学网上关于双语教育课本内容讲解较少，老师缺乏专业知识。

在所走访的十几所学校当中，县城的学校硬件设施较为齐全，学校文

化氛围浓厚，但是在乡村的一些学校中硬件设施严重缺乏，一间办公室中五六位教师共用一台电脑、学校多媒体设备使用机会较少、课堂“班班通”出现问题不能及时修理等，这些严重影响了教师教学质量，信息化教学方式单一，主要就是使用多媒体教学。

三、建议与对策

（一）加大双语教育管理和投入，促进城乡双语教育均衡发展

实事求是、科学合理地制定双语教育发展的规模与目标，加强对学校双语教育的监督与管理。一是政府加大对双语教育的投入，确保双语教育政策的有效实施。二是确保双语教育均衡发展，教育资源公平分配。各级政府落实双语教育相关的政策，保证双语教育顺利开展的同时也要兼顾公平，尤其是确保农村地区教学条件的改善。三是加强对学校管理，尤其是对偏远农村地区学校的监督与管理。政府相关部门人员应经常深入实地开展调研工作，为学校排忧解难，实事求是、科学合理地制定双语教育发展的规划与目标。

（二）重视民汉合校制度，完善双语教育质量监督与评估

民汉合校对民族教育的发展有极大的促进作用，实现民汉合校，一是各民族学生在一起互相学习和交流，有利于加强民族团结；二是改革办学体制，调整学校布局，优化教育资源，提高教育质量，缩小民汉教育的差距。以提高双语教育质量为核心，优化汉语学习环境，实行“民汉合校”是提高少数民族学生汉语水平的有效方式。

在监督与评估中，一方面，构建科学的监督与评估体系，由专门的评估小组定期实地进行监督与评估，评估主要从教育局和学校的政策落实和管理、教师的教学水平和学生综合能力等几个方面进行监督与评估；另一方面，开展相关课题研究，通过扎实的实地调研对双语教育的真实情况进行了解和反馈，及时发现双语教育中存在的问题，并有针对性地提出对策和建议。

（三）加强双语师资队伍建设，健全双语教师补充机制

双语师资是双语教育的关键因素。一是要完善合格双语教师的补充机

制。新疆南疆地区许多县市均存在双语教师结构性缺失的现象，必须打破传统双语教师编制补充机制，从数量和质量上保证双语教师队伍的稳定，尤其农村师资。二是制定优惠政策，吸引更多的内地大学毕业生前往新疆南疆就业，并依托新疆和内地重点大学建立“双语教师培训基地”，招收定向师范生培养优秀双语教师。三是针对现有双语教师中完全不具备双语教学能力的进行转岗、分流，双语教学能力不强的到发达地区和疆内重点高校进行1—3年的长期教学培训。四是通过新疆南北疆学校领导和教师岗位交流的方式，提高新疆南疆学校领导管理和教师教学能力，同时从党政机关、企事业单位选派大量优秀的人员补充解决现阶段双语教师不足的问题。

（四）完善双语教材教辅资料，有效实施现代远程教育

教材问题是现行双语教育中需要解决的问题之一。在教材和教辅资料的编写中，通过建立教材编写小组共同编写。在编写教材和教辅资料时要注意两点：一是教材的编写和选用必须适合本地特点和学生的认知能力，要符合少数民族双语教学的内在规律；二是重视高质量的教材和教辅资料的统一编写和使用，使其在较长一段时间内能够使用。

少数民族聚集地缺乏汉语学习环境，在这种情况下应该尽量为学生提供语言教学设施，给学生创造享受优质语言教育的条件，尤其是农村学校汉语教学水平更低。加快推进和保障“班班通”和“远程直播课堂进教室”工程的实施、大力推进利用光盘教学或远程辅助教学，是努力提高双语教育教学质量的有效路径。充分利用远程辅助教学，组织双语教师开展观摩课、课堂汉语口语课、教学大赛等活动，互相学习互相交流，有利于提高教师双语教学水平和学生汉语水平。

第三节　新疆石河子市“内初班”学业成就影响因素分析①

长期以来，党中央、国务院十分重视新疆少数民族人才培养工作，新政办发〔2003〕155号文件《关于在乌鲁木齐等八个城市开办新疆区内初

① 本节作者赵成京、蔡文伯，载于《兵团教育学院学报》2012年第2期。

中班的通知》决定，在经济和教育条件较好的乌鲁木齐市、克拉玛依市、石河子市、奎屯市、昌吉市、库尔勒市、哈密市和阿克苏市 8 个城市为办班城市。招生的民汉比例原则上少数民族 90%，汉族 10%，汉族主要面向边远地区招生，继续扩大向新疆南疆三地州、农牧民子女和少数民族自治县（乡）的自治民族及人口较少民族地区倾斜。

“内初班”主要包括“民考民”和“民考汉”及少数偏远地区的汉族学生。“内初班”实行的是全汉语授课、全日制、寄宿制、封闭式教学。在住宿和饮食方面，学校统一安排宿舍和专门的食堂，石河子市教育局规定了伙食标准，伙食、住宿费用和棉被均由财政专项拨款。“内初班”学生来自边远地区，学校离家距离遥远，一年只有暑假才能回家探亲，寒假不放假正常上课，平时每周只休息一天。由于这些学生都是 12 岁左右的孩子，由专门的生活老师负责日常生活问题，任课教学老师负责学习和思想教育问题。

本节旨在通过对新疆石河子市“内初班”学习成绩的调查，并与平行班进行比较，确定其在新的学习环境和较高水平的教学条件下的学业成就现状，进而对可能的学业成就影响因素进行分析，寻找对“内初班”学业成就影响的主要因素。

一、调查对象的选取及学业成就现状

（一）调查对象选取

本节选取石河子市某中学为调查对象，共选取该校 9 个班，每个年级均为 3 个班级。其中，各年级的 12 班为“民考民”，10 班为“民考汉”，同时在各年级随机选取一个平行班（即本地班）作为参照。选取的成绩以 2011—2012 年度第一学期的语文、数学和英语期末成绩为主。共发放问卷 420 份，有效问卷 379 份。

（二）调查对象的学业成就现状

从表 6-3-1 可以看出，“民考汉”班级的成绩最好，平行班成绩次之，“民考民”班级的成绩最低。总成绩初一到初三“民考汉”班级成绩均好于“民考民”和平行班班级的成绩，与平行班的成绩优势差距相对较小。“民考民”班级的成绩差距主要是语文成绩。

表 6-3-1　各年级“民考民”“民考汉”和平行班三科成绩平均分比较

年级	语文	数学	英语	总成绩
初一 12	66. 23	79. 66	82. 55	228. 44
初一 10	85. 36	86. 24	85. 64	257. 24
初一 5	80. 74	76. 83	87. 65	245. 22
初二 12	64. 57	91. 78	85. 26	241. 62
初二 10	81. 95	96. 93	88. 21	267. 09
初二 3	78. 85	92. 58	84. 15	255. 58
初三 12	62. 72	61. 19	74. 59	198. 50
初三 10	78. 03	85. 75	85. 59	249. 37
初三 1	72. 56	77. 32	72. 92	222. 80

从平均分来看，“民考汉”的成绩最好，因此本节只做了“民考民”班级的学业成就单样本 T 值检验。表 6-3-2 的统计结果表明，“民考民”班级的语文成绩从初一到初三均有显著差异，T 值除初二英语外均为负值。说明各科成绩均低于总体水平。数学、英语成绩初一、初二差异均不显著。通过访谈得知，正常情况下从初一到初三“民考民”班级的成绩差距逐渐缩小。本节统计结果显示：一方面“民考民”班级各科成绩的 T 值的绝对值不断增大，表明“民考民”班级的差距在不断扩大，主要原因是受到每年生源质量的影响和其他不确定因素的影响，而本节假定的是每年的生源质量没有显著的差异，故而得到相反的结论；另一方面也反映出该校的“内初班”生源质量在不断提高。

表 6-3-2　“民考民”班级的语数外成绩的单样本 T 值检验

年级	科目	N	M	检验值	SD	T	P	均值差值
初一	语文	32	66. 23	78. 48	11. 544	-6. 001***	0. 000	-12. 246
	数学	32	79. 66	80. 33	10. 329	-0. 369	0. 715	-0. 674
	英语	32	82. 55	85. 78	9. 178	-1. 993	0. 055	-3. 233
初二	语文	48	64. 67	74. 26	9. 800	-6. 782***	0. 000	-9. 593
	数学	48	91. 63	92. 58	7. 136	-0. 927	0. 359	-0. 955
	英语	48	85. 58	85. 44	10. 125	0. 084	0. 934	0. 123

续表

年级	科目	N	M	检验值	SD	T	P	均值差值
初三	语文	37	62.72	71.42	7.655	-6.913***	0.000	-8.699
	数学	37	61.19	75.26	17.644	-4.851***	0.000	-14.071
	英语	37	74.59	77.96	10.153	-2.013	0.052	-3.360

注：* P<0.05；** P<0.01；*** P<0.001；下同。

二、学业成就影响因素分析

调查问卷除个人基本信息外，影响因素的问卷部分是在查阅相关文献及实际调查基础上编制的，采用五级量表计分法，主要包括从家庭因素、学校因素和个人因素三方面。其中，家庭因素涉及父母的学历、家庭收入水平、父母教育风格等方面；学校因素则涉及在学校的适应性、师生之间的关系和同伴关系等方面；个人因素包括学业情绪、成就动机、归因方式和学习策略等方面。对调查结果采用进行内部一致性信度分析，调查问卷的克隆巴赫系数在0.71—0.83之间，信度水平比较好。

对调查结果的影响因素分析，运用肯德尔等级相关进行分析。把调查的9个班级作为一个总体，计算总成绩与各个因素的相关系数；再根据班级类别的不同，即“民考民”班级、“民考汉”班级和平行班，作为三个独立样本分别计算总成绩与其他各个因素的相关系数，从而得到总体学业成就与各个因素的相关程度以及不同班级类别的三个独立样本的学业成就与各个因素的相关程度，进而比较不同因素对不同班级的影响程度及产生的作用。其统计结果见表6-3-3。

表6-3-3 总体及不同类别班级的学业成就与各因素的相关分析

相关系数	总体	民考民	民考汉	平行班
总成绩	1	1	1	1
母亲学历	0.152***	0.049	0.081	-0.022
教养方式	0.289***	0.356***	0.213***	0.200***
学校适应性	0.320***	0.336***	0.140**	0.281***
师生关系	0.119***	0.103	0.008	0.148***

续表

相关系数	总体	民考民	民考汉	平行班
同伴关系	-0.015	-0.097	-0.066	-0.005
学业情绪	0.321***	0.280**	0.139**	0.386***
成就动机水平	0.107***	0.107	0.066	0.132**
归因倾向	0.282***	0.276**	0.284***	0.248***
学习策略	0.147***	0.17	0.119	0.234***

（一）家庭因素

有研究表明，文化程度高的父亲比文化程度低的父亲对子女的态度好，文化程度高的母亲更倾向于采用积极的教育方式。家庭有良好文化氛围的学生成就动机比家庭缺少文化气息的学生的成就动机高。父母文化程度高则学生的学习成绩好。①

由表 6-3-3 可知，总体上父母学历与总成绩具有显著性相关，但具体到不同类别的班级，父母学历与总成绩相关性均不显著。其原因在于总体上显著相关是因为不同类别班级的学生父母学历水平之间有明显差距，但是具体到不同类别的班级其父母学历相差不大。

表 6-3-4　不同类别班级的父母学历水平百分比（%）

班级类别	父母学历	大学及以上	高中	初中	小学	文盲
民考民	父亲学历	11	19	42	26	2
	母亲学历	9	9	37	42	3
民考汉	父亲学历	30	36	25	8	1
	母亲学历	19	30	33	13	5
平行班	父亲学历	53	40	4	3	0
	母亲学历	33	46	18	2	1

从表 6-3-4 可以看出，“民考民”班级的父母学历主要集中在初中和小学，“民考汉”班级的父母学历则相对均衡，主要集中在大学、高中和

① 郭卫东，黄莉．新疆喀什地区中小学民考汉学生学业成绩及影响因素分析［J］．民族教育研究，2007（06）：90-94.

初中，而平行班父母的学历则集中在大学和高中。另外，平行班的学业成绩与父母的学历则呈现一种微弱的负相关，由于受教育水平的高低往往与家庭收入呈正相关，本节统计结果表明平行班的父母学历与家庭收入的相关系数为 0.97，且呈显著相关。家庭收入高的父母对孩子的教养风格倾向于放任型和溺爱型，进而对学业成就产生负面效应。从家庭收入与父母教养方式的相关性来看，相关系数为-0.11，也呈现了一定程度的负相关。

对于父母教养方式，斯坦伯格（Steinberg）等人将其分为权威、专制、放任和溺爱四种类型。研究表明权威型教养方式对学生的掌握目标具有良好的预测作用，专制型方式将导致子女在学业上追求成绩目标，同时对学生的学业自我概念有负向影响，放任型教养方式对子女的成绩目标影响不显著，专制型教养方式对学生的学业成就有着直接的负向影响。[①] 从表 6-3-3 可以看出，总体上学业成就与教养方式呈显著相关。从不同类别的班级来看，均呈现出显著相关性，而“民考民”班级的相关系数最大。研究表明，父母的学历水平与父母的教养方式具有正相关性，本节统计表明父母学历与家庭教养方式也呈现出显著相关性。由于“民考民”班级的父母学历水平均不高，而良好的教养方式对孩子的学业成就的作用就能明显呈现出来。本节假定的是权威型的教养方式最有利于孩子的学业成就，研究中发现少数属于专制型的教养方式的孩子也取得了优异的成绩，这一原因对最终的相关系数也产生了一定的影响。

（二）学校因素

在研究学习适应对学业成就的影响中发现，生活适应与学生的学业成就存在显著相关。[②] 根据表 6-3-3 统计结果，总体来看，总成绩与学校的适应性呈显著相关，从不同的班级类别来看也出现了不同程度的显著性相关。从具体的适应性水平来看，初一平行班的适应水平最高，“民考汉”次之，“民考民”的适应水平最低。随着时间的推移，初二时“内初班”的学校适应水平略高于平行班，其原因在于“内初班”学生作为寄宿制的学生很自然的要比平行班学生适应性水平高些。初三时，各个班级的适应

① 方平，熊端琴，郭春彦．父母教养方式对子女学业成就影响的研究［J］．心理科学，2003（01）：78-81.

② 张宝歌，姜涛．初中生师生关系对学业成绩的影响研究［J］．心理科学，2009（04）：1015-1017.

水平有所下降，其原因在于学习压力的不断增加。作为远离家乡的“内初班”学生来讲，必须要适应在陌生环境下能安心学习。对于“民考民”班级来讲首当其冲的就是语言的困难，如果无法熟练用汉语交流，势必会逐渐孤立，也无法融入班集体当中，而课堂上听懂老师的话也会存在困难，进而影响其学业成绩。统计结果发现，愿意主动用汉语交流的学生其成绩高于较少愿意用汉语交流的学生。而“民考汉”学生在语言交流方面很少有困难。“民考民”班级学业成就上的差异主要是语文成绩的差距。“民考汉”学生由于不存在语言方面的障碍，故而其语文成绩并不存在差距，甚至要好于平行班。

在初中生的发展过程中，师生关系作为初中生社会交往网络中的重要部分，对初中生的发展具有不同于亲子关系和同伴关系的独特作用。师生交往是在学校教育教学过程中发生的，学校是其主要的交往场所，教育和教学活动是其主要的交往内容。师生关系中的亲密性有助于促进儿童的学习与提高学业成绩；依赖性表现为过度地将教师作为支持源，过度依赖教师的学生在探索学校环境及其社会环境中会感到紧张；师生之间的冲突是儿童在学校环境中产生焦虑的重要原因，可能会妨碍其对学校环境的适应。[①] 从表 6-3-3 可以看出，总体上学业成就与师生关系呈现显著性相关，从不同类型的班级来看，平行班的学业成就与师生关系呈显著相关，而“民考民”和“民考汉”班级的学业成就与师生关系并没有呈现显著相关性，其原因在于“内初班”的老师能够一视同仁地对待这些远离家乡和父母的学生，“内初班”师生关系分数从初一到初三均高于平行班，其师生关系要优于平行班。

而在同伴关系方面，总体上和不同类别的班级学业成就与同伴关系呈现出一定的负相关。分析认为，学业成就好的学生把更多的时间用在学习上，而在同伴交往方面投入的时间相对较少。统计表明，从初一到初三，随着学习压力和同学之间学习成绩之间的竞争，同伴关系呈现一定的下降趋势。

（三）个人因素

学业情绪概念是由 Reinhard Pekrun 等人在 2002 年明确提出的，它是指在教学或学习过程中，与学生学业相关的各种情绪体验，包括高兴、厌

---

① 吴爱华．影响少数民族学生学业成就的社会因素分析［J］．黑龙江民族丛刊，2011(02)：160-163.

倦、失望等九种情绪。[①] 由表 6-3-3 可知，总体上和不同类别班级学业成就与学业情绪均呈现显著相关性。统计发现，有着积极学业情绪的学生学业成就更高，他们对学习充满自信，认为学习能够带来快乐，当取得好的成绩时表现出自豪，而成绩不理想时会出现一定程度的羞愧情绪，觉得对不起家长和老师。较少为学习任务而发愁，考试前焦虑水平也较低。

成就动机是个体在完成任务过程中，力求获得成功的内部驱力或动因。大部分研究表明，成就动机对学生的学业成绩具有一定的预测作用，成就动机高的学生，学业成绩较好。[②] 如表 6-3-3 显示，总体上学业成就与成就动机水平呈显著的相关，与大部分前人的研究成果一致。根据耶克斯-多德森定律，中等程度的成就动机水平最有利于学习效果的提高。在学习活动中动机过强或过弱，对学习效果都是不利的，只有当学习动机处于最佳水平时，才会使学习活动产生最佳的效果。学业成就较低的学生也呈现了非常高的成就动机，反而不利于学业成就的提高。

韦纳提出的三维度归因理论更为全面地分析了一个人对其活动成败原因的看法。韦纳发现，一般人对工作成败的原因主要归为能力、努力、任务难度、运气、身心状况等。[③] 本研究总体上学业成就与归因方式呈现显著性相关，不同的班级同样呈现显著性相关。学业成就高的学生在归因方面更倾向内部可控的因素，其在成绩不理想时，把原因归因于个人努力的程度和学习方法和效率方面；学业成就低的学生在归因方面更倾向于外部不可控的因素，常常把原因归于听不懂老师讲的课，父母和同学给自己提供的帮助不够，考试题目太难或者自己的运气不好。

有学者的研究表明，自我调节学习策略的运用水平与学生的学业成就有显著的相关，高成就组学生在策略的运用、策略使用的频率及策略应用的坚持性三方面都显著高于低成就组学生。总体上学业成就与学习策略呈现显著相关（见表 6-3-3）。“内初班”的学业成就与学习策略没有呈现显著相关，其主要原因在于“内初班”的学生与平行班相比，更愿意听从老师的学习任务安排。在初中阶段，大部分学生只是按照老师的要求完成学

---

① 陆桂芝，庞丽华．初中 1-3 年级学生的学业情绪与学业成就的相关研究［J］．教育探索，2008（12）：124-125.

② 张树东．成就动机、家庭影响力及学业成就的关系研究［J］．教育学报，2007（01）：59-65.

③ 胡桂英，许百华．初中生学习归因、学习自我效能感、学习策略和学业成就关系的研究［J］．心理科学，2002（06）：757-768+724.

习任务，教师仍然在很大程度上决定着学生学习的策略，通常老师都会要求课前预习，课堂上记笔记、专心听讲和课后复习。完成学习任务的质量好坏最终体现在学习成绩上，而低学业成就的学生在自我评判学习策略时，认为自己也做到了老师的要求，但其完成学习任务的质量较差，这也是成绩不理想的原因所在。这说明高低学业成就的学生在策略掌握上是一样的，而在自我调节策略应用水平上则有很大区别。

三、结　论

研究表明，在新疆区内开办“内初班”对提高少数民族的学业成就具有明显的成效。学业成就的影响因素分析表明，“内初班”与平行班学业成就的影响因素基本具有一致性。家庭因素方面，父母教养方式与学业成就的相关性最大；学校因素方面，学校的适应性与学业成就的相关性最大；个人因素方面，学业情绪与学业成就的相关性最大，归因倾向次之。而在师生关系、成就动机水平和学习策略方面略有差异，“内初班”的学业成就与这三种因素不呈现显著相关，但平行班均呈现显著相关。本节不足之处在于，单纯试图把“内初班”与平行班相比较，找出“内初班”的学业成就的影响因素的相关性，并未过多考虑各因素之间的相关与中介作用。

开办新疆区内初中班，具有积极意义。这一政策有利于促进教育公平和教育资源的均衡配置，让更多的少数民族学生受到更好的教育，有利于少数民族文化水平的提高和自身发展，对民族地区经济的快速发展和社会进步、促进民族团结和凝聚力、实现各民族共同发展和富裕都具有深远影响。

第四节　学习动机对新疆少数民族高中生学习成绩的影响研究[①]

一、研究目的

学习动机是教育学和心理学中的重要概念，也是近年来研究的热点问题，教育学家和心理学家一致认为，一切的学习行为都是由学习动机引起

① 本节作者蔡文伯、任翠。

的。学习动机的强弱与否是影响中学生能否顺利学习的相当重要的因素。已有研究表明，学习动机强的学生较学习动机弱的学生更能坚持学习，更有成效，并且在一定意义上说，学习动机与学习效果是相辅相成的关系，而非一种单向性的关系，并且成就动机对学生学业成绩影响非常显著。[①]关于学习动机的研究丰富和拓展了学习动机的研究领域，为进一步深入研究奠定了理论基础，同时也为学校不断改进教学方法和提高学生学习成绩提供了理论指导，具有一定的借鉴意义。

经过查阅文献发现，以往关于学习动机的研究基本上是对学习动机理论进行综述和评析及对学习动机和学习策略一并进行分析。[②] 本研究本着实践和探索的理念，着重探究学习动机部分对学业成绩的影响，以期能够对学习动机做进一步的探讨，并引发一定的思考。

二、研究方法和程序

（一）被试对象的选择

本研究主要是对呼图壁某普通高中共 143 名少数民族学生进行问卷测试，被试的基本情况如表 6-4-1 所示。

表 6-4-1　被试的基本情况统计

变量		样本人数	有效百分比（%）
性别	男	61	42.7
	女	82	57.3
民族	哈萨克族	79	55.2
	维吾尔族	64	44.8
年级	高一	65	52.4
	高二	71	47.6

通过表 6-4-1 可以清楚地了解到被试样本的基本构成情况。需要解释

① 刘志华，郭占基．初中生的学业成就动机、学习策略与学业成绩关系研究［J］．心理科学，1993（04）：8-14+66.

② 刘加霞，辛涛，黄高庆，申继亮．中学生学习动机、学习策略与学业成绩的关系研究［J］．教育理论与实践，2000（09）：54-58.

的是因高三进行复习准备高考，所以只对高一和高二两个年级进行问卷测试；被调研的少数民族对象主要包括维吾尔族和哈萨克族，且哈萨克族学生所占比例较高。

（二）研究工具

1. 学习动机量表

本研究采用的学习动机量表取自学习动机策略量表的动机部分，是由劳特利奇（Routledge）编制的英文版本直译过来的。直译后及时对问卷进行预测，剔除不适合的题目后共计27个题目，该量表采用七级计分法。问卷回收后，对问卷进行数据录入与整理，并进行可靠性分析，量表的克隆巴赫系数α为0.902。该量表共分为六个维度，分别为外驱动机、内驱动机、任务价值、学习信念、自我效能和考试焦虑。

2. 学业成绩

本研究采用高一和高二年级少数民族学生语文和数学两科期末考试的成绩，将学生期末考试成绩转化为标准分数，学生的学业成绩则是标准分数的平均数。

3. 施测方式

本研究采用团体施测方式，以班级为单位，问卷发放后，由主试向学生说明指导语，待学生完全理解要求后开始作答。在测试过程中，被试遇到不理解的项目时，可随时向主试进行询问，测试时间约为20分钟。

4. 数据的分析和处理

在问卷回收完毕后，采用SPSS17.0进行数据录入和统计分析，并辅以EXCEL进行数据处理。

三、结果与分析

（一）学习动机各维度与性别之间的差异性分析

表6-4-2　学习动机与性别之间的差异性分析

维度	男生		女生		T	P
	M	SD	M	SD		
外驱动机	5.72	0.658	5.76	0.788	-0.280	0.780

续表

维度	男生		女生		T	P
	M	SD	M	SD		
内驱动机	5. 49	0. 820	5. 81	0. 824	-2. 296	0. 023 *
任务价值	5. 72	1. 779	5. 69	0. 763	0. 115	0. 909
学习信念	5. 78	0. 809	5. 99	0. 581	-1. 772	0. 079
自我效能	5. 53	0. 732	5. 70	0. 629	-1. 490	0. 139
考试焦虑	2. 90	0. 842	2. 74	0. 973	1. 061	0. 290

注：* P<0. 05；** P<0. 01；*** P<0. 001；下同。

由表 6-4-2 数据可以得出，学习动机各维度中，内驱动机和性别之间的差异性系数为 0. 023，说明内驱动机与学生性别之间存在显著性差异；而其他维度与性别之间则不存在显著性差异。而在内驱动机方面，男女生标准差相差不大，但是女生学习动机平均数比男生高，说明女生为达到某种状态时自我推动力较大，女生的学习动机比男生强。

（二）学习动机在年级上的差异性分析

表 6-4-3　学习动机与年级之间的差异性分析

维度	高一		高二		T	P
	M	SD	M	SD		
外驱动机	5. 71	0. 779	5. 78	0. 685	-0. 534	0. 594
内驱动机	5. 79	0. 781	5. 54	0. 877	1. 798	0. 074
任务价值	5. 83	1. 586	5. 57	0. 851	1. 206	0. 230
学习信念	5. 95	0. 722	5. 84	0. 660	0. 930	0. 354
自我效能	5. 65	0. 718	5. 61	0. 635	0. 336	0. 738
考试焦虑	2. 80	0. 933	2. 81	0. 913	-0. 584	0. 953

通过对表 6-4-3 进行数据分析可以得知，学习动机各维度和年级之间不存在显著性差异。可能的原因为高一和高二年级的少数民族学生有着相同的学习环境，学校和教师对其采取的教学方式在年级上也没有差别，所以高一和高二的少数民族的学习动机在年级上并不存在显著性差异。

（三）学习动机差异性分析

表 6-4-4　学习动机差异性分析

维度	哈萨克族		维吾尔族		T	P
	M	SD	M	SD		
外驱动机	5.82	0.664	5.68	0.784	1.161	0.248
内驱动机	5.61	0.905	5.72	0.775	-0.793	0.429
任务价值	5.70	1.716	5.71	0.814	-0.062	0.951
学习信念	5.85	0.710	5.94	0.682	-0.707	0.481
自我效能	5.58	0.711	5.67	0.650	-0.810	0.420
考试焦虑	2.88	0.904	2.75	0.935	0.831	0.407

通过对表 6-4-4 数据分析得知，学习动机各维度与民族之间不存在显著性差异。可能的原因是：首先，维吾尔族和哈萨克族有着相似的风俗习惯、文化传统；其次，这两个民族生活在同一地域，教育方式基本上也是相同的。综上所述，学习动机在民族方面不存在显著性差异。

（四）学习动机与学业成绩的相关性分析

表 6-4-5　学习动机及其各维度与学业成绩的相关性系数（N=143）

变量名称	学习动机	外驱动机	内驱动机	任务价值	自我信念	自我效能	考试焦虑
学习动机							
外驱动机	0.687**						
内驱动机	0.650**	0.375**					
任务价值	0.737**	0.403**	0.290**				
自我信念	0.697**	0.489**	0.519**	0.274**			
自我效能	0.714**	0.567**	0.523**	0.409**	0.520**		
考试焦虑	-0.083	-0.331**	-0.345**	-0.181*	-0.192*	-0.387**	
学业成绩	0.334**	0.437**	0.401**	0.318**	0.292**	0.514**	-0.708**

由表 6-4-5 可以得知，学习动机及其各维度（除考试焦虑外）与学业成绩之间均呈正相关，表明学习动机及其各维度动机越强，学业成绩则越

好；学习动机及其各维度之间均呈正相关，且学习动机与其各维度之间的相关系数较大，表明学习动机的各维度对学生学习动机的影响比较大。值得注意的是，考试焦虑与学习动机及其他各维度和学业成绩之间均呈现出明显的负相关，而考试焦虑对学业成绩的负面影响较大。

（五）多元回归分析模型

通过以上的数据分析得知，学习动机各维度与学业成绩之间具有非常明显的相关性，那么学习动机对学业成绩的影响程度如何？学习动机各维度对学业成绩又有什么样的预测作用？而除学习动机及其各维度，性别、年级和民族对学业成绩是不是也有影响？

对此，我们以性别、年级、民族和学习动机及其各维度作为自变量，以学业成绩作为因变量进行逐步回归分析。得出性别、年级和民族对学业成绩并没有显著的预测作用。只有学习动机中的自我效能和考试焦虑对学业成绩具有显著性的影响（见表 6-4-6、表 6-4-7）。

表 6-4-6　学习动机与学业成绩的相关性分析

变量名称		学业成绩	学习动机
学业成绩 学习动机	Pearson	1 0.334	0.334 1
学业成绩 学习动机	Sig 单侧	0.000	0.000

由表 6-4-6 可以得知，对学习动机和学业成绩的相关性进行分析，得出学习动机和学业成绩之间具有明显的相关性，从而可以说明学习动机与学业成绩之间具有因果关系，即学习成绩的好坏受学习动机强弱的影响。

表 6-4-7　学习动机对学业成绩的预测作用（N=143）

模型	B	SE	β	T	P
（常量）	-1.060	0.645		-1.642	0.103
自我效能	0.246	0.106	0.180	2.314*	0.022
考试焦虑	-0.578	0.062	-0.675	-9.134***	0.000

由表 6-4-7 可以得知，学习动机各维度中，自我效能和考试焦虑可以

显著地预测少数民族高中生的学业成绩。其中，自我效能感对学业成绩具有较为显著的正向预测作用，而考试焦虑具有非常显著的负向预测作用。也就是说，自我效能感越高，学业成绩越高；考试焦虑越弱，学业成绩越高（$\Delta R2=0.57$，$P<0.01$）。

四、关于学习动机对学习成绩影响的讨论

（一）性别、年级和民族与学习动机

从上述分析结果可以看出，在性别方面，男女生只在内驱动机上存在显著性差异；在年级和民族方面，少数民族高中生学生都没有表现出较为明显的显著性差异。究其原因主要为：首先，少数民族学生具有相同的学习和生活环境，也同样处于一个地理环境之中，学习生活习惯是相似的；其次，少数民族学生接受的教育方式、学习方法、知识内容是相同的。因此，学习动机在性别、年级和民族方面不存在显著性差异。

（二）考试焦虑

本研究中通过数据分析，得出学习动机和学业成绩基本相辅相成的结果。“新疆区外高中班”学生学习动机越是强烈，则学生的学习成绩则越好。而学习动机各维度中唯一与正相关背道而驰的维度则是考试焦虑，在本研究中，考试焦虑与学业成绩呈明显负相关，考试焦虑感越强则学习成绩越差。因而考试焦虑则成为研究的关键问题，通过数据表明有 74.26%的少数民族学生或多或少地存在考试焦虑问题，从而影响考试成绩。深究其原因，主要有以下几个方面。

首先，语言环境的影响。少数民族学生由于身边的同学和老师基本都是本民族语言的使用者，即使会说双语也一般不会在本民族群体中进行汉语交流。这就使得他们的汉语表达能力不能够得到及时的培养和锻炼。

其次，地理位置的影响。本研究的被试是新疆少数民族高中生，虽然由于近年来的民族交流和融合拓宽知识视野并开展了双语教育，但是相比疆外学校成熟的学习环境和丰富的学习资源，少数民族学生所处的地理位置还是相对偏远，也相对缺乏较为强烈的学习积极性。

最后，社会经济状况的影响。经济基础决定上层建筑，改革开放以来，新疆人民生活水平越来越高，认识也越来越广阔，更多的少数民族家

长开始意识到学习汉语的重要性，纷纷把孩子送到双语学校或者汉语学校。

五、结论、对策与建议

（一）研究结论

（1）新疆少数民族高中生的学习动机在性别、年级和民族方面都不存在显著性差异。

（2）本研究中学习动机各维度之间都存在一定程度的相关性，而考试焦虑则与其他维度和学业成绩之间呈显著负相关。

（3）在回归分析中，自我效能对少数民族学生学业成绩具有正向预测作用，而考试焦虑则对少数民族学生学业成绩具有明显的负向预测作用。

（二）对策建议

（1）数据分析显示，在性别差异方面，男女生学习动机差异性较大，因而在教师教学活动和学生学习活动中，更加注重男生学习动机的培养和激发，以缩小性别方面学业成绩的差异。民族差异方面，加强对少数民族学生的培养，激发少数民族学生的学习动机，积极进行民族交流与融合。

（2）合适的学习方法能够更好地激发学习动机，也能更快地促进学业成绩的提高。俗语说“法无定法”，适合自己的才是最好的，好的方法能够提升人的自信心和成就感，更能事半功倍。在学习中努力做到“书山有路巧为径，学海无涯乐作舟”。积极引导学生找到适合自己的学习方法，有利于提升学习动机，提高学生的学业成绩，使学生乐在学海不思归。

（3）自我效能一般是个体对自己是否有能力完成某一行为所进行的推测和判断。在学习中要注重提高学生的自我效能感，从而增强对学习的自信心。首先，将长期目标设置成一个个短期目标，每个短期目标的完成都会增强学生的信心。其次，注重挖掘每个学生的长处，不仅能够激励学生前进，也使学生了解自己最擅长的方面。最后，引导学生积极进行成败归因，及时改正错误，并在分析原因的过程中不断提升自我效能感。

（4）考试焦虑成为影响学生学业成绩关键因素，如何有效地缓解考试焦虑所带来的问题成为重中之重。首先，学校和家长支持鼓励尤为重要。家长和学校所施加的压力成为学生焦虑的首要来源。不要对学生寄予太高的期望，并及时对学生给予鼓励和支持，自信方会坦然面对。其次，重视心理健康教育的开展，积极对学生进行心理健康辅导，开展讲座或者心理训练活动，引导学生合理释压。最后，学生自己也要及时进行心理自我调节，正确认识焦虑，提升心理素质。

（5）经济的快速发展是提升学习动机、改善学习成绩的重要校外力量。因此，国家应更加注重西部地区的经济建设，加快西部经济的持续稳定增长。它不仅丰富了学习资源、提供了更多的学习机会、开阔了视野，而且在相当程度上促进了教育平等。

第五节 少数民族中小学生双语教育效果：测度与障碍找寻①

国内外对双语教育研究比较多，成果也比较丰富，双语教育主要是在多民族、多语言的国家进行。1929 年国际教育局在卢森堡召开了双语教育会议，对双语教育、双语教学等问题的研究也从此开始。国外学者胡森与波斯（1994）、柯林·贝克（1998）和梅格尔·西古恩（1987）对双语教育的本质、理论、价值和功能分析进行了阐述；诺埃尔·艾普斯坦（1978）通过对双语教育成果的考察与分析对双语教育法的有效性进行了评估。国内学者李儒忠②（2009）、方晓华③（2011）对双语教育发展历程进行了回顾和分析；龚洪④（2016）从认知、情感和评价三个维度对双语教育政策实效性进行了水平测算；马戎⑤（2008）通过对喀什地区双语教育调查发现少数民族家长积极鼓励子女上双语班，双语教材不统

① 本节作者李玲、蔡文伯。

② 李儒忠．中国少数民族双语教育历史进程综述［J］．新疆教育学院学报，2009（03）：1-8.

③ 方晓华．新疆双语教育问题探索［J］．新疆师范大学学报：哲学社会科学版，2011（02）：89-95.

④ 龚洪．文化认同视阈下新疆双语教育政策实效调查研究［D］．重庆：西南大学，2016.

⑤ 马戎．新疆民族教育的发展与双语教育的实践［J］．北京大学教育评论，2008（02）：2-41+188.

一和缺乏合格的双语教师等问题；沙拉买提·依明艾山[①]（2015）研究发现，和田地区玉龙喀什镇大力宣传、保证教学质量、加强双语教育师资队伍等取得了一定的成绩，但仍然存在优秀双语教师缺乏、学校双语教育管理模式缺乏经验、缺乏双语参考资料等问题。从上述已有研究来看，学者们对双语教育研究主要集中在双语教育现状和问题方面，对新疆双语教育实施效果的研究较少。研究方法通常采用描述性统计分析。本研究以新疆少数民族聚集地伊犁、阿勒泰、喀什和阿克苏地区为例，着重考察以农村为主的中小学校双语教育效果及影响因素，并提出有针对性的意见和建议。同时，本研究采用 AHP 模糊综合评价法并构建 Probit 模型，有效提高了研究的科学性和有效性。

一、研究设计

（一）调研设计

马戎（2011）指出，双语教育的重点在新疆，其中核心是南疆。[②] 因此，本文通过对喀什地区、阿勒泰地区、伊犁哈萨克自治州和阿克苏地区农村中小学校进行问卷调查，以期探究新疆少数民族地区双语教育的实施状况。调研采用分层抽样与随机抽样相结合的方法，以方便抽样为原则，根据四个地区少数民族中小学生人数确定样本框，在样本框中进行随机调研。2017 年 4—5 月课题组一行四人实地走访新疆喀什地区（疏勒县、岳普湖县、伽师和麦盖提县）、伊犁哈萨克自治州（伊宁县）、阿勒泰地区（吉木乃县）和阿克苏地区（库车县）的县、乡和村中小学校。

本次调查主要是以问卷与访谈为主，问卷采用李克特量表（Likert scale），通过问卷预调研结果发现，四年级以下的小学生不能有效回答问卷内容。因此，为保证问卷真实有效性，选取四年级至九年级中小学生进行调查。共发放学生问卷 2700 份，回收有效问卷 2635 份，有效问卷率为 97.6%。其中，喀什地区四县有效问卷 1696 份，伊犁哈萨克自治州伊宁县有效问卷 318 份，阿勒泰地区吉木乃县有效问卷 188 份，阿克苏地区库车

① 沙拉买提·依明艾山．新疆农村双语教育的成效研究：以和田市玉龙喀什镇为例［D］．兰州：西北民族大学，2015.

② 马戎．新疆城镇发展和双语教育的进程：南疆地区两个专题调研报告［J］．西北民族研究，2011（02）：159-172.

县有效问卷433份。访谈教育局领导、双语办主任、中小学校校长、学校双语负责人、一线教师和学生家长共87人。调查问卷主要内容包括个人基本信息、家庭信息、双语教育认知与情感、行为和满意度。

（二）样本基本信息

根据表6-5-1统计结果，调查样本91.2%是维吾尔族学生，哈萨克族为7.6%。其中，新疆南疆为维吾尔族的聚集地，阿勒泰地区为哈萨克族聚集地。从调查对象性别来看，男女比例相当；从样本所在年级和年龄状况看，七年级样本数最多，其次为八年级，最少的为六年级，但样本年龄以15岁学生人数居多，其次为14岁，最少的为10岁及以下；从样本家庭属性来看，城市户口的少数民族学生占25%，农村户口占75%，调研样本以农村户口的中小学生为主，主要是因为农村中小学双语教育中存在的问题较多；从双语教育模式来看，农村中小学校多采用模式1（理科课程使用汉语授课，其他课程使用民语授课）占70.6%，模式2（所有课程使用汉语授课，开设一门母语课）占29.4%。这是各个地区根据学校实际情况采用适合少数民族学生的教学模式，具体见表6-5-1。

表6-5-1 被调查对象的个体特征分布情况

项目	类别	样本频数	比例（%）	项目	类别	样本频数	比例（%）
性别	男	1199	45.5	双语模式	模式1	1860	70.6
	女	1436	54.5		模式2	775	29.4
民族	维吾尔族	2402	91.2	家庭属性	城市	658	25.0
	哈萨克族	201	7.6		农村	1861	75.0
	其他	32	1.2				
年龄	10岁以内	302	11.4	所在年级	四年级	447	16.9
	11岁	372	14.1		五年级	463	17.5
	12岁	346	13.1		六年级	324	12.3
	13岁	459	17.4		七年级	563	21.3
	14岁	473	18.0		八年级	482	18.3
	15岁以上	683	26.0		九年级	360	13.6

二、新疆双语教育政策实施效果水平测度

（一）指标体系构建与指标权重设置

1. 指标体系构建

结合新疆实际，构建新疆少数民族双语教育效果评价体系（见表6-5-2）。新疆少数民族双语教育效果评价体系一级指标为认知与情感（T1）、行为（T2）和满意度（T3）三个方面。首先，双语学习认知与情感是少数民族学生学习双语的基础；其次，学习行为是直接决定双语效果的主要因素。因此，本节对少数民族中小学生双语教育效果评价主要从认知与情感、行为和满意度三个方面进行评价。其中，认知与情感从（a1）、（a2）、（a3）、（a4）和（a5）五个指标进行衡量，行为从（a6）、（a7）、（a8）、（a9）、（a10）和（a11）六个方面进行衡量。本文对新疆少数民族学生双语教育满意度借助教材（a12）、课堂效果（a13）和教师（a14）三个方面直接体现。

表6-5-2　新疆双语教育政策效果评价体系

系统层	二级指标	三级指标	指标说明	属性	权重
双语教育政策效果水平	认知与情感（T1）0.3	双语教育政策了解程度（a1）	完全不了解 1-2-3-4-5 完全了解	+	0.171
		学生自愿在双语班上课（a2）	很不愿意 1-2-3-4-5 很愿意	+	0.198
		希望老师上课多使用汉语（a3）	完全不符 1-2-3-4-5 完全符合	+	0.216
		希望本民族教师担任双语老师（a4）	完全不符 1-2-3-4-5 完全符合	-	0.188
		学习汉语和维吾尔语同样重要（a5）	完全不符 1-2-3-4-5 完全符合	+	0.227
	行为（T2）0.5	与教师在课堂上使用汉语交流（a6）	完全不符 1-2-3-4-5 完全符合	+	0.217
		与教师在下课时使用汉语交流（a7）	完全不符 1-2-3-4-5 完全符合	+	0.148

续表

系统层	二级指标	三级指标	指标说明	属性	权重
	行为（T2）0.5	在家里使用汉语与父母交流（a8）	完全不符 1-2-3-4-5 完全符合	+	0.235
		与朋友、同学使用汉语交流（a9）	完全不符 1-2-3-4-5 完全符合	+	0.154
		平时经常看汉语书籍（a10）	完全不符 1-2-3-4-5 完全符合	+	0.141
		平时经常看母语频道电视（a11）	完全不符 1-2-3-4-5 完全符合	-	0.105
	满意度（T2）0.2	使用教材容易理解和学习（a12）	完全不符 1-2-3-4-5 完全符合	+	0.298
		能够完全听懂用汉语所上的课程（a13）	完全不符 1-2-3-4-5 完全符合	+	0.385
		本校双语教师教学水平很高（a14）	完全不符 1-2-3-4-5 完全符合	+	0.317

2. 权重设置

当前，关于评价指标体系权重分配的方法主要有层次分析法和德尔菲法。层次分析法将主观判断和实践经验导入模型，进行量化处理，提高决策过程系统性和科学性（赵保卿、李娜，2013）。本文采用层次分析法（AHP）设置新疆少数民族双语教育效果评价指标权重，具体步骤：首先，邀请双语教育 10 位专家，对评价指标体系中各层次评价指标的相对重要程度进行评价；其次，将评价结果与上述 10 位专家进行多次的反馈与沟通，最终确定 10 位专家均认可的评价结果；最后，根据评价结果构建判断矩阵，计算评价指标体系中各指标的权重，并对各指标权重的一致性进行检验。

根据层次分析法，设置新疆少数民族双语教育效果各指标权重（见表 6-5-2）。首先，对于双语教育效果评价体系一级指标，10 位专家均认为少数民族中小学生的学习行为最为重要，然后是认知情感和满意度，三个指标权重均为分别为 0.5、0.3 和 0.2。上述 10 位专家的评价结果通过一致性检验，一级指标权重设置科学。其次，对于二级指标权重，双语学习认知与情感五个指标权重依次为 0.171、0.198、0.216、0.188 和 0.227；双语学习行为六个指标权重依次为 0.217、0.148、0.235、0.154、0.141 和 0.105；满意度三个指标权重依次为 0.298、0.385 和 0.317。双语教育认知与情感、双语学习行为和双语教育满意度的 CR 检验值分别为 0.002、0.004 和 0.000，均小于对应的0.1的临界值，三级指标权重设置也相对科学。进一步分析新疆少数民族双语教育效果评价指标权重，双语学习情感中认为学习汉语和维吾尔语同样重要、双语学习行为中的在家中与父母经常使用汉语交流和课堂中与教师使用汉语交流、双语教育满意度中课堂双语学习和教师教学水平的权重较大，是新疆少数民族中小学生双语教育效果的关键评价指标。

（二）新疆双语教育效果评价过程及结果分析

模糊综合评价法可将定性评价转化为定量评价，提高评价结果的系统性和清晰度。本文采用模糊综合评价法对新疆少数民族双语教育实施效果水平进行测度。具体步骤如下。

第一，根据新疆少数民族双语教育效果评价指标确定评价因素。其中，一级指标因素集为T＝｛T1、T2、T3｝＝｛认知与情感、学习行为、满意度｝，二级指标因素集分别为T1＝｛a1、a2、a3、a4、a5｝＝｛政策了解、双语学习意愿、授课语言、双语教师民族情况、汉语与母语重要性｝、T2＝｛a6、a7、a8、a9、a10、a11｝＝｛课堂语言使用情况、课下语言使用情况、家庭语言使用情况、朋友语言使用情况、阅读书籍、电视语言选择｝、T3＝｛a12、a13、a14｝＝｛教材、课堂、教师｝。

第二，根据上文层次分析结果确定因素集中各因素权重。一级指标权重集为W＝｛W1、W2、W3｝＝｛0.3、0.5、0.2｝，二级指标权重集则分别为W1＝｛0.171、0.198、0.216、0.188、0.227｝、W2＝｛0.217、0.148、0.235、0.154、0.141、0.105｝、W3＝｛0.298、0.385、0.317｝。

第三，建立模糊评价集和分数标度集。本文建立新疆少数民族双语教育实施效果评价等级集合V＝｛v1、v2、v3｝。其中，评价标度依次为非常低、比较低、一般、比较高、非常高，对应评价分数分别为P＝｛1、2、3、4、5｝。

第四，建立模糊评价矩阵。由于本文的评价指标均为主观性指标。本文以新疆少数民族双语教育实施效果评价指标各维度选择人数与参与评价总人数的比值构建新疆少数民族双语教育实施效果评价矩阵。具体如下：

$$R1(\text{认知与情感}) = \begin{Bmatrix} 0.035 & 0.057 & 0.124 & 0.319 & 0.466 \\ 0.053 & 0.056 & 0.078 & 0.214 & 0.599 \\ 0.055 & 0.069 & 0.083 & 0.288 & 0.505 \\ 0.087 & 0.098 & 0.139 & 0.314 & 0.361 \\ 0.036 & 0.046 & 0.065 & 0.187 & 0.667 \end{Bmatrix}$$

$$R2(\text{行为}) = \begin{Bmatrix} 0.109 & 0.096 & 0.112 & 0.328 & 0.355 \\ 0.244 & 0.283 & 0.127 & 0.158 & 0.188 \\ 0.581 & 0.265 & 0.060 & 0.054 & 0.039 \\ 0.474 & 0.277 & 0.089 & 0.102 & 0.057 \\ 0.074 & 0.113 & 0.132 & 0.338 & 0.342 \\ 0.065 & 0.133 & 0.128 & 0.374 & 0.300 \end{Bmatrix}$$

$$R3(\text{满意度}) = \begin{Bmatrix} 0.041 & 0.053 & 0.059 & 0.212 & 0.635 \\ 0.042 & 0.067 & 0.075 & 0.327 & 0.490 \\ 0.282 & 0.221 & 0.116 & 0.110 & 0.292 \end{Bmatrix}$$

第五，模糊综合评价与双语教育效果评价。论文根据权重集 W 和模糊评价矩阵 R 构建新疆少数民族双语教育效果模糊综合评价结果向量 B。同时，采用加权平均原则计算新疆少数民族双语教育效果评价结果，具体计算结果见表 6-5-3。

表 6-5-3　新疆少数民族双语教育效果水平测度

W	一级指标	二级指标	wi	V1	V2	V3	V4	V5	得分
认知与情感	0.3	双语教育政策了解程度（a1）	0.171	0.035	0.057	0.124	0.319	0.466	4.127
		自愿在双语班上课（a2）	0.198	0.053	0.056	0.078	0.214	0.599	4.250
		希望老师上课多使用汉语（a3）	0.216	0.055	0.069	0.083	0.288	0.505	4.119
		希望本民族教师担任双语老师（a4）	0.188	0.087	0.098	0.139	0.314	0.361	3.761
		学习汉语和维吾尔语同样重要（a5）	0.227	0.036	0.046	0.065	0.187	0.667	4.406
		B1		0.053	0.065	0.095	0.261	0.527	4.144

续表

W	一级指标	二级指标	wi	V1	V2	V3	V4	V5	得分
行为	0.5	与老师在课堂上使用汉语交流（a6）	0. 217	0. 109	0. 096	0. 112	0. 328	0. 355	3. 724
		与老师在下课时使用汉语交流（a7）	0. 148	0. 244	0. 283	0. 127	0. 158	0. 188	2. 763
		在家里使用汉语与父母交流（a8）	0. 235	0. 581	0. 265	0. 060	0. 054	0. 039	1. 702
		与朋友、同学使用汉语交流（a9）	0. 154	0. 474	0. 277	0. 089	0. 102	0. 057	1. 988
		平时经常看汉语书籍（a10）	0. 141	0. 074	0. 113	0. 132	0. 338	0. 342	3. 758
		平时经常看汉语频道电视（a11）	0. 105	0. 065	0. 133	0. 128	0. 374	0. 300	3. 711
		B2		0. 287	0. 198	0. 103	0. 210	0. 203	2. 843
满意度	0.2	现在使用的教材容易理解和学习(a12)	0. 298	0. 041	0. 053	0. 059	0. 212	0. 635	4. 347
		能够完全听懂用汉语所上的课程(a13)	0. 385	0. 042	0. 067	0. 075	0. 327	0. 490	4. 159
		本校双语老师教学水平很高（a14）	0. 317	0. 282	0. 221	0. 116	0. 110	0. 292	2. 972
		B3		0. 118	0. 112	0. 083	0. 224	0. 470	3. 839
		B		0. 179	0. 138	0. 097	0. 230	0. 356	3. 448

综合来看，目前新疆少数民族中小学生普遍接受通过双语教育提升自身汉语言水平这一基本结论，对双语教育认可程度和接受程度普遍较高，综合评价指数为 3. 448，高于平均水平值（2. 5）。但是，少数民族地区的双语教育实施中，少数民族学生受社会、学校和家庭等因素影响，双语教育效果与人们的预期依然存在一定的差距。

1. 双语教育认知与情感方面

新疆少数民族中小学生双语学习认知与情感综合评价指数为4.144，介于比较高和非常高之间，靠近比较高水平。即目前新疆少数民族中小学生对双语学习接受和认同总体上处于较高水平。

从五个细分指标看，五个指标的评价值依次是4.127、4.250、4.119、3.761和4.406。其中，认为“学习汉语与母语同样重要”的评价指数最高，其次为“自愿在双语班上课”。这说明少数民族中小学生对双语学习的认可度比较高，从而反映对双语教育的认同度比较高，而对“希望本民族教师担任双语老师”的评价指数最低。实际调研中发现少数民族教师在上课时会习惯性地使用母语，尤其是在学生遇到不理解的专业词语时会经常使用母语进行翻译，虽然有助于学生专业知识的理解，但造成学生产生依赖的心理。遇到不会的词语不是认真学习，而是习惯性地等待老师使用母语翻译，这不利于学生汉语水平的提高。位于农村比较偏远的小学，民族双语教师不仅发音不准，上课时一半的时间都在使用母语教学。

2. 双语教育学习行为

进一步分析新疆少数民族双语教育效果评价的关键指标——双语学习行为。双语学习行为综合评价指数为2.843，指标评价值介于一般与较高之间，仅仅比一般水平（2.5）高出0.34，双语学习行为是学习双语的重要指标，值得重视和重点解决。

从六个细分指标来看，六个指标的评价值依次是3.724、2.763、1.702、1.988、3.758和3.711。其中，“与老师在课堂上使用汉语交流”与“平时经常看汉语书籍”和“平时经常看汉语频道电视”三项指标水平较高，指标评价值处于较高水平以上。这说明双语教师认真执行双语教育，大部分教师在教学中能够采用汉语进行教学，少数民族中小学生认真学习国家通用语言文字；“与老师在下课时使用汉语交流”这一指标评价值处于中间偏上，实地调研中发现新疆北疆学校中少数民族学生与授课老师在平时多使用汉语交流，新疆南疆学生与老师交流主要使用母语；“在家里使用汉语与父母交流”和“与朋友、同学使用汉语交流”两个指标的评价值均低于一般水平，这与实地调研结果相一致，少数民族学生对汉语学习的积极性比较高，但是在生活中由于周围都是本民族的老师、学生和朋友，习惯性地使用母语交流，从而出现少数民族中小学生汉语的阅读和书写水平较高，汉语交流水平较低的现象。同时，由于大部分少数民族学生为农村生源，其父母大部分完全不懂汉语，学生在回家以后，特别是经过周末和放假，由于缺乏汉语言环境，造成学生在学校中学会的汉语回家后不仅没有得到巩固和加强，反而忘记了，尤其是新疆南疆少数民族聚集比较密集的农村地区。

3. 双语教育满意度

从学生对双语教育满意度评价结果看，综合评价指数为3.869，介于比较高和非常高之间，评价指标值均高于平均值，但“本校双语教师教学水平很高”指标仅略高于平均值，说明少数民族学生对教师授课水平不是很满意，教师教学水平有待提高。总体来看，目前新疆少数民族双语教育效果较好，但受地理位置、经济发展水平等因素的影响，双语教育效果也受到一定的影响。

三、新疆少数民族双语教育效果制约因素分析

科学测度新疆少数民族双语教育效果水平后，需进一步挖掘双语教育效果的关键制约因素，从而有针对性地提出对策建议。本节采用Eviews软件中的有序Probit模型，从新疆少数民族中小学生个人特征、家庭特征、认知与情感、学习行为四个维度探究新疆少数民族双语教育效果影响因素，Krashen（1985）综合其他学者的研究结果，提出一个重要观点，认为学习者的学习情感和行为与学习成效存在一定的关系，即学习者的学习情感和行为会影响学习成效。

（一）变量选择

1. 因变量选择

本节重点为探究新疆少数民族双语教育效果制约因素，因变量为反映双语教育效果水平相关指标。实施双语教育的最终目标是少数民族学生能够使用汉语熟练地进行听、说、读和写，因此选取问卷中能够读懂汉语书（Y1）、能够熟练地用汉语进行写作（Y2）、能够完全听懂汉语（Y3）和能够很好地与人使用汉语交流（Y4）四个变量作为因变量衡量少数民族中小学生汉语水平。

2. 影响因素选择

新疆少数民族双语教育效果的影响因素从少数民族中学学生个人特

征、家庭特征、认知与情感、学习行为四个维度构建。其中，个人特征选取性别（x1）、年龄（x2）、民族（x3）、双语模式（x4）和何时学学习汉语（x5）变量；家庭特征选取家庭属性（x6）、父亲汉语水平（x7）、母亲汉语水平（x8）、家中兄弟姐妹个数（x9）、家庭结构（x10）、家庭收入（x11）变量；认知与情感选取双语教育了解程度（x12）、学生自愿在双语班上课（x13）、希望老师上课多使用汉语（x14）、希望本民族教师担任双语老师（x15）、学习汉语和维吾尔语同样重要（x16）变量；行为选取与老师在课堂上使用汉语交流（x17）、与老师在下课时使用汉语交流（x18）、在家里使用汉语与父母交流（x19）、与朋友同学使用汉语交流（x20）、平时经常看汉语书籍和节目（x21）、每天学习汉语时间（x22）、每天使用汉语交流的时间（x23）变量。

本文的变量名称、解释说明、均值、方差及预期影响（见表 6-5-4）。调查样本主要是农村户口少数民族学生，调查样本中 90%的少数民族父母学历为初中以下，职业为农民，父母学历与职业对双语教育不具有显著性；样本 94%是小学以前开始接受双语教育，学校双语教师 99%都为少数民族。因此，“何时学习汉语”（x5）和“希望本民族教师担任双语老师”（x15）对双语教育不具有显著性；父母汉语水平和与人交流使用汉语（或者母语）主要考查的是少数民族学生汉语“听”和“说”的水平，变量父亲汉语水平（x7）、母亲汉语水平（x8）、与老师在课堂上使用汉语交流（x17）、与老师在下课时使用汉语交流（x18）、在家里使用汉语与父母交流（x19）和与朋友、同学使用汉语交流（x20）仅作为“听”和“说”两个模型的变量。

表 6-5-4　变量说明

变量	变量解释	均值	标准差	预期
因变量				
读（Y1）	完全不符 1-2-3-4-5 完全符合	4.06	1.219	+
写（Y2）	完全不符 1-2-3-4-5 完全符合	3.97	1.141	+
听（Y3）	完全不符 1-2-3-4-5 完全符合	4.02	1.044	+
说（Y4）	完全不符 1-2-3-4-5 完全符合	3.89	1.140	+

续表

自变量					
个人特征	性别（x1）	男=1，女=2	1.54	0.498	
	年龄（x2）	10岁以内=1，11岁=2，12岁=3，13岁=4，14岁=5，15岁以上=6，16岁以上=7	13.04	1.854	
	民族（x3）	维吾尔族=1，哈萨克族=2，其他=3	2.07	0.305	
	双语模式（x4）	模式1=1，模式2=2	1.29	0.456	
家庭特征	家庭属性（x6）	农村=1，城市=2	1.75	0.433	
	父亲汉语水平（x7）	完全不懂=1，能听懂一点但不会说=2，能听懂一点，会说一点=3，能够听懂但不会说=4，既能听懂也会说=5	2.90	1.203	+
	母亲汉语水平（x8）	完全不懂=1，能听懂一点但不会说=2，能听懂一点，会说一点=3，能够听懂但不会说=4，既能听懂也会说=5	2.53	1.252	+
	家中兄弟姐妹个数（x9）	0=1，1个=2，2个=3，3个=4，4个=5，5个及以上=6	2.85	1.096	
	家庭结构（x10）	大家庭=1，核心家庭=2，重组家庭=3. 单亲家庭=4，老人抚养=5，其他=6	2.17	0.916	
	家庭收入（x11）	3万元以内=1，3万—5万元=2，5.1万—7万元=3，7.1万—10万元=4，10.1万—20万元=5，20万元以上=6	2.11	1.221	
认知与情感	双语教育政策了解程度(x12)	完全不了解1-2-3-4-5十分了解	4.12	1.058	+
	学生自愿在双语班上课（x13）	很不愿意1-2-3-4-5非常愿意	4.25	1.147	+
	希望老师上课多使用汉语（x14）	完全不符1-2-3-4-5完全符合	4.12	1.158	+
	学习汉语和维吾尔语同样重要(x16)	完全不符1-2-3-4-5完全符合	4.40	1.038	+

续表

学习行为	与老师在课堂上使用汉语交流（x17）	完全不符 1-2-3-4-5 完全符合	3.72	1.325	+
	与老师在下课时使用汉语交流（x18）	完全不符 1-2-3-4-5 完全符合	2.77	1.455	+
	在家里使用汉语与父母交流（x19）	完全不符 1-2-3-4-5 完全符合	4.3	1.062	+
	与朋友、同学使用汉语交流（x20）	完全不符 1-2-3-4-5 完全符合	1.99	1.219	+
	平时经常看汉语书籍和节目（x21）	完全不符 1-2-3-4-5 完全符合	3.76	1.240	+
	每天学习汉语时间（x22）	半小时以内=1，0.5—1 小时=2，1—2 小时=3，2 小时以上=4	2.54	1.019	
	每天使用汉语交流的时间（x23）	半小时以内=1，0.5—1 小时=2，1—2 小时=3，2 小时以上=4	2.06	0.989	

（二）实证过程与结果分析

本文四个因变量均为有序变量，且都符合正态分布，因此选用有序 Probit 模型进行分析比较合理。本文运用有序 Probit 模型探究新疆少数民族双语教育效果制约因素。模型 1 探究个人、家庭特征、认知与情感、学习行为四个维度对少数民族学生国家通用语言文字阅读水平的影响。在模型 1 基础上，筛选出显著变量，分别对写、听、说三个变量进行回归分析，得到模型 2-5。其中，由于调查中只对样本父母汉语“听”和“说”能力的考察。因此，模型 1 和模型 2 中没有对父母汉语水平的两个变量进行回归分析。本文实证结果见表 6-5-5。

表 6-5-5　新疆少数民族城镇流动人口社会融合影响因素回归结果

	变量	读	写	听	说
个人特征	性别（x1）	0.196*** (0.000)	0.184*** (0.000)	0.200*** (0.000)	0.015*** (0.000)
	年龄（x2）	0.002 (0.896)	0.0567*** (0.000)	0.064*** (0.000)	0.034*** (0.003)
	民族（x3）	0.103 (0.173)	0.3133*** (0.000)	0.260*** (0.000)	0.188*** (0.005)
	双语模式（x4）	0.258*** (0.000)	0.1740*** (0.002)	0.219*** (0.000)	0.237*** (0.000)
家庭特征	家庭属性（x6）	-0.236*** (0.000)	-0.149** (0.015)	-0.228*** (0.000)	-0.091* (0.089)
	父亲汉语水平（x7）	—	—	0.082*** (0.000)	0.069*** (0.001)
	母亲汉语水平（x8）	—	—	0.055*** (0.008)	0.063*** (0.003)
	家中兄弟姐妹个数（x9）	-0.085*** (0.000)	-0.029 (0.155)	-0.086*** (0.000)	-0.585*** (0.002)
	家庭结构（x10）	-0.019 (0.430)	-0.014 (0.545)	-0.015 (0.523)	-0.009 (0.667)
	家庭收入（x11）	0.006*** (0.000)	0.070*** (0.000)	0.055*** (0.004)	0.016 (0.344)
认知与情感	双语教育政策了解程度（x12）	0.134*** (0.000)	0.202*** (0.000)	0.194*** (0.000)	0.214*** (0.000)
	学生自愿在双语班上课（x13）	0.095*** (0.000)	0.062*** (0.002)	0.044*** (0.000)	0.077*** (0.000)
	希望老师上课多使用汉语（x14）	0.014 (0.499)	0.013 (0.516)	0.015** (0.028)	0.074*** (0.000)
	学习汉语和维吾尔语同样重要（x16）	0.134*** (0.000)	0.028* (0.081)	0.049** (0.033)	0.038* (0.070)

续表

	变量	读	写	听	说
学习行为	与老师在课堂上使用汉语交流（x17）	—	—	0.050*** (0.007)	0.078*** (0.000)
	与老师在下课时使用汉语交流（x18）	—	—	0.044*** (0.005)	0.043*** (0.006)
	在家里使用汉语与父母交流（x19）	—	—	0.012 (0.607)	−0.005 (0.817)
	与朋友、同学使用汉语交流（x20）		—	−0.006 (0.713)	0.002 (0.943)
	平时经常看汉语书籍（x21）	0.193*** (0.000)	0.174*** (0.000)	0.157*** (0.000)	0.198*** (0.000)
	每天学习汉语时间（22）	0.082*** (0.000)	0.134*** (0.000)	0.116*** (0.000)	0.036** (0.077)
	每天使用汉语交流的时间（23）	0.088*** (0.000)	0.079*** (0.000)	0.060* (0.018)	0.090*** (0.000)
	对数似然值	−3398.255	−3537.329	−3386.611	−3717.755
	R^2	0.088	0.083	0.098	0.243

注：* $P<0.05$；** $P<0.01$；*** $P<0.001$。

根据表6-5-5，并通过异方差、方程显著性等计量经济学检验，进一步分析得到以下结论。

1. 个人特征

性别（x1）在模型2—5中，均通过显著性检验，且影响系数均为正，说明少数民族女生的国家通用语言文字总体水平要好于男生，一方面是女生学习积极性要高于男生，另一方面随着社会的进步少数民族家庭对家中女孩的学习也逐渐重视。

年龄（x2）和民族（x3）两个变量在写、听、说三个模型中通过显著性检验，且影响系数均为正。随着年龄的增长，少数民族学生国家通用语言文字水平逐渐提高，这体现了新疆双语教育实施取得显著性成效。而样本中维吾尔族中小学生汉语水平与其他相比总体偏低，实地调研发现，新疆南疆部分农村少数民族中小学生连基本的汉语交流都难以进行，只会说“你好”“你叫什么名字”。

双语教学模式（x4）均通过显著性检验，且影响系数均为正。新疆实施双语教学模式，新疆南疆农村中小学存在合格双语教师严重不足，少数民族学生汉语水平较低的实际情况，多数农村中小学采用模式 1，并取得一定效果。实地调研中发现，文科使用母语授课，少数民族学生汉语水平不高，而理科中专业词汇比较多，少数民族学生在理解中显得十分费劲，出现模式 1 少数民族学生文科成绩较好，理科成绩较差的现象。

2. 家庭特征

在家庭特征六个变量中，家庭属性（x6）在四个模型中，均通过显著性检验，正向影响少数民族学生汉语水平，对于新疆少数民族群体来说，其是否生活在城市中及是否能够学习好国家通用语言文字，一个至关重要的因素是语言环境。城市中居民汉语水平好的少数民族群体比较多，同时城市中学校教学质量水平比较高。因此，少数民族学生在城市中不仅能够接受好的教育资源，而且与周围的人使用汉语交流的机会也更多，有利于汉语学习。

父亲和母亲的汉语水平（x7）（x8）通过显著性检验，且方向均为正。主要是少数民族学生的父母能够使用汉语进行交流，为子女提供了学习汉语的语言环境，但是调查样本中仅有 17% 的父亲“既能听懂也会说”，17.9%是完全不懂汉语，少数民族学生母亲的情况更为严峻，12.4%的母亲“既能听懂也会说”，29.9%的母亲完全不懂汉语，这就使得少数民族学生家长与子女交流只能使用母语，学生在家中缺少学习汉语的环境。

家中兄弟姐妹个数（x9）在模型读、听、说中呈显著负向相关。主要是家中孩子越多，负担越重，父母对子女的学习关注程度越低。家庭结构（x10）在四个模型中都不显著，但方向都为负，说明正常的家庭模式对子女学习有好的影响，而样本中近 20%的学生家庭为重组、单亲和与老人生活在一起的家庭结构模式。访谈中发现，生活在这一类家庭环境中的少数民族学生不仅学习成绩不好，性格也较为孤僻。

家庭收入（x11）在读、写、听三个模型中显著性检验，且影响系数均为正，在模型“说”中虽然不显著，但方向为正。说明家庭收入的增长有利于少数民族学生汉语水平的提高，主要是少数民族父母不需要再为生计而发愁，从而能够重视子女的学习，这与学者李志峰[①]（2013）和董晔[②]（2014）研究结果一致。

3. 政策认知与情感

双语教育政策了解程度（x12）、学生自愿在双语班上课（x13）和学习汉语和维吾尔语同样重要（x16），在四个模型中均具有正向显著影响。一方面，近些年新疆对少数民族双语教育很重视，尤其是国家和自治区对双语教育工作重视程度达到前所未有的程度；另一方面，因为随着社会的进步与发展，少数民族家长认识到国家通用语言文字学习的重要性，积极鼓励子女学习汉语。

希望老师上课多使用汉语（x14）在“听”和“说”两个模型中为显著正向影响。实地调研中发现，双语教师在授课时都能够使用汉语进行书写，但在上课时经常使用母语进行讲课，尤其是在新疆南疆农村中小学这种情况尤为严重，而且部分双语教师发音不标准，使得少数民族学生汉语水平较低。

4. 汉语学习行为

与老师在课堂上和课堂下使用汉语进行交流（x17）、（x18）在模型中为显著正向影响。说明老师多使用汉语教学对少数民族学生汉语水平提高有帮助，这与调查中发现的相一致，调查中大部分双语教师能够使用汉语进行教学，但在下课后习惯性地使用母语与学生交流。因此，加强教师与学生进行汉语交流有助于少数民族学生汉语说能力的提高。

在家里使用汉语与父母交流（x19）和与朋友、同学使用汉语交流（x20）在模型中均不显著。调研中发现，少数民族学生在与父母、朋友和同学交流时很少使用汉语，基本都是习惯地使用母语，但在调研喀什伽师县双语小学时，发现该学校有少数民族学生使用汉语进行交流，据了解该学校在编教师88.9%为汉族教师。因此，加大汉族教师双语力度对少数民族学生汉语水平提高将会有所帮助。

平时经常看汉语书籍（x21）、每天学习汉语时间（x22）与每天使用汉语交流的时间（x23）均通过显著性检验，且正向影响少数民族学生汉

① 李志峰．家庭背景对学业成绩的影响研究：以济南市为例［D］．济南，山东师范大学，2013.

② 董晔，安瓦尔·买买提明．城镇化进程中乌鲁木齐市少数民族农民工空间分布及生存状态研究［J］．地理科学，2014（04）：963-970.

语水平。多阅读汉语书籍、加强汉语学习与交流有利于汉语水平提高，这是语言学习的关键因素之一。

四、结论与建议

新疆少数民族双语教育实施既是新疆农村人口素质提高的基础，又是农村经济快速发展、城镇稳定和谐的保障，关乎新疆社会稳定和长治久安总目标的实现。本节借助2635份少数民族中小学生调查问卷数据，分别运用AHP模糊综合评价法和有序Probit模型，对新疆少数民族双语教育实施效果水平及关键制约因素进行研究，得到以下结论。

（1）新疆少数民族地区双语教育实施较好，并取得一定效果。少数民族对双语教育的认知情感和满意度综合评价指数较高，但汉语学习行为综合评价指数较低，与父母、朋友和同学使用汉语进行交流评价指数低于中间值。

（2）新疆少数民族双语教育实施效果受到个人特征、家庭特征、认知与情感、学习行为等方面因素的影响。少数民族学生对双语教育的认可是基础；汉语学习行为中大量阅读汉语书籍和使用汉语交流，对提高国家通用语言文字水平的作用，也是少数民族学生学习汉语的关键因素。

基于以上分析，提出有效推动新疆少数民族国家通用语言文字教育建议，具体如下。

第一，在提高少数民族对双语教育认同的同时，使民汉文化价值观统一协调，真正实现“民汉兼通”。

第二，做好双语教育实施发展规划，应当立足新疆南北疆地区差异、城市农村地域差异，根据中小学实际情况，继续深化民族教育体制改革，努力探索适合本地区民族教育的办学模式和体制。

第三，优化汉语学习环境，实行“民汉合校”的方式，提高少数民族学生国家通用语言文字水平。

第四，通过加强双语师资队伍建设，合理配置教师资源，加强对教师队伍的培训，提高双语教师待遇，改进教育教学模式，优化课程设置及完善教材等形式，全面提升少数民族双语教育质量。

第五，充分发挥社会职能，鼓励少数民族居民外出务工，组织少数民族居民进行汉语学习与交流，提升其国家通用语言文字水平。

参考文献

一、著作

[1] 北晨．当代文化人类学概要［M］．杭州：浙江人民出版社，1986：283.

[2] M. F. 麦凯，M. 西格恩．双语教育概论［M］．北京：光明日报出版社，1989.

[3] Thomas J. Sergiovannl. 校长学：一种反思性实践观［M］．张虹，译．上海：上海教育出版社，2004.

[4] 埃莉诺·奥斯特罗姆．公共事务的治理之道［M］．上海：上海三联书店，2000.

[5] 卜长莉．社会资本与社会和谐［M］．北京：社会科学文献出版社，2005.

[6] 蔡文伯．新疆教育与经济的实证及对策研究［M］．乌鲁木齐：新疆大学出版社，2009.

[7] 蔡文伯．新疆边境地区民族教育发展研究［M］．北京：中央民族大学出版社，2015.

[8] 陈桂生．教育政治学［M］．南京：江苏教育出版社，1993.

[9] 陈振明．政策科学：公共政策分析导论［M］．北京：中国人民大学出版社，2004.

[10] 戴庆厦，滕星，关辛秋，董艳．中国少数民族双语教育概论［M］．沈阳：辽宁民族出版社，1998.

[11] 邓旭．教育政策执行研究：一种制度分析的范式［M］．北京：教育科学出版社，2010.

［12］董霄云．文化视野下的双语教育：实践、争鸣与探索［M］．上海：上海教育出版社，2008.

［13］方俊明，王嘉毅，琳达・西格鸥．当代中国少数民族双语教学理论与实践［M］．西安：陕西人民教育出版社，2001.

［14］方晓华．少数民族双语教育的理论与实践［M］．北京：学苑出版社，2010.

［15］冯静．公共政策学［M］．北京：北京大学出版社，2007.

［16］冯增俊．教育人类学［M］．南京：江苏教育出版社，1998.

［17］弗朗西斯・C. 福勒．教育政策学导论［M］．南京：江苏教育出版社，2007.

［18］国务院新闻办公室白皮书．新疆的发展与进步［M］．北京：人民出版社，2009.

［19］哈经雄，滕星．民族教育学通论［M］．北京：教育科学出版社，2001.

［20］何清涟．现代化的陷阱：当代中国的经济社会问题［M］．北京：今日中国出版社，1998.

［21］李捷，何自然，霍永寿．语用学十二讲［M］．上海：华东师范大学出版社，2011.

［22］李儒忠．双语教育十论［M］．乌鲁木齐：新疆人民出版社，2012.

［23］李允杰，丘昌泰．政策执行与评估［M］．北京：北京大学出版社，2003.

［24］刘斌，王春福．政策科学研究［M］．北京：人民出版社，2000.

［25］刘电芝．学科学习策略与学科发展：理论与实践［M］．长春：吉林人民出版社，2006.

［26］罗伯特 D. 帕特南．使民主运转起来［M］．王列，赖海榕，译．南昌：江西人民出版社，2001.

［27］马戎．民族社会学：社会学的族群关系研究［M］．北京：北京大学出版社，2004.

［28］皮连生．学与教的心理学［M］．上海：华东师范大学出版社，1997.

［29］孙霄兵．推进教育优先发展政策与制度建设研究［M］．北京：教育科学出版社，2010.

［30］滕星．族群、文化与教育［M］．北京：民族出版社，2002.

［31］王斌华．双语教育与双语教学［M］．上海：上海教育出版社，2003.

［32］王崇德．文献计量学引论［M］．桂林：广西师范大学出版社，1997.

［33］王莉颖．双语教育理论与实践：中外双语教育比较研究［M］．上海：上海教育出版社，2008.

［34］王蓉．公共教育解释［M］．北京：中国财政经济出版社，2009.

［35］王振本，梁威．新疆少数民族双语教学与研究［M］．北京：民族出版社，2001.

［36］威廉·N．邓恩．公共政策分析导论［M］．谢明，等译．北京：中国人民大学出版社，2002.

［37］亚里士多德．政治学［M］．上海：商务印书馆，1981.

［38］杨发仁，徐玉圻．新疆历史与民族宗教理论政策教程［M］．乌鲁木齐：新疆教育出版社，2007.

［39］杨韶刚．人本主义心理学与教育［M］．哈尔滨：黑龙江教育出版社，2003.

［40］杨宗科．法律机制论：法哲学与法社会学研究［M］．西安：西北大学出版社，2000.

［41］叶澜，白益民，王枬，陶志琼．教师角色与教师发展新探［M］．北京：教育科学出版社，2001.

［42］张金马．公共政策分析：概念·过程·方法［M］．北京：人民出版社，2004.

［43］张其仔．社会资本论［M］．北京：社会科学文献出版社，2008.

［44］张诗亚．中国民族教育发展报告［M］．北京：人民教育出版社，2014.

［45］张天宝．走向交往实践的主体性教育［M］．北京：教育科学出版社，2005.

［46］张天雪．校长权力论：政府、公民社会和学校层面研究［M］．北京：教育科学出版社，2004.

［47］钟启泉．现代课程论［M］．上海：上海教育出版社，1989.

［48］朱俊杰，杨昌江．民族教育与民族文化发展研究［M］．长沙：湖南教育出版社，2006.

［49］庄西真．国家的限度：制度化学校的社会逻辑［M］．南京：南京师范大学出版社，2006.

二、硕博论文

［1］艾力·伊明．多元文化整合教育视野中的“维汉”双语教育研究：新疆和田中小学双语教育的历史、现状与未来［D］．北京：中央民族大学，2007.

［2］龚洪．文化认同视阈下新疆双语教育政策实效调查研究［D］．重庆：西南大学，2016.

［3］李志锋．家庭背景对学业成绩的影响研究：以济南市为例［D］．济南：山东师范大学，2013.

［4］美丽开·吾买尔．内地新疆高中班政策执行的校本创新研究［D］．上海：华东师范大学，2012.

［5］戚姝婷．美国补偿教育计划对我国民族教育优先发展的启示［D］．重庆：西南大学，2011.

［6］司继伟．小学儿童估算能力研究［D］．重庆：西南师范大学，2002.

［7］沙拉买提·依明艾山．新疆农村双语教育的成效研究：以和田市玉龙喀什镇为例［D］．兰州：西北民族大学，2015.

［8］王洪玉．少数民族双语教育的历史及发展研究［D］．兰州：西北师范大学，2003.

［9］温欣．关于新疆少数民族基础教育的政策研究［D］．北京：北京邮电大学，2013.

［10］吴海英．内地新疆高中班招生政策研究［D］．长春：东北师范大学，2013.

［11］徐建平．教师胜任力模型与测评研究［D］．北京：北京师范大

学，2004.

［12］张婕．初中生英语学习自我效能感、学业情绪与学习成绩的相关研究［D］．贵阳：贵州师范大学，2014.

［13］赵建梅．培养双语双文化人：新疆少数民族双语教育的人类学研究［D］．上海：华东师范大学，2011.

［14］周永垒．学习困难生的学习策略研究［D］．沈阳：辽宁师范大学，2004.

三、期刊论文

［1］蔡文伯，孙芳．新疆双语教育政策执行主体的偏差行为研究［J］．当代教育与文化，2016（02）：39-44.

［2］曹立人，陈艳．高中生学习策略调查研究［J］．心理科学，2006（04）：954-956.

［3］曾能建．教师培训的实效性研究［J］．教育评论，2010（01）：75-77.

［4］曾天山．教育优先发展是实现现代化的根本大计［J］．教育研究，2008（11）：45-50.

［5］陈学金，滕星．新疆喀什、和田地区双语教育的实地考察与对策研究［J］．新疆教育学院学报，2012（11）：10-15.

［6］陈云萍，黄溶冰．理论视域中的公共政策评估价值取向研究［J］．理论研究，2008（22）：21-23.

［7］成媛，赵静．生态移民区中学生学业自我效能感与学习满意度的关系：学习态度的中介作用［J］．中国特殊教育，2015（07）：80-85.

［8］程方平．教育：国家安全的基础：关于“教育安全”的思考［J］．教育科学，2006（03）：1-5.

［9］戴萍萍．社会资本理论综述［J］．科技信息：科学教研，2007（15）：236.

［10］邓旭．教育政策执行的四重路径［J］．江西教育科研，2007（05）：6-9.

［11］董晔，安瓦尔·买买提明．城镇化进程中乌鲁木齐市少数民族农民工空间分布及生存状态研究［J］．地理科学，2014（04）：963-970.

［12］范国睿，孙翠香．教育政策执行监测与评估体系的构建［J］．教育发展研究，2012（05）：54-60.

［13］方平，熊端琴，郭春彦．父母教养方式对子女学业成就影响的研究［J］．心理科学，2003（01）：78-81.

［14］冯海英．家庭人文因素对中学生学习策略的影响分析［J］．教育研究与实验，2009（07）：20-22.

［15］方晓华．新疆双语教育问题探索［J］．新疆师范大学学报：哲学社会科学版，2011（02）：89-95.

［16］高卉，左兵．英国教育优先区政策对中国少数民族地区教育启示［J］．民族教育研究，2007（06）：110-115.

［17］葛丰交．锡伯族教育现状及特点［J］．伊犁师范学院学报：社会科学版，1994（04）：15-26.

［18］葛丰交．新疆锡伯族百年教育述略［J］．满语研究，2009（01）：130-138.

［19］顾华详．新疆双语教育实现科学发展的对策研究［J］．民族教育研究，2008（05）：110-118.

［20］郭卫东，黄莉．新疆喀什地区中小学民考汉学生学业成绩及影响因素分析［J］．民族教育研究，2007（06）：90-94.

［21］韩炯，郭卫东．新疆区内初中班少数民族学生学习适应性调查分析［J］．现代中小学教育，2009（06）：40-44.

［22］何坚韧．新疆锡伯族教育概述［J］．民族教育研究，1994（01）：76-78.

［23］何君安．社会资本理论若干问题再探讨［J］．西北大学学报，2007（04）：125-129.

［24］贺群，胡文华．新疆少数民族双语教育回顾与反思［J］．西北民族大学学报：哲学社会科学版，2005（06）：124-128.

［25］胡桂英，许百华．初中生学习归因、学习自我效能感、学习策略和学业成就关系的研究［J］．心理科学，2002（06）：757-768+724.

［26］胡桂英，许百华．中学生学习自我效能感、学习策略与学业成就的关系［J］．浙江大学学报：理学版，2003（04）：477-480.

［27］姜宏德．试论双语教师的专业素质［J］．当代教育科学，2003（23）：41-64.

[28] 孔建勋．社会资本与政治态度新加坡三大族群比较研究 [J]. 云南社会科学，2009 (02)：61-65.

[29] 李欢欢，王彬．民汉幼儿双语教材编制新思路：以新疆维吾尔自治区农村“双语”幼儿园教材为例 [J]. 新疆师范大学学报：自然科学版，2010 (03)：111-114.

[30] 李经纬．新疆各民族语言与文字简况 [J]. 新疆大学学报：哲学社会科学版，1980 (02)：115-126.

[31] 李丽．对全国对口支援新疆政策的几点思考 [J]. 现代企业教育，2012 (17)：142.

[32] 李莉，胡尚平．开展双语教育教学工作的思考 [J]. 今日新疆，2010 (12)：34.

[33] 李玲，蔡文伯，杨建刚．少数民族大学生就业期望影响因素分析 [J]. 贵州民族研究，2016 (03)：228-231.

[34] 李儒忠，曹春梅．新疆少数民族“双语”教育千年大事年表（之一）[J]. 新疆教育学院学报，2009 (02)：5-10.

[35] 李儒忠．中国少数民族双语教育历史进程综述 [J]. 新疆教育学院学报，2009 (01)：1-8.

[36] 李霄翔，黄虹．双语教育的经济动因探析 [J]. 学海，2007 (02)：190-193.

[37] 李小平．国家经济政策在边疆民族地区实施过程中的政策评估、红利现象与波尾效应分析 [J]. 思想战线，2012 (02)：127-128.

[38] 李小平．国家民族经济政策的波尾效应对边疆多民族地区发展影响研究 [J]. 贵州大学学报：社会科学版，2012 (02)：57-64.

[39] 李新乡，张俊钦．台湾地区教育优先区计划成效之研究 [J]. 上海教育科研，2006 (03)：4-9.

[40] 李艳，杨川林．美国补偿计划教育述评兼谈对我国基础教育公平的启示 [J]. 内蒙古师范大学学报：教育科学版，2006 (06)：25-28.

[41] 梁文艳，杜育红．省际间义务教育不均衡问题的实证研究：基于生均经费的分析指标 [J]. 教育科学，2008 (08)：11-16.

[42] 林玲．新疆双语教师队伍建设的困境和思考 [J]. 中国民族教育，2016 (01)：20-23.

[43] 刘春华．论西方学习策略培训研究 [J]. 西昌学院学报：社会

科学版，2012（03）：122-124.

［44］刘电芝．学习策略研究概述［J］．教育研究，2002（02）：78-82.

［45］刘加霞，辛涛，黄高庆，申继亮．中学生学习动机、学习策略与学业成绩的关系研究［J］．教育理论与实践，2000（09）：54-58.

［46］刘姣，蔡文伯．新疆少数民族双语教育三十年回溯与反思［J］．兵团教育学院学报，2009（01）：5-8.

［47］刘捷．教师专业标准及其达成：以中国为例［J］．课程·教材·教法，2011（02）：80-88.

［48］刘丽丽．多元文化背景下的我国民族教育［J］．理论前沿，2007（09）：26-27.

［49］刘志华，郭占基．初中生的学业成就动机、学习策略与学业成绩关系研究［J］．心理科学，1993（04）：8-14+66.

［50］柳惠．少数民族地区中小学双语教育师资问题及对策［J］．教学与管理，2008（27）：34-35.

［51］陆桂芝，庞丽华．初中 1-3 年级学生的学业情绪与学业成就的相关研究［J］．教育探索，2008（12）：124-125.

［52］罗玲，蒋伟．民族地区教师“双语”培训亟待加强：藏、维吾尔民族聚居地区双语教学及教师双语培训调查报告［J］．教师教育研究，2009（01）：68-71.

［53］马雷军．论多元文化背景下民族教育优惠政策的转型［J］．民族教育研究，2009（06）：5-8.

［54］马戎．新疆城镇发展和双语教育的进程：南疆地区两个专题调研报告［J］．西北民族研究，2011（02）：159-172.

［55］马戎．新疆民族教育的发展与双语教育的实践［J］．北京大学教育评论，2008（02）：2-41+188.

［56］马伟林，虞洁．美国双语师资培养模式及启迪［J］．教育评论，2008（04）：162-164.

［57］马学良，戴庆厦．我国民族地区双语研究中的几个问题［J］．民族研究，1984，（04）：53-58.

［58］马岳勇，董新强．少数民族文化语境中的新疆双语教育［J］．中南民族大学学报：人文社会科学版，2012（03）：17-21.

［59］满忠坤．民族地区义务教育发展中存在的问题及对策分析：基

于四川、贵州的教育调查［J］．教育发展研究，2013（Z2）：33-39.

［60］聂衍刚，郑雪，张卫．中学生学习适应性状况的研究［J］．心理发展与教育，2004（01）：23-28.

［61］潘颖秋，刘善循，龚志宇．北京地区中学生学习策略水平的调查研究［J］．心理科学，2000（06）：694-698.

［62］齐聪，陈旭远，于超．我国学习策略研究十年述评（2003—2012）［J］．鸡西大学学报，2014（03）：16-20.

［63］桑国元．学校文化冲突的源起、表现与缓和：多元文化教育的视角［J］．宁波大学学报：教育科学版，2006（03）：1-6.

［64］沈有禄．各地小学存量资产配置差异分析：以学校固定资产为例［J］．上海教育科研，2010（11）：15-18.

［65］石中英．教育信仰与教育生活［J］．清华大学教育研究，2000（02）：28-35.

［66］斯蒂芬·郝瑞，马尔子．白乌彝族教育的成功之道［J］．民族教育研究，2000（02）：53-60.

［67］孙仙阁．我国“文献传递与馆际互借”研究的文献计量分析（1994—2009年）［J］．图书馆，2010（04）：66-68+81.

［68］唐开福，黄得昊．边疆民族地区教师队伍建设的主要问题与对策思考：以云南省G县为例［J］．基础教育，2014（01）：90-96.

［69］淘金．论社会资本的定义及其属性［J］．江汉论坛．2008（01）：27-29.

［70］滕星．民族教育概念新析［J］．民族研究，1998（02）：23-30.

［71］滕星．少数民族高等教育优惠政策新论［J］．西北师范大学学报：社会科学版，2005（06）：96.

［72］滕星．中国少数民族双语教育研究的对象、特点、内容与方法［J］．民族教育研究，1996（02）：44-53.

［73］万明钢．“积极差别待遇”与“教育优先区”的理论构想：西部少数民族贫困地区教育发展途径探索［J］．教育研究，2002（05）：21-25.

［74］王阿舒，孟凡丽．新疆少数民族双语教育政策发展综述［J］．民族教育研究，2006（02）：22-26.

［75］王阿舒．新疆双语教育政策的当代演进［J］．新疆社会科学，2012（03）：119-122.

[76] 王宏君．新疆双语教师培训模式之探究［J］．兵团教育学院学报，2013（04）：23-25+29.

[77] 王嘉毅，赵明仁．民族地区教师队伍建设的现状、问题与对策研究［J］．西北民族研究，2012（01）：29-39+77.

[78] 王强．国外教师专业标准体系构建的经验与启示［J］．全球教育展望，2008（07）：38-41.

[79] 王晓辉．教育优先区："给匮者更多"：法国探求教育平等的不平之路［J］．全球教育展望，2005（01）：73-75.

[80] 温萍．论"第四代评价理论"对我国本科教学评估的启示［J］．中国成人教育，2010（17）：135-136.

[81] 吴爱华．影响少数民族学生学业成就的社会因素分析［J］．黑龙江民族丛刊，2011（02）：160-163.

[82] 吴卫东．体验式培训：教师培训的新视角［J］．教育发展研究，2008（Z4）：57-60.

[83] 邢永富．科教兴国　教育为本：学习邓小平"教育是基本建设"思想［J］．教育研究，2002（08）：3-6.

[84] 杨海波，刘电芝，杨荣坤．学习兴趣、自我效能感、学习策略与成绩的关系：基于 Kolb 学习风格的初中数学学习研究［J］．教育科学研究，2015（10）：52-57.

[85] 杨淑芹．多维视角下对新疆双语教育目标的思考［J］．西北师范大学学报：社会科学版，2014（02）：105-109.

[86] 阴洪杰，张帆．制定双语教师专业标准的意义与价值［J］．教育教学论坛，2013（12）：39-40.

[87] 尤努斯·阿布列孜，萨达提·艾木．实现"民汉兼通"师资是关键：新疆汉语教师队伍的现状、问题和建议［J］．新疆财经学院学报，2003（04）：54-57.

[88] 于建福．教育均衡发展：一种有待普遍确立的教育理念［J］．教育研究，2002（02）：10-13.

[89] 于立平．双语教师专业发展的行动研究及启示［J］．教育发展研究，2004（11）：62-64.

[90] 袁小平，曾柳．从社会网到社会资本的社会学研究［J］．安庆师范学院学报，2008（02）：35-39.

［91］张宝歌，姜涛．初中生师生关系对学业成绩的影响研究［J］．心理科学，2009（04）：1015-1017．

［92］张家军．论城乡教育统筹背景下过渡性中间制度安排［J］．中国教育学刊，2011（11）：5-8．

［93］张建英．论我国民族教育政策存在的问题及对策［J］．民族论坛，2012（10）：71-74．

［94］张俊豪．多元一体格局下的中国少数民族教育［J］．湖北民族学院学报：哲学社会科学版，2006（04）：28-31．

［95］张梅．新疆少数民族双语教育模式及其语言使用问题［J］．民族教育研究，2009（04）：96-101．

［96］张荣华，刘电芝．高效学习：学习策略的生成和掌握［J］．课程·教材·教法，2012（04）：21-26．

［97］张善鑫．试论民族教育政策执行中的两难［J］．当代教育与文化，2014（06）：39-43．

［98］张树东．成就动机、家庭影响力及学业成就的关系研究［J］．教育学报，2007（01）：59-65．

［99］张艳燕．跨文化视角下的新疆双语教师培训探讨［J］．新疆大学学报：哲学·人文社会科学版，2014（03）：137-140．

［100］张治国，毛立群．美国外语教师专业标准综述及其对我国的启示［J］．外国中小学教育，2011（08）：51-54+58．

［101］章云珠．论英国教师专业标准框架的特征［J］．教育评论，2012（02）：156-158．

［102］赵天益．关于“屯垦”与“戍边”的哲学思考［J］．新疆师范大学学报：哲学社会科学版，1999（03）：45-48．

［103］钟志勇．民族传统文化传承与教育现代化［J］．湖北民族学院学报：哲学社会科学版，2008（04）：25-28．

［104］周国韬，张平，李丽萍，刘晓明．初中生在方程学习中学习能力感、学习策略与学业成就关系的研究［J］．心理科学，1997（04）：324-328．

［105］周霖．台湾推动教育优先区的目标与策略［J］．世界教育信息，1996（09）：1-3．

［106］周炀茗．7-9 年级中学生学习态度的差异比较［J］．课程教育

研究：新教师教学，2013（03）：118-119.

［107］周永垒，韩玉昌，张侃．学习困难生学习动机对学习策略的影响［J］．中国临床心理学杂志，2005（02）：200-202.

［108］邹斌，陈向明．教师知识概念的溯源［J］．课程·教材·教法，2005（06）：85-89.

四、外文文献

［1］Baker，Colin，Jones，Sylvia Prys. Encyclopedia of Bilingualism and Bilingual Education［M］．Philadelphia：Multilingual Matters Ltd，1998.

［2］Colin Baker. Foundation of Bilingual Education and Bilingualism［M］．England：Multilingual Matters Ltd，1993.

［3］Dansereau，D. F. Cooperative Learning Strategies［A］．Weinstein，C. E.，et al. Learning and Study Strategies：Issues in Assessment，Instruction and Evaluation［C］．New York：Academic Press，1988：103-120.

［4］Dineke E. H. Tigelaar，Diana H. J. M. DolmansIneke，H. A. P. Wolfhagen，Cees P. M. van der Vleuten. The development and validation of a framework for teaching competencies in higher education［J］．Higher Education，2004（48）：253-268.

［5］James Q. Wilson. On Pettigrew and Armor：An Afterword［J］．The Public Interest，1973（09）：132-134.

［6］John U. Ogbu，Cultural Discontinuities For a Review of the Early History of Anthropological Thinking about this Problem［J］．Anthropology and Education Quarterly，1982（04）：290-307.

［7］Miguel Siguan. William F Mackey. Education and ilingualism［M］．London：Kogan Page Ltd，1987.

［8］Verschueren，J. Understanding Pragmatics［M］．Beijing：Foreign Language Teaching and Research Press，2000.

五、其他文献

［1］黄玥，高蕾，张研．“中国梦要靠你们来实现”：习近平总书记关

心少年儿童成长成才纪实［N］. 人民日报，2022-06-01（01）.

［2］国家民族事务委员会．关于进一步做好少数民族语言文字工作的报告[EB/OL].(1991-06-19)[2015-01-11].https://www.lawxp.com/statute/s1256682.html.

［3］国家统计局．2010 年第六次全国人口普查主要数据公报［EB/OL］.（2010-04-28)[2017-01-11].http://www.stats.gov.cn/tjsj/tjgb/rkpcgb/qgrkpcgb/201104/t20110428_30327.html.

［4］蒋夫尔．新疆加强双语教育推进民族教育跨越式发展纪实［N］. 中国教育报，2011-08-15（06）.

［5］尔肯江·吐拉洪．以大力加强双语教育为突破口，统筹推进民族教育跨越式发展［EB/OL］.（2011-07-15)[2016-01-11].http://www.jyb.cn/china/gnxw/201107/t20110715_442851.html.

［6］李儒忠．莎车调查：莎车民汉双语教育发展情况调查报告［R］. 五家渠：新疆生产建设兵团出版社，2012.

［7］新疆教育厅．2015 年新疆教育投入达到 646.2 亿元［EB/OL］.(2016-01-20)[2015-01-11].http://news.ts.cn/content/2016-01/20/content_11970882.htm.

［8］新疆维吾尔自治区．关于进一步提高中小学双语教育质量的意见[EB/OL].（2012-03-26)[2015-01-11].https://hk.lexiscn.com/law/law-chinese-1-1795470.html.

［9］新疆维吾尔自治区人民政府. 贯彻国务院关于深化改革加快发展民族教育决定的意见［EB/OL］.（2003-05-15)[2016-01-11].http://www.chinalawedu.com/falvfagui/fg22598/148925.shtml.

［10］新疆维吾尔自治区教育厅．坚持依法治教提升教育水平为确保社会稳定和长治久安而努力奋斗——在 2015 年度自治区工作会议上的讲话[EB/OL].（2015-02-06)[2016-01-11].http://fgc.shzu.edu.cn/4f/dc/c1617a20444/page.psp.

［11］新疆维吾尔自治区教育厅．少数民族学前和中小学双语教育发展规划（2010—2020 年）［EB/OL].(2013-05-29)[2016-01-11].http://www.xjedu.gov.cn/xjjyt/jyzt/xqjywlxz/xqsyzc/2013/60171.htm.

［12］新疆维吾尔自治区教育厅办公室．新疆维吾尔自治区实施中国少数民族汉语水平等级暂行办法［EB/OL］.（2010-08-18)[2013-01-

11］. 2010. http://cxks. xju. edu. cn/wenjian/print. asp？ articleid=233.

［13］新疆维吾尔自治区教委. 关于大力开展中小学教师继续教育和加强汉语教师队伍建设的意见［EB/OL］.（1999-03-16）［2015-01-11］. http://cxks. xju. edu. cn/wenjian/print. asp？ articleid=233.

［14］中共新疆维吾尔自治区委员会组织部、自治区教育厅、自治区人事厅. 关于实施南疆四地州农村中小学双语教师特培计划的通知［EB/OL］.（2007-06-01）［2015-01-11］. http://www. pkulaw. cn/fulltext_form. aspx？ Db = lar&EncodingName = gb2312target% 3D _ blank&Gid = 17297977&Search_Mode&keyword.

［15］中华人民共和国国务院. 关于深化改革加快发展民族教育的决定［EB/OL］.（2002-07-07）［2015-01-11］. http://www. gov. cn/zhengce/content/2016-09/23/content_5111248. htm.

［16］中华人民共和国教育部. 中学教师专业标准（试行）［DB/OL］.（2012-02-10）［2014-01-11］. https://baike. so. com/doc/5411536-5649646. html.

［17］中华人民共和国国务院. 关于加快发展民族教育的决定［EB/OL］.（2015-08-17）［2016-02-08］. http://www. gov. cn/zhengce/content/2015-08/17/content_10097. htm.

［18］周媛. 新疆“双语教育”助少数民族学生打上文化快车［EB/OL］.（2012-03-19）［2017-01-11］. http://www. xj. chinanews. com/html/V63/2012/03/19/350469990. htm.